VIE INTÉRIEURE
ET
TRANSCENDANCE
DE DIEU

ROGER MEHL

VIE INTÉRIEURE ET TRANSCENDANCE DE DIEU

LES ÉDITIONS DU CERF
29, bd Latour-Maubourg, Paris
1980

241.46
M473

81120824

© Les Éditions du Cerf, 1980
ISBN 2-204-01504-0

A ma femme.

INTRODUCTION

LA VIE INTÉRIEURE EN QUESTION

Bien que le terme de vie intérieure ne soit pas totalement banni de notre langage, il est à la fois rare et porteur d'une signification plutôt péjorative. L'absence de toute littérature contemporaine où la vie intérieure soit systématiquement étudiée et valorisée est un fait qui ne peut manquer de frapper. Une civilisation dominée par la technique fait nécessairement prévaloir un univers de choses et incline l'homme à se situer par rapport aux choses, à se disperser dans les choses, ainsi que le montre bien le roman de Georges Pérec, *Les Choses*[1]. L'obsession de la chose et de l'avoir, si elle laisse subsister une des composantes les plus précieuses de la vie intérieure, le désir, ne permet pas à ce désir de faire retour sur soi. L'obsession de la chose commande la nécessité de l'action et l'action à son tour nous extravertit. Idéalement, on pourrait penser que l'action jaillit de la surabondance de la vie intérieure. Mais la technicité de l'action nous oblige à élaborer une stratégie et une tactique, dans lesquelles nos motivations intérieures ont peu de place.

Ce qui est singulier, c'est que l'inattention à la vie intérieure semble bien avoir précédé dans le monde occidental l'explosion technicienne. Lorsque le jeune

---

1. Paris, Julliard, 1965.

Hegel décrit la « belle âme » de Jésus et explique le nécessaire échec de Jésus, il insiste sur le fait que le Christ, par souci d'intériorité, a dû s'enfermer dans une sorte de passivité. Il a renoncé à l'action et au droit, il n'a pas songé à faire valoir son droit dans une lutte : « Il se désintéresse de son peuple... il se borne dès lors à agir sur les individus et il laisse subsister intact le destin de sa nation. » Comme « Jésus restait inconsciemment passif, tout un faisceau de relations vivantes se trouva déjà exclu dans ce rapport avec l'État... Les citoyens du Royaume de Dieu deviennent des personnes privées opposées à un État hostile et s'excluent de lui ». Jésus aurait ainsi opéré une scission entre sa nature et le monde. « L'existence de Jésus consista donc à se séparer du monde et à trouver un refuge dans le ciel, à reconstituer dans l'idéalité une vie déçue, à rappeler, dans chaque conflit, le souvenir de Dieu et élever les yeux vers lui[2]. » C'est pourquoi la lutte de Jésus pour transformer le monde ne pouvait être qu'un échec. Une pure intériorité qui ne se fonde que sur une relation immédiate avec Dieu, qui feint d'ignorer les déterminations de la réalité extérieure politique et sociale, qui ne se situe pas dans un univers du droit, bien qu'elle ait, comme ce fut le cas pour Jésus, le dessein de transformer le monde, mais en le détruisant dans ses structures essentielles, une telle intériorité doit, selon Hegel, aboutir à la souffrance et à la mort. Les belles âmes finissent mal et tout au plus peuvent-elles espérer que toutes leurs idées ne seront pas perdues.

Il est vrai que Hegel se situe entre Jean-Jacques Rousseau et Kierkegaard, et que ces deux penseurs n'ont cessé de défendre le primat de la vie intérieure, de la subjectivité et de l'individualité. Mais dans le déroulement de la civilisation occidentale, c'est manifestement Hegel qui l'a emporté. Le projet de transformer le monde dans ses structures matérielles et politico-sociales est devenu le projet majeur dans lequel nous investis-

---

2. G.W.F. HEGEL, *L'Esprit du Christianisme et son Destin*, trad. française de Jacques Martin, Paris, Vrin, 1948, pp. 106-109.

sons tout notre souci de la justice. La justice du cœur, la paix du cœur cèdent le pas à la justice dans les relations sociales. Or ce projet est un projet d'action collective. La belle âme n'y aurait pas de place. Elle serait sans cesse freinée par son souci de pureté, par son scrupule, par une volonté de réserver sa liberté intérieure. Or la préoccupation de la vie intérieure ne fait pas un militant. Ceux qui la portent semblent à la fois manquer d'intelligence et de courage. Ils ne voient pas que le destin des hommes s'élabore au niveau de l'aventure technique et de la reconquête des structures sociales, et ils n'ont pas le courage de sacrifier une vie intérieure, préalablement isolée de la destinée collective, à cette lutte âpre pour transformer le monde, dans l'oubli total de soi. Leur cécité et peut-être même leur hypocrisie vont plus loin encore : ils font comme si le privilège de leur vie intérieure n'était pas lié à leur situation de privilégié dans la société et comme s'il ne s'édifiait pas sur une organisation sociale fondée sur l'exploitation. Seul un bourgeois peut avoir une vie intérieure. Les autres n'en ont pas, parce qu'ils n'ont ni les moyens ni le temps d'en avoir ou, plus noblement, parce qu'il ne leur est pas permis d'en avoir, car ils doivent *s'engager* dans la lutte pour la transformation du monde.

Nous voyons ici apparaître une antinomie qui a sans doute toujours existé, mais que nos contemporains ressentent avec une acuité particulière, entre vie intérieure et engagement. Pour voir si cette antinomie peut être résolue, il convient d'abord de cerner le contenu de la notion d'engagement. Partons de la signification militaire et politique de ce terme : l'homme qui s'engage, dans l'armée ou dans un parti, est un homme qui renonce à disposer pleinement de lui-même et ce qu'il sacrifie d'abord c'est son temps, ou du moins une partie considérable de son temps. Il y a bien des astuces pour préserver son temps malgré un engagement, mais ces astuces ont leurs limites. Une partie de mon temps ne m'appartient plus. Mon histoire personnelle se trouve englobée dans une autre histoire, celle d'une collectivité et cet englobement signifie ordinairement que mon histoire personnelle est mutilée. Désormais, il ne s'agira plus de mes états d'âme, de mes visées, mais il s'agira d'exécuter des ordres, de remplir une tâche, d'assumer une fonction dans un projet collectif. Si à l'origine de mon engagement il y a une décision qui peut apparaître comme le fruit de ma vie intérieure, une fois l'engagement conclu, ma vie intérieure perd son poids. Tout au plus peut-elle m'encombrer et me paralyser. Le militant ne regarde pas en arrière. La vie intérieure où s'élaborent scrupules, regrets, nostalgie, où s'accomplit le retour sur soi, où je prends du recul par rapport à l'action présente constitue un frein à l'engagement. Les psychologues de l'industrie le savent bien qui constatent que les ouvriers qui portent des problèmes intérieurs ont un mauvais rendement. L'engagement signifie que nous congédions notre vie intérieure ou qu'au moins nous la mettons entre parenthèse, car l'attention que nous lui prêterions serait autant d'énergie soustraite à cette autre attention qui est sollicitée par la situation présente ou par ces plans à lointaine échéance par lesquels nous essayons de modeler un avenir impersonnel, un avenir de structures, un avenir rationalisé et objectif.

Il y a une ascèse dans tout engagement. Celle-ci ne consiste pas seulement dans l'oubli ou l'abandon de nos intérêts, de nos conforts et de nos sécurités, mais dans un abandon de soi en tant que vie intérieure. Il peut s'agir d'un véritable sacrifice. Le souci de la vie intérieure peut s'accompagner d'une sorte d'égoïsme. De fait, ceux qui y ont voué tous leurs soins, qu'il s'agisse de Montaigne, de Jean-Jacques Rousseau, d'Amiel, de Proust ou d'André Gide, ont refusé presque tous les engagements qui leur ont été proposés. Ils ont même essayé de justifier ces refus : la théorie de Gide sur l'acte gratuit est sans doute une justification de ce genre. L'acte gratuit n'engage pas. Il y a dans l'engagement une logique incoercible. Quand un morceau de matière est engagé dans un processus de fabrication, le processus est irrévocable. Gide a certes été tenté par l'engagement communiste[3], mais il s'est aperçu qu'en

---

3. Cf. son *Retour d'U.R.S.S.*

acceptant cet engagement, il serait tenu, par sa logique
même, à toute une série d'actes, d'engagements se-
condaires, et il a pris du champ par rapport à sa ferveur
initiale.

Si engagement et vie intérieure semblent ainsi
s'opposer, c'est qu'ils impliquent une conception différente du temps. Le temps du militant est une histoire
objectivée. Volontiers, il parle des lois de l'histoire, des
lignes de l'histoire, il écrit l'Histoire avec un grand H.
Dans cette histoire-là, sa vie intérieure ne pèse pas.
Qu'apporterait-elle ? Des gloses marginales, des nuan-
ces, des soucis et des regrets. Mais tout ceci est d'une
maigre importance pour l'accomplissement du projet
collectif. Tout ceci trouvera un jour sa place lorsque
l'homme engagé écrira ses mémoires, c'est-à-dire lorsque, l'âge venu, il se verra contraint de se retirer du
combat. Le temps de la vie intérieure est tout différent.
Il ne se laisse pas objectiver parce qu'il est insaisissable.
Il a cette fluidité qui, selon Bergson, caractérise la
durée, le temps vécu, par opposition au temps objectif,
mesurable, socialisé, découpable en tranches (les étapes
du plan). Ce temps de la vie intérieure est un flux qui
grossit, s'enrichit et qui apparemment ne va nulle part,
qui connaît des tensions très fortes et puis des détentes,
sans qu'on puisse y repérer un plan. Si le temps de
l'engagement devient communicable par les étapes et les
repères qui le jalonnent, s'il permet l'action concertée,
s'il est un temps politique, celui de la vie intérieure
peut certes être décrit sans pour autant devenir pleinement communicable. C'est par des allusions que je le
révèle, mais je ne suis jamais sûr que ces allusions
seront effectivement comprises. Car le temps de ma vie
intérieure, ni par son contenu, ni par son rythme, ne
coïncide avec le temps intérieur de l'autre ; tandis que
le temps de l'engagement est le temps qui permet aux
militants de marcher du même pas, d'être en accord ou
en désaccord et de savoir pourquoi. Le temps de l'engagement va vers le triomphe d'une cause, vers une sorte
d'accomplissement du temps : du moins l'homme
engagé est-il tenu de le croire et c'est bien pourquoi il a
une eschatologie ou une utopie. La vie intérieure, elle,

ne va que vers la mort, ce qui est une autre façon de dire qu'elle ne va nulle part. La littérature de l'engagement est excitante, elle soulève la passion de réaliser une fin. La littérature de la vie intérieure est souvent marquée de mélancolie et de désenchantement. Cela se remarque même dans les mémoires de l'homme qui a été engagé et qui considère que la victoire n'a pas été une véritable victoire et que les temps ne sont pas réellement accomplis.

Cette opposition de la vie intérieure et de l'engagement est-elle aussi totale que nous la décrivons ? Peut-il y avoir un engagement intelligent qui ne comporte pas des moments de désengagement et de retour à la vie intérieure ? Nous laisserons provisoirement cette question en suspens. Il se peut qu'il y ait une couche plus profonde de l'expérience où l'opposition s'estompe. Mais il faut bien reconnaître qu'il y a un niveau d'expérience où cette opposition éclate. Peut-être notre époque vit-elle précisément à ce niveau-là. Nous avons dit qu'il n'était pas de vie intérieure qui n'implique la pensée et le souci de la mort. Revenir à son intériorité, c'est redécouvrir la menace de la mort, la présence même de la mort dans notre durée. Or notre époque, précisément sans doute parce qu'elle est celle du projet collectif pour aménager et transformer le monde, n'a que faire de la pensée de la mort. Aussi l'élimine-t-elle avec un certain succès : l'organisation de notre société s'efforce de cacher la mort, de l'enfermer dans des hôpitaux, d'escamoter rapidement les morts, de refouler et peut-être un jour de supprimer les cimetières (les urbanistes y travaillent activement). La société ne parle de la mort que sous forme de statistique, mais la statistique ne concerne pas ma vie intérieure. Il est très remarquable que le philosophe qui a recherché le plus fortement l'engagement, qui a ramené l'éthique à la politique, qui a estimé que la littérature elle-même devenait insignifiante si elle n'était pas engagée, Jean-Paul Sartre, ait conçu la mort comme un accident, comme une réalité qui survient du dehors et qui par conséquent ne me concerne pas en tant qu'existence, alors que le philosophe qui au niveau de sa recherche, sinon de son comportement, s'est gardé de toute éthique comme de toute politique, Heidegger, a conçu au contraire la mort comme constituante de l'existence et l'homme comme un être-pour-la-mort.

C'est dire qu'en abordant le thème de la vie intérieure nous abordons un thème que notre époque a tendance à considérer comme un thème réactionnaire, en ce sens qu'il détournerait l'attention des défis de notre temps, des grands combats pour l'émancipation sociale et pour le progrès. Nous rejoindrions ainsi ces penseurs aristocratiques et bourgeois qui ont eu l'audace de prétendre que la vie intérieure d'un homme était plus importante que sa condition sociale, que la liberté de la vie intérieure était d'un prix plus grand que la libération à l'égard des aliénations économico-politiques. Nous rejoindrions aussi ce christianisme dont la prédication s'adresse par priorité à la vie intérieure, qui a mis très longtemps à s'apercevoir qu'il devait s'engager dans les luttes sociales et qui, lorsqu'il s'y engage, ne fournit que des militants douteux, parce qu'ils prétendent réserver une place trop considérable à la vie intérieure et qu'ils se souviennent parfois de la parole de leur maître : « Que servira-t-il à un homme de gagner le monde entier s'il perd son âme » (Mt 16, 26) — ce christianisme qui livre toujours et à contretemps des batailles pour essayer de réserver une place pour la vie intérieure.

La difficulté de notre entreprise, ce n'est pas tellement de courir le risque mondain de passer pour réactionnaire, c'est de tenter de restaurer dans notre époque un souci de vie intérieure qui ne dévalorise pas le projet collectif de transformer le monde et d'édifier des structures sociales plus justes, c'est de réinsérer la praxis non pas dans une idéologie, mais dans une spiritualité.

Mais nous avons une raison théologique contraignante de tenter cette entreprise. Les réformateurs ont estimé que le cœur de la révélation biblique, l'*articulus stantis et cadentis ecclesiae* était la doctrine de la justification par la foi seule, sans les œuvres. Et sur ce point, après plusieurs siècles, ils ont eu gain de cause dans la chrétienté. Tout le monde reconnaît qu'en cela au moins, Luther avait raison. Mais peut-être n'a-t-on guère réfléchi jusqu'à ce jour aux implications anthropologiques d'une telle doctrine. Elle a été formulée pour rendre à la grâce souveraine de Dieu sa véritable place, mais qu'est-ce que cela signifie pour l'homme de dire qu'il est sauvé par pure grâce par le moyen de la foi ? Non pas que ses œuvres et l'engagement que celles-ci supposent sont sans importance. Cette doctrine signifie que l'homme n'est pas fils de ses œuvres, qu'il ne s'engendre pas lui-même par ses œuvres, qu'entre l'être de l'homme et sa praxis il y a une distance infranchissable[4]. Affirmation surprenante, car il est bien vrai qu'on ne juge les hommes que sur leurs œuvres, que l'homme lui-même ne se juge que sur ses œuvres et que même Dieu se réserve un jour de juger l'homme qu'il a sauvé sur ses œuvres. Affirmation surprenante, car il nous paraît difficile d'isoler l'être de son faire et parce que le faire nous apparaît au moins comme une détermination de l'être. Il nous semble qu'il y a une sorte d'hypocrisie à vouloir se dégager de son faire pour se réfugier dans son être. La morale populaire admet difficilement que l'action ne symbolise pas et ne révèle pas ce que l'homme est au fond de lui-même. En privilégiant la praxis par rapport à l'homme intérieur, le marxisme ne fait que reprendre une intuition du sens commun. Et, pourtant, le recul que nous prenons à l'égard de nos actes pour les juger atteste bien qu'il y a en nous une instance qui ne se laisse pas confondre avec l'homme engagé dans l'action. L'affirmation que l'homme se crée lui-même par ses œuvres et son travail devrait conduire à une sorte de désespérance — celle qu'a connue le moine Luther — quand l'homme s'aperçoit que ses œuvres sont mauvaises. En découvrant que l'homme est

---

4. L'agnostique Jean GUÉHENNO a bien vu que l'être de l'homme et le salut de cet être se situaient au-delà de toutes les œuvres humaines les plus justes. Il écrit : « ... dans la plus humaine des sociétés, chacun restera toujours un *individu* à sauver de lui-même... » *(Dernières Lumières. Derniers Plaisirs,* Paris, Grasset, 1977, p. 68).

justifié par la foi, Luther voulait dire « qu'il n'y a pas dans l'action de chemin qui conduise la réalité inhumaine à la réalité humaine de l'homme, car aucun chemin ne conduit de l'action à l'être. Ce qu'est quelqu'un précède ce qu'il fait et se révèle dans son action. Ce n'est pas sa propre activité qui peut le transformer de façon fondamentale[5]. »

En choisissant pour sauver l'homme la voie de la justification par la foi, plutôt que de réformer son action par des lois, Dieu atteste qu'il ne veut pas confondre l'être de l'homme avec son faire. Il ne tient pas ce que l'homme fait pour insignifiant, mais comme le déclare Luther, polémiquant contre Aristote : « Ce n'est pas en faisant ce qui est juste que nous devenons justes, mais c'est en tant que nous sommes justifiés que nous faisons ce qui est juste. » Dieu justifie non notre action, mais notre être. Devant un tribunal humain ce sont nos actes que nous essayons de justifier, et si nous y parvenons nous sommes déclarés libres, alors qu'en réalité nous sommes coupables au niveau de nos intentions, de notre être intérieur. C'est pourquoi le tribunal humain absout et relaxe, mais ne justifie pas. Kant était sans doute mû par une intuition semblable à celle de Luther quand il affirmait que seuls les actes qui procèdent du pur respect de la loi morale, et non pas seulement de la conformité à la loi morale, devaient être tenus pour bons. Car ce respect de la loi ne peut venir que de l'homme intérieur. Dieu a donc choisi de s'attaquer à l'être de l'homme plutôt qu'à ses œuvres, de transformer l'homme dans son intériorité, afin de lui donner une chance de modifier sa praxis. Cette modification de ses œuvres conservera toujours un caractère relatif et approximatif. Elles ne seront pas nécessairement bonnes, mais leur imperfection ne mettra pas en question le salut de l'homme intérieur. Par là même, Dieu rend à nouveau possible la liberté de l'homme.

---

5. Jürgen MOLTMANN, *Le Seigneur de la Danse,* Essai sur la joie d'être libre, trad. française de A. Liefooghe, Paris, Le Cerf - Mame, 1972, p. 99.

Car « si... l'homme est ce qu'il fait de lui-même, il n'est pas libre par rapport à ses propres œuvres, mais il est dépendant d'elles et leur est soumis. En somme, elles le font, ce n'est pas lui qui les fait. » Luther qualifiait de blasphématoire cette affirmation « que nos œuvres nous créent ou que nous sommes les créatures de nos œuvres[6] ». Il n'est pas pour l'homme de liberté tant qu'il est le fils de ses œuvres. Il ne devient libre qu'en devenant le sujet de ses œuvres. Permettre à l'homme de devenir le sujet de ses œuvres, tel est le résultat de la justification par la foi. Paul qualifie ce résultat comme création d'un « homme intérieur » qui prend plaisir à la loi de Dieu, alors qu'auparavant cette loi n'était pour lui qu'une contrainte mortelle (Rm 7, 22). C'est cet homme intérieur qui est fortifié par l'Esprit (Ep 3, 16) et qui est renouvelé de jour en jour (2 Co 4, 16).

Nous avons donc une raison théologique fondamentale de nous consacrer à une éthique de la vie intérieure. La conséquence anthropologique de la doctrine de la justification par la foi est la restauration de l'homme intérieur dans la liberté.

Il reste cependant une grave difficulté : les termes de vie intérieure et d'homme intérieur créé par l'acte justifiant de Dieu sont-ils équivalents ? Assurément, non. Toute vie intérieure n'est pas la manifestation de l'être intérieur créé par l'acte de la justification divine. La vie intérieure peut être décrite par une analyse psychologique et son sens élucidé par une analyse phénoménologique. L'homme intérieur n'existe qu'aux yeux de Dieu et il est pour le croyant un objet de foi. La vie intérieure appartient à l'économie ancienne, l'homme intérieur à la nouvelle création. La vie intérieure, malgré tout ce qu'elle peut avoir de grand et d'émouvant, est le lieu du péché ; l'homme intérieur est soustrait à l'empire du péché.

---

6. *Ibid*, pp. 98-99 avec référence pour la citation de Luther à W.A. 39, I, 48.

Dans ces conditions, sommes-nous tout simplement victimes d'un jeu de mots sur le terme « intérieur » ? Non. L'action justificatrice de Dieu à l'égard de l'homme fait apparaître une distinction entre l'être de l'homme et son faire, une non-confusion entre ce que l'homme est et ce que l'homme fait. L'action de Dieu à l'égard de l'homme nous impose une attitude *analogue* à la sienne. C'est parce que Dieu aime l'homme, que nous devons aimer les hommes, même si notre amour n'a ni la même qualité, ni la même nature que l'amour de Dieu, et même si nous ne discernons pas en l'homme ce que Dieu discerne en lui. De même, il doit y avoir une analogie entre la justice de Dieu et la justice des hommes. Semblablement, dans notre vision de l'homme, nous devons rechercher une analogie avec la vision de Dieu. C'est la raison pour laquelle nous ne devons pas enfermer l'homme dans la prison de ses actes. Par-delà l'objectivité des engagements politiques, sociaux et culturels nous devons nous efforcer d'atteindre la vie intérieure des hommes. Ce mouvement n'est pas facile à accomplir. Les actes et les engagements, comme nous avons coutume de le dire, « classent » un homme. Et c'est bien cette classification et ce jugement que nous sommes sans cesse sollicités d'opérer, sans nous apercevoir que bien souvent il s'agit d'une véritable méconnaissance des hommes. C'est à peine si nous nous doutons qu'ils peuvent avoir une vie intérieure, laquelle certes n'est jamais innocente, mais qui est pourtant différente de ce personnage qui évolue sur la scène de l'histoire, qui se classe parmi les partis, les clans et les classes sociales. Certes, la vie intérieure détermine les actes, mais les actes, eux, ne déterminent pas forcément la vie intérieure.

Il vaut donc la peine, à une époque qui tend à confondre l'engagement public avec l'être de l'homme, de ramener l'attention sur la vie intérieure. Cette démarche est légitime puisque, tout à la fois, je me révèle dans mes engagements et que ceux-ci me trahissent. Elle est légitime, encore, s'il est vrai que le souci de l'être doit avoir le pas sur le souci du faire.

CHAPITRE PREMIER

DES CONTOURS INDÉCIS
DE LA VIE INTÉRIEURE

1. L'intérieur et l'extérieur

La vie intérieure a-t-elle un champ qui lui soit propre ? Peut-on cerner ce champ ? La dénomination même qui la désigne suggère immédiatement une distinction entre intériorité et extériorité. Sans doute est-ce bien le même sujet qui s'enferme dans sa vie intérieure et se livre à des manifestations extérieures, qui se retire en lui-même et s'objective au point de devenir un élément du monde, justiciable du même traitement que les autres objets, et il nous faut renoncer à tracer une frontière entre intériorité et extériorité, car cette frontière nous ne saurions où la placer, de même que nous n'arrivons pas à distinguer ce qui relève de la pensée et ce qui relève de la parole, ce qui relève de l'émotion et ce qui relève de l'expression de cette émotion. Et pourtant nous ne pouvons pas nous passer de cette distinction entre intériorité et extériorité, quand bien même nous sommes convaincus qu'elle est toute relative et qu'elle ne permet pas un véritable classement des éléments de notre expérience. Il faut bien que cette distinction, en dépit de son faible pouvoir opérationnel, réponde à quelque chose dans notre existence. Sans doute, l'expérience qui la fonde la plus directement est celle de la distance entre ce qui dépend de nous — le déroulement de nos états de conscience, l'enchaînement de nos idées, les floraisons de notre imagination, l'approfondissement de nos sentiments — et ce qui survient indépendamment de nous : les événements, les transformations du milieu, l'évolution des êtres hors de nous. Bien sûr, il y a toujours un lien entre ces deux ordres et ce lien est si fort que nous pouvons difficilement prendre au sérieux la maxime stoïcienne suivant laquelle il faut renoncer à se préoccuper de ce qui ne dépend pas de nous et ne chercher à agir que sur ce qui dépend de nous. Mais si nous considérons les Mémoires que publient les grands hommes, nous voyons qu'ils se répartissent d'abord en deux catégories : ceux qui relatent les événements dont l'auteur a été le spectateur, le témoin ou l'acteur (exemple typique : les Mémoires du Général de Gaulle), et ceux qui s'attachent à la façon dont les êtres et les choses ont été appréhendés par l'auteur, ont été intériorisés, la façon dont une existence singulière s'est constituée en relation et en opposition avec l'histoire collective. C'est ce dernier type de Mémoires qu'a voulu écrire François Mauriac : « ... Je rappellerai donc brièvement les dates et les faits essentiels de mon histoire ; mais je me rends mieux compte, au moment d'entreprendre cette tâche, que la part importante en fut... ce qui se passait au-dedans de moi. Car, au-dehors, il ne s'est à la lettre rien passé je n'ai pas fait une seule vraie guerre, ni un seul vrai voyage [1]. » Déclaration d'autant plus étonnante qu'elle provient d'un homme qui a été politiquement engagé, qui n'a cessé pendant de longues années de commenter l'événement, de prévoir les répercussions de l'événement, et pourtant déclaration vraie, malgré l'artifice du recours à des termes tels que au-dedans et au-dehors, intérieur et extérieur. Elle est vraie parce qu'elle indique la double possibilité qui s'offre à nous : soit de nous laisser saisir par les événements qui surviennent et par l'action qu'ils déterminent, par la passion d'être présent à l'histoire plutôt que présent à nous-mêmes ; soit de nous ressaisir, de nous arracher à la contrainte de l'événement pour nous recueillir en nous-mêmes. La limite

---

1. François MAURIAC, *Nouveaux Mémoires Intérieurs*, Paris, p. 230.

entre l'extériorité et l'intériorité n'a pas d'existence en soi, c'est pourquoi elle ne comporte pas de repère objectif, mais nous pouvons la faire exister. C'est ce qu'indiquent bien toutes les expressions telles que retour sur soi, réflexion, repentance... Ces expressions désignent des actes qui sont toujours à recommencer parce que la frontière que nous avons fait apparaître n'a pas de consistance durable.

Nous avons, certes, la prétention de lui en donner une, de lui conférer une objectivité indiscutable. Cette intention apparaît nettement lorsque nous substituons à cette vie intérieure mobile, parfois ponctuelle, une substance permanente que nous qualifions âme ou esprit et dont nous cherchons, comme la philosophie l'a souvent fait, à établir les caractéristiques permanentes et l'autonomie par rapport au reste de l'organisme humain. Parfois, même, nous croyons découvrir une « fine pointe de l'âme » qui ne devrait rien aux apports extérieurs, mais qui serait directement en communication avec Dieu. Il ne nous appartient pas ici de nous prononcer sur la réalité d'une substance âme qui trouverait en elle-même le fondement de son existence. Mais nous retenons le fait que la pensée a cherché dans l'existence de cette âme une sorte de symbolisation de cette réalité difficile à cerner qu'est la vie intérieure. D'un être dont la vie intérieure apparaît d'une telle richesse qu'il peut se passer des apports et des excitations extérieurs, qu'il n'a pas besoin de se plonger dans le flot de l'actualité, nous disons qu'il a une âme ou mieux encore qu'il est une âme. Débarrassée de toutes ses connotations substantialistes et spiritualistes, la notion d'âme continue à nous être indispensable, pour orienter l'attention vers cette vie intérieure sans contours bien définis, sans frontière permanente, mais sans laquelle la réalité humaine nous paraîtrait dérisoire et à proprement parler inhumaine. La crainte si souvent exprimée de l'apparition d'un homme robot, réduit à un ensemble de réflexes conditionnés, dirigé de l'extérieur, exprime la conscience d'une menace permanente pesant sur la vie intérieure.

L'homme intérieur n'est évidemment pas l'homme

qui nourrirait le projet insensé de se couper de toutes les influences extérieures. Il n'est pas possible d'alléguer une seule expérience dans laquelle il n'y aurait pas réciprocité entre l'extérieur et l'intérieur. Ce qui nous est extérieur, le corps par exemple, nous est aussi intérieur ; le corps n'est pas une quelconque organisation biologique, il est d'abord *mon* corps, et par ce possessif nous indiquons qu'il est associé à notre destinée la plus intime. Depuis notre naissance il est personnalisé. « Médiateur universel » (Gabriel Marcel), il nous relie à l'univers des choses comme à l'univers des hommes et nous n'avons accès à nous-mêmes qu'au travers de lui. La sensation nous médiatise l'extériorité, mais elle ne nous l'apporte que sous la forme du senti, c'est-à-dire déjà sous une forme intériorisée. L'extériorité n'est jamais pure. Elle ne devient pure que lorsqu'elle désigne les relations des choses dans l'espace, c'est-à-dire les relations de réalités qui sont sans intériorité. L'intériorité ne peut être définie autrement que par un certain mode de présence de l'extériorité en nous.

C'est ce mode de présence qui est décisif pour s'assurer de l'existence d'une vie intérieure. Il est une présence de l'extérieur en nous qui n'est pas ressentie comme telle : c'est la présence en nous d'une image du monde qui nous est familier, avec lequel, grâce à l'habitude, nous avons établi des liens de connivence. La présence de ce monde familier, dont l'évolution est peu sensible, ne nous cause aucun problème, ne suscite en nous aucune angoisse. Elle nous sert au contraire à nous assurer de notre identité. C'est quand l'image du monde extérieur devient pour nous étrange que notre vie intérieure se trouve perturbée par le souci et l'angoisse et qu'il nous faut trouver, ailleurs que dans cette connivence avec le familier, l'assurance d'être nous-mêmes. Le monde peut, en effet, être présent en nous sous forme menaçante, envahissante. Il porte en lui une loi de nécessité, il est destin plus que nécessité, et cela se vérifie à tous les niveaux de l'expérience : la nature est présente en nous avec son inéluctable nécessité non seulement par le moyen de notre corps, mais encore par le moyen de notre constitution physique, le monde social est présent en nous avec son cortège de servitudes, l'environnement immédiat est présent en nous et il modèle notre être au point que parfois notre vie intérieure n'est plus autre chose que le reflet de cet environnement. Nous ne nous donnons pas à nous-mêmes notre propre origine. « En dehors de la mort, disait Camus, tout est liberté. » Ce n'est pas vrai, car le déterminisme de l'origine est aussi fort que celui de la fin. Dès l'origine, notre vie intérieure est dominée par la facticité et l'extérieur envahit l'intérieur sans que nous puissions jamais avoir la prétention de rompre avec cet extérieur. Car si nous avons besoin de son appui, nous avons aussi besoin de sa menace. Que serait une existence qui ne serait pas exposée ? Que serait une existence qui n'aurait pas à composer avec les menaces extérieures, qui ne serait pas engagée dans le conflit ? L'ataraxie, l'impassibilité sont des idéaux impossibles, parce qu'ils sont annonciateurs de la mort. C'est pourquoi il existe un autre mode de la présence de l'extérieur. Ce mode peut être qualifié de séduction. Le piétisme religieux a vu juste quand il a dénoncé la séduction du monde. Son erreur a été de donner à ce terme de séduction une signification purement péjorative. La séduction consiste en ceci qu'elle produit un mouvement d'extraversion qui peut prendre la forme d'un divertissement, sans lequel la vie intérieure s'abîmerait dans l'ennui, mais qui peut prendre aussi la forme d'un engluement. Je puis tout aussi bien y rechercher l'ouverture sans laquelle la vie intérieure serait une sorte d'avarice, une façon de se réserver indéfiniment on ne sait pour quelle occasion indéfiniment repoussée, que la fuite qui trahit seulement la peur de se rencontrer soi-même.

Ainsi tous les modes de présence de l'extériorité dans l'intériorité ont à la fois un aspect positif et un aspect négatif. C'est dans la mesure où ces deux aspects sont sans cesse confrontés et d'abord réellement assumés qu'il peut y avoir une vie intérieure. Mais cette confrontation et cette assomption ne deviennent possible que si émerge au cœur de la vie intérieure un *sujet*, dont la seule caractéristique est qu'il vise la liberté.

La question n'est pas du tout de savoir s'il y parvient, l'essentiel est qu'il y tende et qu'il s'efforce d'arbitrer entre ces modes de présence de l'extériorité dans l'intériorité. L'essentiel est qu'il introduise une sorte de négociation et non pas une lutte, car la lutte tend à détruire et à exterminer. Le sujet sait qu'il ne peut pas nourrir un tel projet, car lui-même n'existe qu'en corrélation avec un objet qui lui est extérieur, ou contre un sujet qui lui est étranger. Il est lui-même sans contenu propre, son contenu lui vient des apports extérieurs. Mais jamais il n'entre en possession de ces apports extérieurs. Son seul privilège, c'est sa capacité de dire *je* et par là même de refuser de se laisser confondre avec les diverses déterminations dans lesquelles il s'engage. On ne peut même pas dire que le « je » ait des idées ou des sentiments, car s'il faisait corps avec ces idées et ces sentiments il perdrait sa capacité d'arbitrage et de négociation. Aussi la philosophie a-t-elle été tentée de le considérer comme une pure forme, précisément parce qu'il n'a pas de contenu. Mais c'est une erreur, parce que la forme est toujours solidaire du contenu. Le sujet ne brise pas cette solidarité. Mais il est acte et non pas action. Car l'action est toujours un effort pour organiser et réorganiser le donné, pour construire sur le réel une sur-réalité sociale, artificielle, technique. L'acte du sujet ne vise que le sujet lui-même. Il tend à maintenir le sujet en éveil pour qu'il puisse exercer sa juridiction à l'égard de tous les modes de présence de l'extériorité. Le sujet est une sorte de berger de la vie intérieure, en ce sens qu'il surveille la présence de l'extériorité dans la vie intérieure. Si cette présence disparaissait, si la vie intérieure n'était plus nourrie de l'extérieur, le sujet perdrait toute signification : il n'est pas de berger sans troupeau. Ainsi la condition du sujet est singulière : il ne peut jamais être pleinement solidaire, sous peine de cesser d'être une instance, il ne peut pas non plus s'exiler en lui-même, sous peine de devenir insignifiant. C'est cette condition singulière qui explique qu'on ne puisse pas faire la psychologie du sujet, et qu'il faille le décrire comme une condition plutôt que comme un existant.

Il est condition de cette distinction entre la vie intérieure et l'extériorité. C'est lui qui trace et qui déplace les limites entre l'intérieur et l'extérieur. C'est lui qui opère ce mouvement d'accueil par lequel la vie intérieure se laisse pénétrer profondément par l'extériorité, se laisse ensuite séduire et envahir par elle et ce mouvement de refus par lequel la vie intérieure se clôt pour un temps sur elle-même. C'est lui qui pousse l'être à s'objectiver dans l'extériorité, faute de quoi il ne prendrait pas consistance et ne parviendrait pas à se regarder lui-même, mais c'est lui encore qui pousse l'être à opérer ce retour sur soi, cette désobjectivation, au moment où l'objectivation, si précieuse dans son mouvement originel, devient aliénation.

La distinction entre intérieur et extérieur demeure une distinction difficile à opérer. Elle ne devient possible qu'avec l'émergence du sujet, que nous ne pouvons saisir que dans sa fonction, car le sujet opère à la fois cette percée vers l'extérieur et vers l'autre et ce mouvement de repli vers l'intimité. C'est lui qui place les frontières et ces frontières sont mouvantes suivant les moments de notre histoire existentielle. Ce qui caractérise une destinée d'homme, ce sont précisément ces déplacements de frontières.

2. Vie Intérieure et vie privée

On peut être tenté pour décrire la vie intérieure de recourir à la notion de vie privée. En effet, au sens originel ce terme désigne une vie séparée, la vie que nous menons lorsqu'à certaines heures nous nous retirons dans notre foyer, que nous coupons, aussi bien que nous pouvons le faire, les liens qui nous attachaient au monde social, au monde où nous remplissons des fonctions et jouons des rôles qui nous apparaissent à certains moments de lucidité comme des masques. L'intérieur et l'extérieur reproduiraient donc le couple : vie privée et vie sociale. Il est symptomatique que nous appelions aussi notre foyer notre intérieur. C'est le lieu que nous avons organisé de telle façon que les sollicitations extérieures ne nous accaparent pas, que nous puissions arrêter les intrus et les importuns. La pensée antique a vu dans l'homme un animal politique. Il n'est pleinement lui-même que dans l'extériorité politique, lorsqu'il délibère sur l'agora et veille au salut de la cité. Mais elle a aussi privilégié pour l'homme libre cet *otium,* ce loisir-repos où l'homme médite sur le bonheur, sur la vanité des richesses et des honneurs. Cependant le lieu de cet *otium* est une maison très ouverte sur le monde, aménagée pour recevoir des convives, pour s'entourer d'amis et discuter avec eux du souverain bien, de la justice et de la politique. Le genre littéraire qui prévaut est le dialogue et la lettre, ou encore le discours. La méditation trouve sa place dans ces genres littéraires, mais cette méditation s'insère dans une dialectique, elle n'est pas essentiellement retour sur soi. La vie privée n'a pas un caractère d'intimité très marqué. Le foyer n'est pas originellement un intérieur. Il ne le deviendra qu'en se clôturant. A cet égard, l'invention de la serrure à la fin du Moyen Age représente sans doute un moment très important dans l'histoire de l'humanité. Désormais, la vie privée va prendre de la consistance et elle en prendra d'autant plus que la vie professionnelle se séparera de la demeure, que le lieu du travail sera distinct du foyer. Progressivement celui-ci apparaîtra comme le lieu non seulement d'une plus grande liberté, d'une absence de contrainte, mais aussi comme le lieu où l'on se retire pour méditer, non pas tant sur les choses et les techniques que sur soi-même. Descartes note dans le *Discours de la Méthode* : « J'étais alors en Allemagne, où l'occasion des guerres qui n'y sont pas encore finies m'avait appelé ; et comme je retournais du couronnement de l'empereur vers l'armée, le commencement de l'hiver m'arrêta en un quartier où, ne trouvant aucune conversation qui me divertît, et n'ayant d'ailleurs, par bonheur, aucun soin ni passion qui me troublassent, je demeurai tout le jour enfermé seul dans un poêle, où j'avais tout le loisir de m'entretenir de mes pensées[2]. » Ce texte est remarqua-

---

2. DESCARTES, *Discours de la Méthode,* 2e partie.

ble : il nous montre un homme qui par la force des choses est libéré de ses responsabilités professionnelles de guerrier et redevient un homme privé. Cette existence privée est bien une clôture de l'existence puisque les relations avec les autres sont interrompues et qu'une circonstance favorable fait que les soins ou soucis et les passions, qui tous deux extravertissent le cœur humain et l'attachent à des objets extérieurs, se trouvent momentanément apaisés. Le foyer — le poêle — est le lieu où s'opère cette clôture, et alors la vie intérieure reprend ses droits : elle consiste à s'entretenir avec ses pensées. Bien sûr, ces pensées ont un objet extérieur : Dieu, le monde, l'homme, mais ce qui importe essentiellement à Descartes est de savoir comment conduire ses propres pensées pour parvenir le plus sûrement à la vérité.

Il y a donc bien une parenté entre vie privée et vie intérieure. Mais on ne saurait cependant les confondre car la vie privée, du fait même de son caractère séparé, n'est pas nécessairement une vie. Le retour sur soi peut être un simple recroquevillement sur soi. Ce peut être l'heure où nous proscrivons les pensées sérieuses pour nous adonner à nos regrets stériles, au rabâchage de nos frustrations, et où nous nous abandonnons à des rêveries débridées dans lesquelles nous cherchons quelque compensation illusoire à ces frustrations, où nous ruminons les mauvais coups que nous ferons demain. Nous nous entretenons bien avec nos pensées, mais ces pensées sont comme hors de nous-mêmes, elles attestent seulement notre incapacité à prendre nos distances par rapport au monde. Tout foyer n'est pas un poêle semblable à celui de Descartes. Il peut être le lieu de la mondanité, avec toute la vanité et la mesquinerie que ce terme peut comporter. Il peut être enfin le lieu des tensions irritantes et jamais apaisées entre proches. Or ces tensions ont pour effet de nous mettre hors de nous-mêmes.

Il est cependant un point où s'établit une étroite parenté entre vie privée et vie intérieure. La vie intérieure est une réalité qui n'est pas, qui ne peut pas et ne doit pas être entièrement publique. Je puis la confier à des Mémoires, mais ceux-ci ne la révèlent que d'une façon stylisée, et quand ce n'est pas le cas, il arrive qu'ils offensent la pudeur. On ne se déshabille pas en public. De quel droit imposerai-je aux autres les problèmes, les angoisses et les joies de ma vie intérieure ? N'est-ce pas postuler de façon indécente et présomptueuse qu'ils sont intéressants ou exemplaires pour eux ? N'est-ce pas une façon de mépriser leur propre vie intérieure ? Le moi est haïssable non seulement lorsqu'il constitue mon centre de référence unique, mais aussi lorsqu'il veut s'imposer aux autres. Une vie intérieure ne peut être offerte aux autres que sous forme de confidence, ce qui signifie qu'il doit y avoir entre l'autre et moi une relation de confiance et même de foi. En d'autres termes, ce qui caractérise la vie intérieure c'est le *secret,* secret qui ne peut être levé que dans certaines conditions, là où l'intimité entre les êtres est parvenue au niveau de l'amour ou de l'amitié. Or la vie privée est aussi le lieu du secret. Que signifieraient nos portes fermées, nos murs et nos fenêtres voilées s'ils n'étaient pas destinés à protéger le secret de la vie privée ? Nous savons combien dans une société où l'organisation prend un caractère total, la protection de ce secret devient difficile. Elle nous apparaît d'autant plus fortement comme une tâche éthique et juridique indispensable.

Il est vrai que, de ce secret, Malraux parle d'une façon assez méprisante lorsqu'il dénonce ces « misérables tas de secrets de la vie privée » et qu'il ajoute : « Qu'importe ce qui n'importe qu'à moi. » Dans la *Condition humaine,* Clappique déclare : « Ce n'est ni vrai, ni faux, c'est vécu. » Le vécu, c'est bien la dominante de la vie privée et de la vie intérieure. La formule de Clappique pourrait s'entendre dans deux sens : par-delà ces catégories objectives du vrai et du faux, catégories simplificatrices, purement logiques, il y a un réel supérieur qui n'est justiciable d'aucun de ces critères parce qu'il leur échappe par sa complexité même : c'est le vécu. Mais cette proposition peut aussi avoir une signification dévalorisante. Du vécu, on ne peut dire s'il est vrai ou s'il est faux ; il échappe, en raison même de son caractère confus, à toute appréciation objective. Le phantasme, surgi des profondeurs de l'inconscient à la faveur d'un raté du contrôle du moi, occupe dans notre vie intérieure et notre vie privée une place importante. Il perturbe nos réactions, suscite des actes manqués, nourrit notre vie affective en suscitant en elle d'étranges sympathies et de non moins étranges antipathies. Mais il est sans structure logique ; il est incommunicable, sinon sous forme de confidence difficile à un intime ou dans une cure psychanalytique. Le phantasme recèle bien une vérité, mais lorsqu'il livre sa vérité, que cette vérité peut être dite, alors que l'empire que le phantasme exerçait sur nous décroît. Tout se passe comme si la vérité détruisait le phantasme[3]. En tant que tel, il est en deçà de la vérité, c'est-à-dire du communicable. Mais c'est un fait qu'il joue un rôle dans notre vie intérieure et que dans certaines conditions il peut devenir le mobile secret de l'action, voire de la politique. Qui dira les phantasmes qui ont ravagé la conscience d'Hitler et déclenché des catastrophes internationales ? De quoi sont faites notre vie intérieure et notre vie privée, sinon bien souvent de petites mesquineries, de vanités, de rancœurs, toutes également inavouables, maintenues par nous dans un secret où nous les cultivons ? Il n'est pas question de dire si elles sont vraies ou fausses, car leurs fondements et leurs justifications sont d'ordinaire des superstructures savamment construites et artificielles. Notre tâche éthique est de les démasquer et alors elles apparaissent comme néant, bien que ce soit un néant actif. Il faut bien reconnaître que les termes méprisants dont se sert Malraux pour dési-

---

3. Lieu des fantasmes, la vie intérieure est aussi curieusement le lieu des mensonges, de ces mensonges très particuliers qui ne sont pas destinés à tromper les autres, mais à offrir à moi-même un spectacle à ma convenance. Qu'on pense à cette parole d'Aragon : « Le théâtre est le nom que je donne au lieu intérieur en moi, où je situe mes songes et mes mensonges. » Songes et mensonges vont ensemble. Ils se lient dans un même spectacle que je ne puis offrir à personne, qui ne peut se prolonger que protégé par la clôture d'une vie privée.

gner les secrets de notre vie privée sont souvent justifiés. La vertu de l'action qui nous engage aux côtés des
autres pour le service d'une cause est précisément de
dévaloriser tous ces mouvements secrets de notre âme et
de détacher notre attention d'eux. C'est l'attention com-
plaisante que nous leur portons qui leur confère leur
puissance, et c'est l'action qui nous libère de la servitude qu'ils nous imposent. Ce n'est sûrement pas un
hasard si les périodes de grande crise (guerres, révolutions, etc.) ont pour effet de faire tomber le nombre
des hystériques, des dépressifs et des névrosés qui
jusque-là absorbaient toutes leurs énergies dans la lutte
contre de mauvais secrets et qui se trouvent libérés,
provisoirement au moins, de leurs phantasmes.

Mais le secret de la vie intérieure et de la vie privée
ne s'épuise pas dans ces manifestations-là. La loi protège le secret de la vie privée, et le respect de la personne nous oblige à ne pas violer le secret de la vie
intérieure. Ces deux faits soulignent la valeur éthique
qui s'attache au secret. Un secret peut être confié, il ne
doit pas être divulgué. La dénonciation, c'est-à-dire la
divulgation du secret, nous apparaît comme l'un des
actes les plus répréhensibles et c'est toujours un signe
de grave décadence morale lorsque la dénonciation est
érigée au rang de vertu civique. Nous considérons le
secret comme un élément constitutif de l'être. Il faut
naturellement distinguer entre les secrets que l'on tient
cachés pour des raisons d'opportunité et que l'on se
réserve de divulguer au moment où ils deviendront uti-
les et efficaces dans une tactique de type politique, du
secret qui, lui, ne sera jamais divulgué, que l'homme
emportera dans sa tombe, qu'il eût été incapable de
divulguer parce qu'il ne le domine pas entièrement et
dont il attend lui-même la révélation du jugement dernier de Dieu. Il s'agit ici du secret qui est constitutif de
la personne, que la personne pressent, mais dont elle ne
dispose pas. « Ce que nous serons, dit profondément
saint Jean, n'a pas encore été révélé » (1 Jean, 3, 2),
et il est remarquable que ce soit précisément l'apôtre
qui a le plus insisté sur la lumière qui révèle toutes
choses, qui a le plus combattu le mensonge, qui ait

aussi réservé pour un dévoilement eschatologique le secret de la créature. La vie publique est la vie où le secret est toujours suspect et dénonce une mauvaise foi coupable. Au contraire, la vie privée et la vie intérieure revendiquent le droit au secret et la pudeur est ce sentiment infiniment précieux qui nous oblige à garder notre secret et à respecter celui des autres. Là où il n'y a plus de secret, il n'y a plus non plus d'intériorité. Pour avoir une vie intérieure, il faut avoir quelque chose à cacher. Ce secret s'accorde mal, il faut le reconnaître, avec le souci de transparence sans lequel un être ne peut entrer en communion avec d'autres êtres. Mais entre des êtres sans secret ne peut s'établir qu'une communion superficielle, qu'une relation mondaine, dans laquelle la communication n'a finalement pour objet que les intérêts extérieurs des partenaires et les soucis qu'ils partagent avec tout le monde. La relation humaine privée du secret des partenaires se situe au niveau du *On,* elle permet de conserver un caractère d'anonymat anodin. Au contraire, lorsque le secret est présent, la relation humaine a un avenir : l'approche mutuelle de ce secret, son dévoilement progressif, mais jamais complet, puisque le stade de l'incommunicable est vite frôlé et puisqu'un être est toujours porteur d'un secret dont il ne dispose pas. Dans cette communication le porteur du secret n'est pas nécessairement celui qui le révèle, mais c'est souvent le partenaire. Il est bien vrai que c'est souvent l'autre qui m'annonce ma propre réalité, qui me révèle à moi-même et me désigne mon avenir. Que ce dévoilement mutuel rencontre des limites, c'est certain.

C'est un fait que l'homme lutte contre la *nudité,* contre le dévoilement du secret. Le vêtement, l'uniforme, le masque, le concept, dans la mesure où il permet de subsumer l'originalité sous la généralité et l'identité, sont autant de moyens pour l'homme de cacher sa nudité : « Les concepts et les uniformes paraissent seuls capables de constituer un grand corps robuste guérissant de toute culpabilité. La vérité, scientifique et politique, donne la cuirasse qui protège et qui délivre, car la vérité fait taire le scrupule et met fin à l'hésitation en dictant les cadences selon lesquelles il convient de marcher sans crainte ni tremblement. » C'est lorsqu'il a trouvé de bons uniformes protecteurs que l'homme se déclare « libéré de la vie intérieure[4]. » Comme le souligne encore Jean Brun, même l'exhibitionnisme et le nudisme sont encore des façons de s'habiller et de se cacher. Mais il s'agit alors de cacher le vide de la vie intérieure : « ...ces attitudes provocatrices et libertaires cachent, au fond, une panique qui n'ose se reconnaître comme telle et qui se camoufle derrière des démonstrations qui se veulent insouciantes, joyeuses et affranchies. On prétend que l'on peut tout montrer parce que l'on n'a rien à cacher alors que cet exhibitionnisme tapageur est là pour combler un vide profond faisant appel aux tam-tams assourdissants de la dialectique que célèbrent la découverte de l'authenticité et de la proximité fraternelle[5]. »

Nous pensons cependant que l'auteur que nous venons de citer a trop tendance à voir dans le refus de la nudité vraie le signe du refus de l'authenticité et de la vie intérieure. Il est bien exact que la recherche du paraître dispense de la recherche de l'être, mais il est non moins exact que la vie intérieure, en tant que porteuse d'un secret, a besoin d'être protégée, que ce secret s'il était divulgué à tout venant perdrait sa qualité, se détruirait dans la banalité. Il ne peut être confié, dans la mesure où il peut l'être, qu'avec prudence et confié comme secret, c'est-à-dire comme réalité qui ne doit pas être divulguée et comme réalité qui ne peut pas être entièrement comprise ni analysée. Notre propre secret nous dépasse. Il est présent dans notre vie sans pouvoir dire entièrement son nom. Au secret s'attache de toute façon une sorte de *pudeur* et la pudeur est parente de la honte.

Peut-on essayer de trouver l'origine et le fondement du secret ? S'il est vrai qu'il implique l'impossibilité

4. Jean Brun, *La Nudité humaine,* Paris, Fayard, 1973, pp. 30-31.

5. *Ibid.,* p. 53.

d'une transparence absolue, ne serait-il pas lié à quelque faute, elle aussi originelle ? Nous savons que les secrets sont toujours en relation avec quelque malveillance. En serait-il de même *du* secret de chacune de nos existences ? Quelle que soit la forme particulière, historiquement conditionnée, que prend notre secret, peut-il être rattaché à quelque culpabilité insurmontable ? Jean Brun souligne avec raison que le déguisement vestimentaire ou psychologique, avec l'exhibitionnisme qu'il comporte, a pour finalité de nous débarrasser, ou du moins de tenter de nous débarrasser de toute culpabilité. Mais alors l'artifice que nous utilisons pour cacher notre secret, pour le détruire, ne signifie-t-il pas que ce secret est pour nous un poids que nous aimerions bien oublier ou faire oublier aux autres ? Les pratiques du nudisme physique et psychologique ne veulent-elles pas donner le change sur notre pureté fondamentale ?

Analysant le récit de la chute, Bonhoeffer a pensé qu'il y avait effectivement un rapport entre le fait de ne plus vouloir être nu, d'avoir quelque chose à cacher, un secret et la faute. Écoutons-le : « Au lieu de Dieu, l'homme se découvre lui-même. *Alors les yeux de tous deux s'ouvrirent* (Gn 3, 7). Il se reconnaît séparé de Dieu et de son semblable. Il voit qu'il est nu. Sans la protection, sans le voile que Dieu et son semblable signifient pour lui, il se découvre mis à nu. La honte apparaît. Elle est le souvenir du divorce de l'homme d'avec l'origine, souvenir qui ne peut être écarté ; elle est la douleur que lui cause ce divorce et le désir impuissant de revenir en arrière. L'homme a honte parce qu'il a perdu quelque chose qui fait partie de son être originel, de son intégrité, il a honte de sa nudité... Honte et repentance sont d'ordinaire confondues. L'homme éprouve de la honte lorsqu'il a failli, il a honte quand quelque chose lui manque. La honte est antérieure à la repentance. Le fait curieux de baisser les yeux lorsque des regards étrangers rencontrent les nôtres, n'est pas un signe de repentir parce que nous aurions failli, mais de honte ; celle-ci nous rappelle que quelque chose nous manque, l'intégrité perdue de la vie, elle nous rappelle notre propre nudité[6]. » La langue allemande ne distingue pas entre honte et pudeur. Mais cette indistinction est elle-même significative du lien entre le refus de la nudité et la faute.

Si Adam et Ève ont honte de leur nudité et cherchent un artifice pour y remédier, donc pour constituer un secret, c'est que la nudité est ambivalente. Elle peut être le symbole de la transparence, et ceux qui cherchent à se costumer et à se masquer, témoignent qu'ils ne veulent pas de cette transparence, qu'ils veulent se perdre dans un monde d'artifice. Mais elle est aussi, elle est surtout le signe d'une situation devenue intolérable, de la transcendance définitivement perdue. Que la situation née de la faute soit effectivement insoutenable, le récit de la *Genèse* en témoigne encore : l'homme et la femme cherchent à se donner une protection dérisoire : des ceintures de feuilles de figuier. Mais Dieu leur vient en aide en leur donnant des tuniques de peau et en les en revêtant (Gn 3, 21). Dieu ratifie donc un état de fait et le rend supportable par le vêtement. Désormais, la nudité n'est plus bonne. A qui pourrait-elle servir puisqu'elle n'est plus le symbole d'une transparence qui de toute façon n'existe plus. Dieu semble dire : puisque vous êtes pécheurs, vous faites bien d'être pudiques, la pudeur sied à votre nouvelle condition éthique. Désormais, vous avez l'un pour l'autre et chacun pour Dieu un secret. Telle est bien l'origine radicale de la vie éthique. Avant la chute, Adam et Ève n'avaient point honte de leur nudité. Maintenant que leurs yeux se sont ouverts par la vertu du péché, ils savent qu'ils ne peuvent plus et ne doivent plus être nus. Le péché signifie que les êtres sont séparés les uns des autres, qu'ils ont une vie privée et une vie intérieure qui est également privée. Vouloir rétablir une parfaite nudité, comme le tentent les nudistes, les naturistes et les hommes sans pudeur, c'est feindre d'oublier la condition pécheresse. Certes le désir de retrouver la

---

6. Dietrich BONHOEFFER, *Ethique,* trad. française de Lore Jeanneret, Genève, Labor et Fides, 1965, p. 4.

pleine transparence, l'absence de secret reste légitime, mais ce désir ne peut plus s'effectuer intégralement, il exige pour essayer de se satisfaire de trouver d'abord une relation d'intimité avec un partenaire privilégié, et il ne peut le faire que dans une certaine obscurité, celle de la vie privée. Citons encore Bonhoeffer : « Chaque esprit profond a besoin d'un masque, dit Nietzsche. Ce masque n'est ni feinte ni mystification, mais bien un signe nécessaire de la division ; en cela il est respectable. Sous ce masque vit le désir du rétablissement de l'unité perdue. Où ce désir s'ouvre violemment une voie, comme dans l'union des sexes par laquelle le couple devient une seule chair (Gn 2, 24), et dans la religion où l'homme cherche son unité avec Dieu, là donc où ce voile se déchire, la honte s'entoure de la plus profonde obscurité. Kant voyait dans la honte qu'il éprouvait à être surpris en train de prier un argument contre la prière. Il oubliait que dans son essence même la prière est chose secrète, il oubliait la signification fondamentale de la honte pour l'existence humaine[7]. »

Il y a secret, parce qu'il y a dans l'existence écho d'une culpabilité fondamentale et que celle-ci rend impossible la communion dans la totale transparence. Adam et Ève se cachent devant Dieu. Et parce qu'il y a secret, et que ce secret est essentiel à l'existence éthique, qui est l'existence dans un péché à la fois combattu et assumé, il faut que ce secret soit protégé. La protection de ce secret a pour conséquences la vie privée et au cœur de cette vie privée, pour chaque individu, une vie intérieure. Celle-ci prend d'autant plus d'importance que l'individu est conscient de lui-même et conscient des conditions de son existence éthique. Si, comme Sartre l'a soutenu, la bonne foi n'est jamais entière, si elle est pénétrée de mauvaise foi, ce n'est pas nécessairement le signe d'une perversité, mais bien le signe que nous vivons à la fois dans l'union et la séparation, à tel point que la séparation devient condition de l'union, et la solitude condition de la communion.

---

7. *Ibid.*, p. 5.

« Le contact entre deux êtres, note Louis Lavelle, est
toujours un contact entre deux solitudes. Et par ce contact aucune des deux solitudes n'est rompue : elle
devient même plus intime et plus secrète ; mais ses bor-
nes ont reculé et elle a plus de lumière. Ceux qui sont
le mieux capables de communiquer avec autrui sont
aussi ceux qui savent le mieux défendre leur solitude,
car pour qu'un autre puisse y pénétrer, il faut que personne ne puisse la troubler[8]. » C'est ce qui explique ce
paradoxe que l'amour et l'amitié ne se réalisent
qu'entre des êtres qui sont séparés par le secret de leur vie
intérieure. A cause de ce secret, ils ont quelque chose à
se donner et le progrès dans l'amour ou dans l'amitié
devient possible au fur et à mesure que dans le dialogue ce secret affleure, sans être prostitué. On s'entend à
mi-mot, on ne porte pas atteinte à la pudeur. Ceux qui
ne se connaissent qu'en tant qu'hommes publics ne
dépasseront jamais le stade du compagnonnage et de la
camaraderie. Ce n'est pas qu'ils ne puissent pas compter l'un sur l'autre, leur solidarité peut être très forte
ainsi que leur dévouement mutuel. Mais ils ne se connaissent pas et cette connaissance mutuelle ne commencera vraiment qu'à partir du moment où l'un ouvrira à
l'autre la porte de sa vie privée, et que celui-ci qui est
ainsi accueilli dans la sphère du privé commencera à
soupçonner l'existence d'une vie intérieure et, que tout
en restant avec discrétion à sa place, il y participera.

Si la cure psychanalytique, pour nécessaire qu'elle
soit, peut comporter des dangers, c'est qu'en conviant
le malade par le pacte psychanalytique initial à se délivrer d'un secret, dont il ne sait pas qu'il le possède, à
inventorier les couches les plus archéologiques de son
existence, à vaincre les résistances qui s'opposent au
dévoilement dans la conscience et la parole, le psychanalyste peut conduire son patient à une « trahison »
d'un secret qui coïncide avec sa propre liberté[9]. Le

---

8. Louis LAVELLE, *La Conscience de soi,* Paris, Grasset, 1933, p.
186.
9. Voir Pierre BOUTANG, *Ontologie du Secret,* Paris, Presses Universitaires de France, 1973.

résultat est alors que le malade réputé guéri est un homme vidé de son propre secret et dont la vie intérieure est si chancelante qu'il se refuse à mettre un terme à la cure psychanalytique, qu'il reste dépendant de son psychanalyste, éternel mineur, parce qu'il a livré son secret à quelqu'un avec qui il n'est pas en communion. Hâtons-nous cependant d'ajouter que ce résultat n'est pas fatal. Freud disait à l'un de ses élèves : « Il est possible que vous soyez trop anxieux à l'égard de vos patients... Il faut les laisser dériver, travailler à leur propre salut[10]. » La présence du psychanalyste n'est qu'une nécessité pratique ; elle n'est là que pour stimuler et encourager le patient, pour l'aider à faire le point. En droit, comme le montre l'exemple de Freud lui-même, l'autoanalyse devrait pouvoir se substituer à la psychanalyse. Normalement on ne doit livrer son secret qu'à celui qui est décidé, par amitié ou par amour, à le partager. Mais telle ne peut être la requête d'un patient à l'égard de son psychanalyste. Si celui-ci par nécessité, mais aussi par méthode, s'enferme dans une froideur bienveillante, c'est bien sûr pour ne pas encourager démesurément les transferts qui à un moment donné doivent se produire, mais c'est aussi pour ne pas être le personnage à l'affût de la trahison du secret. Mais ce qui fait surtout que la psychanalyse ne mérite pas entièrement les dures critiques que lui adresse P. Boutang, c'est qu'il ne faut pas confondre le secret, noyau de la vie intérieure, écho d'une culpabilité radicale, avec les secrets nés de nos refoulements, de l'oubli volontaire de quelque scène primitive et traumatisante. Il ne faut pas les confondre, mais on ne saurait pas non plus les séparer entièrement. Ce qui se passe dans le « ça » n'est pas étranger à notre personne. Le meurtre du père, ce délit né de la jalousie œdipienne et qui habite nos rêves n'est sans doute pas sans relation avec notre culpabilité fondamentale, comme Freud l'a bien soupçonné. Il était même persuadé que ce que nous vivons

---

10. Simley BANTON, *Journal de mon Analyse avec Freud,* Paris, Presses Universitaires de France, 1973.

aujourd'hui sous forme de fantasme correspondait bel
et bien à un événement historique essentiel (peut-être
faudrait-il dire plutôt : mytho-historique) qui n'est pas
sans relation avec cette tentative de détrôner Dieu, le
Père, donc de le mettre à mort, qui nous est rapportée
par le récit de la *Genèse*. Manifestement Freud n'a pas
su expliquer pourquoi nous sommes coupables et portons le meurtre primordial comme une faute. Si ce
meurtre correspondait seulement à une vengeance, à une
volonté d'autonomie, à un refus de voir le père accaparer toutes les femmes, on comprend mal comment il
pourrait engendrer la culpabilité. Le héros qui vient de
remporter une victoire légitime est satisfait, il ne se sent
pas coupable. Freud a rencontré partout dans l'existence
profonde de l'homme une culpabilité dont il n'a pu
rendre compte. Mais il a frôlé quelque chose d'essentiel
au secret constitutif de la vie intérieure et les « misérables tas de secrets » que la cure psychanalytique
amène à la lumière ne sont pas sans nourrir quelque
relation avec le secret de l'être qui appelle clôture et
protection.

Mais ce secret de l'être, précisément parce qu'il a
son fondement dans l'économie de la chute, ne peut
avoir pour contenu la seule culpabilité. En effet, il
n'est de culpabilité que par rapport à quelqu'un, Dieu
ou le prochain. Nous ne sommes coupables qu'envers
ceux avec lesquels nous sommes liés par un lien existentiel. Ceux-là sont donc participants à notre secret. Le
secret de l'homme implique toujours une relation, même
perturbée, avec Dieu et avec autrui. Ce que nous disons
publiquement de ces relations ne saurait les épuiser. Il
arrive même que notre dire caricature ces relations,
peut-être pour les mieux protéger. L'athée, qui souvent
manifeste une singulière et bien inutile agressivité pour
proclamer l'inexistence de Dieu, trahit peut-être le secret
d'un amour malheureux pour Dieu. Si celui-ci n'existait
pas, pourquoi s'acharnerait-on contre lui ? La parole
est volontiers affirmative ou négative, le secret, lui, est
plutôt interrogatif. Ce qui demeure pour moi une question irrésolue, toujours présente ou toujours renaissante,
je ne puis pas toujours le dire et le divulguer, non seule-

ment parce qu'il n'y a intérêt à divulguer que des évidences ou des certitudes, mais parce que la question que je me pose, je ne l'ai pas réellement atteinte, je ne sais pas en quels termes la poser, je la cherche et la chercherai peut-être toujours. Elle est mon tourment inaccessible. C'est pourquoi la vie intérieure, sauf dans les moments où elle est prête à s'extérioriser, a rarement la clarté et la cohérence du discours, et la vie privée se nourrit de silences, de sous-entendus, de phrases inachevées parce qu'inachevables. Le secret est donneur de sens, c'est à partir de lui que nous découvrons des sens et constituons autour de nous un univers de sens. Nous n'y parviendrons pas si le secret qui nous habite ne nous poussait pas à interroger, à chercher, à croire qu'il y a du sens. Mais le sens du secret lui-même est rarement élucidé. Cela apparaît clairement à propos de la foi. Elle a sa source dans le secret ; elle se manifeste dans des propositions intelligibles — ou qui l'ont été à une certaine époque — qui constituent les confessions de foi. La foi se reconnaît dans les confessions de foi, elle s'y sent aussi trahie. Les discussions sans cesse renaissantes autour des formules de la confession de foi l'attestent. C'est l'erreur de certaines orthodoxies de s'imaginer qu'autour d'une confession de foi *ne varietur* l'unité et la paix peuvent se faire ou que le signe de la foi soit l'adhésion aux différents articles du credo. Celui-ci n'est que le chiffre d'une réalité mal déchiffrée et secrète. Le culte public avec sa rigueur, sa cohérence, sa logique propre, ses affirmations liturgiques n'épuise pas le secret de la foi auquel le fidèle, dans sa vie intérieure, est sans cesse renvoyé comme à une réalité qui dépasse toute intelligence, même si elle est source d'intelligibilité. Aussi le culte public s'étiole-t-il et meurt-il lorsque les participants n'y viennent pas travaillés par le secret de la foi. L'attente qu'ils portent légitimement dans leur cœur ne peut être comblée qu'à ce prix, sinon leur participation au culte ne sera qu'un rite social qui garantira pour un temps le bon fonctionnement de l'institution.

La positivité du secret, malgré son lien fondamental avec la culpabilité, apparaît d'une façon particulièrement nette dans ces options et décisions essentielles que certes je puis faire connaître aux autres, et même affirmer publiquement, mais dont je suis incapable de donner une justification absolument convaincante. Je suis réduit à reprendre à mon compte le mot fameux de Luther : « Me voici, je ne puis autrement. » Certes, je ne suis pas sans arguments. Mais il intervient dans mon option et ma décision une sorte de pari dont les termes, à la différence du pari pascalien, sont difficiles à repérer. J'ai parié pour la justice par la révolution, pour la paix par la non-violence, pour la cause de l'Évangile et de l'Église, j'ai choisi telle épouse, j'ai misé ma vie sur la fidélité. Autant d'exemples où, nous le savons bien, la critique pourrait s'exercer. Il n'est même pas certain que le sujet qui a fait ces choix ne soit pas à certains moments pris de doute et de panique. Peut-être s'est-il trompé. Mais il se ressaisit, il maintient l'orientation qu'il a choisie. Peut-être dira-t-il lui-même : maintenant je suis trop vieux pour changer[11]. Mais cette affirmation, lorsqu'il s'agit d'une forte personnalité, ne doit pas nous abuser. Elle signifie non pas un manque de courage pour commencer une vie nouvelle, mais une façon d'esquiver toute discussion et toute polémique. Car l'intéressé sait qu'elles seraient vaines. Il a en effet décidé au plus profond de lui-même de ne pas changer, parce que ses options sont pour lui un mode d'enracinement dans l'être, une façon de conserver une identité non mondaine. Il conviendra, certes, que d'autres peuvent avec la même visée choisir des orientations différentes. Il les respectera, comme on respecte un secret personnel. Et lui-même fera sans doute l'objet du même respect. Chacun d'entre nous a repéré une ou deux choses importantes dans l'existence, sur lesquelles il ne transigera pas. Mais au nom de quoi les a-t-il ainsi isolées, sans méconnaître que pour d'autres la hiérarchie s'établit sans doute autrement ? Nous ne pouvons que répondre : pour moi, il en est ainsi. Bien entendu, il

---

11. « Les hommes les plus sincères ne peuvent dire que des moitiés de vérité », Julien GREEN, *Journal*, 1946-1950, « Le Revenant », Paris, « Le Livre de Poche », Plon, 1946, p. 185.

peut intervenir ici une part d'entêtement et même d'erreur. Mais il n'en est pas nécessairement ainsi. Nous pouvons confesser notre partialité et en même temps revendiquer une sorte de droit à cette partialité. Un tel consacre sa vie, son énergie, ses ressources spirituelles à la cause de l'enfance malheureuse, un autre à la défense de l'équilibre écologique. Qui pourra prétendre que l'une des causes est plus importante que l'autre ? Qui pourra soutenir que l'une est plus urgente que l'autre ? En vérité, l'option faite par l'un et par l'autre renvoie à un secret primordial, dont personne ne pourra rendre compte. Dans les deux cas, on peut établir qu'il s'agit de problèmes importants qui méritent l'attention d'un homme de cœur. Mais on ne pourra établir pourquoi le choix de l'un s'est porté ici et celui de l'autre, là. Finalement, on reconnaîtra que chacun a une vocation particulière, c'est une façon qui lui est propre d'entendre un appel et d'y répondre. Le terme de vocation connote de façon éthique ce que nous appelons le secret sur le plan ontologique. Nous sommes conscients d'être d'une certaine façon enracinés dans l'être, mais le mode et le lieu de notre enracinement ne dépendent pas de nous et nous ne pouvons en rendre compte. Le secret n'est pas seulement pour les autres, il est pour nous. Dans cette perspective la proposition : « j'ai un secret », ne signifie plus je ne veux pas le révéler aux autres, mais je ne peux pas le leur révéler, car pour ce faire il me faudrait m'en saisir, alors que c'est moi qui suis saisi par lui.

Dire que le secret de l'être humain trouve son origine et son fondement dans la faute, ce n'est donc pas négativiser son contenu. Le secret ne nous sépare les uns des autres et chacun de Dieu que dans la mesure où il nous unit aussi à eux et à lui en nous faisant sentir tout ce qu'il y a d'impossible et de douloureux dans cette séparation. La quête de Dieu et de l'autre s'inscrit sur cet arrière-plan de séparation, de communion brisée. L'être humain est habité par un secret dans la mesure où sur des modes extrêmement divers il vit, au cœur de sa vie intérieure, ce drame qu'il n'exprime jamais complètement et dont beaucoup d'implications lui échappent. Un homme devient une personne pour autant qu'il pressent l'existence de ce secret et que celui-ci colore ses relations avec les autres. Car ayant ce pressentiment, il sait qu'il aura un jour quelque chose à leur dire, qui dépasse la pure information objective et que les autres pourront recevoir, fût-ce dans l'étonnement et le scandale.

S'il faut que la vie intérieure et la vie privée soient inviolables et protégées, même lorsque les intéressés ne songent pas dans leur mondanité à les protéger eux-mêmes, s'il faut que l'autorité publique rencontre des limites dans ses efforts pour organiser et orienter la vie privée et pour polariser la vie intérieure par une éducation continue, c'est parce que, ces limites franchies, l'homme cesserait d'être homme en cessant de s'enraciner dans un secret. Du coup, en effet, il ne posséderait plus que les traits communs à son espèce et les valeurs communes à son groupe. Bismarck avait raison de dire : les ordres de mon empereur s'arrêtent au seuil du salon de ma femme.

La vie intérieure et la vie privée, la seconde n'étant que le reflet de la première, sont les lieux où le pouvoir de décision des autres et de l'autorité sont sans portée réelle, les lieux où l'influence des autres cesse de s'exercer sans filtrage, les lieux enfin où je dois même, après être rentré en moi-même, prendre le pouvoir de décision et l'exercer sur moi-même : « Je me lèverai, dit le fils prodigue de la parabole, et j'irai vers mon Père. » Il a redécouvert dans la séparation, une séparation dont il n'a aucune certitude qu'elle puisse être comblée, le secret de sa proximité avec son père.

Ce retour sur soi qui caractérise la vie intérieure et que la vie privée rend possible, ce recueillement qui ne s'accomplit pas sans arrachement, n'est pas le repli désabusé sur soi d'un homme qui, à la suite de déceptions et d'échecs, ferme sa porte, renonce à tout engagement et poursuit le rêve malsain de tout ce qu'il aurait pu être et n'a pas été. Comme l'a noté P. Kemp, recueillement se dit en allemand *Andacht,* ce qui signifie que dans le recueillement il y a plus qu'un simple rassemblement préservateur de nos énergies, mais bien la découverte de quelque chose à écouter et à admirer[12]. Ce que j'écoute et admire, mais aussi ce devant quoi je tremble, c'est bien le secret.

Être tenu par un secret, c'est forcément accepter une solitude première, même si par la suite ce secret apparaît comme la condition d'une communication pleine de sens avec autrui. Et cette solitude n'est pas simplement celle du repos réparateur et de la rêverie ; c'est celle de la déréliction. Le fils prodigue passe par cet abandon, où ses seuls compagnons sont les pourceaux qu'il garde. Pourquoi ce passage par la déréliction ? Parce que, même si le secret n'est pas totalement négatif, comme nous avons essayé de le montrer, il s'origine dans la séparation. Il ne livre son sens que si nous acceptons de revivre cette séparation, de l'inventorier en quelque sorte, de mesurer ce qu'elle comporte d'angoisse. Le Christ n'aurait pas été vraiment homme, même en supportant toutes les fatigues et les servitudes de l'existence humaine, s'il avait toujours vécu en pleine communion avec son Père et s'il n'avait pas connu l'abandon aux mains du séparateur, s'il n'avait pas connu la tentation et la déréliction de la croix. Le signe le plus décisif de la réelle humanité du Christ, c'est le cri : « Mon Dieu, pourquoi m'as-tu abandonné ? » Ce secret de la séparation, nous le vivons dans l'expérience de la mort. La raison dernière pour laquelle la mort ne peut pas être un événement accidentel qui survient du dehors, pour laquelle il faut que la mort soit aussi immanente à notre existence et connue comme telle, c'est que sans elle nous ne pourrions faire jusqu'au bout l'expérience de cet abandon sans lequel il n'y aurait pas de vie intérieure, sans lequel le secret ne serait pas reconnu. Le lecteur du livre de Job s'étonne et se scandalise que Dieu ait pu, dans une sorte de jeu apparent et de pari, abandonner Job à Satan. Mais il ne s'agit pas d'un jeu : sans cette déréliction Job aurait continué à penser que bonheur, richesse et prospérité,

---

12. Cf. Peter KEMP, *Théorie de l'Engagement : I Pathétique de l'Engagement,* Paris, Seuil, 1973, p. 199.

toutes les formes de l'avoir, caractérisent l'existence du juste. Il n'aurait existé que dans cet avoir et dans la sécurité de cet avoir. Il n'aurait jamais atteint le secret de la vie intérieure et de la foi qui sont sans appui dans l'extériorité ou dans l'objectivité d'un Dieu qui ne se retire jamais, qui est toujours là pour nous secourir et nous donner ce qui nous manque. Si le Dieu purement objectif, le Dieu dont il est possible de démontrer l'existence d'une façon incontestable (et personne n'a jamais réfuté les preuves rationnelles de l'existence de Dieu) et d'inclure dans cette démonstration les attributs de Dieu, n'est finalement pas le vrai Dieu, c'est qu'un tel Dieu ne nous abandonne jamais, qu'il est incapable de le faire : son objectivité le lui interdit, l'objectivité ne défaille jamais. Et vis-à-vis d'un tel Dieu nous n'avons besoin d'avoir ni vie intérieure ni foi, car nous sommes assurés de son existence. Il n'est plus le Dieu qui travaille obscurément dans le secret qui nous habite. Il est le Dieu qui garantit l'ordre du monde ou, comme chez Descartes, qui sert d'abord de fondement à la physique.

Si ces remarques sont justes, nous comprenons mieux pourquoi la vie privée est non seulement la condition d'une vie intérieure, mais encore symbolise la vie intérieure : la vie privée qui se déroule dans l'intimité du foyer, malgré le confort et les sécurités qui de plus en plus caractériseront ce dernier, est bien la vie où l'on se retrouve seul, avec ses plus proches, où les masques de la vie sociale tombent, où il faut affronter la souffrance de la maladie, la peur de la nuit, l'inquiétude des lendemains incertains et finalement l'approche de la mort. Aucune sécurité sociale, si perfectionnée soit-elle, ne fera jamais qu'on ne meure pas comme homme privé. La vie intérieure réalise ce que la vie privée symbolise.

3. Vie intérieure et quotidienneté

La vie quotidienne est moins abstraite que la vie privée, cette dernière est une vie volontairement séparée de l'ensemble des relations sociales et professionnelles, des obligations, servitudes, obéissances et révoltes, frustrations et satisfactions liées à notre insertion dans ce réseau de relations. La vie privée est un artifice pour me retirer momentanément — la soirée, la nuit, le week-end — de la vie sociale, artifice qui ne réussit d'ailleurs pas entièrement puisque mon foyer est d'une façon ou d'une autre relié au monde social, que les mass-media le violent sans cesse et que je n'ai d'ordinaire pas la puissance de liberté nécessaire pour oublier ce que je viens de quitter et retrouverai demain, mais artifice suffisant pour me donner le sentiment d'une détente et le sentiment d'exister pour moi-même. La vie quotidienne englobe à la fois la vie privée et l'existence publique. Elle fait apparaître l'homme comme un être en situation, alors que l'homme privé se veut hors de toute situation (nous ne disons pas qu'il le soit effectivement). Il est situé par rapport à une multiplicité de facteurs qui tous agissent sur lui, le conditionnent et même le déchirent s'il ne trouve pas le moyen de les faire cohabiter à peu près paisiblement. Pour un homme d'aujourd'hui ces facteurs sont sociaux, professionnels, technologiques, politiques et familiaux. La quotidienneté n'a cessé de s'enrichir de composantes nouvelles au fur et à mesure de la rupture des sociétés closes. Nul n'est paysan sans être aussi vendeur, et acheteur, syndicaliste, citoyen de sa commune, soumis non seulement à la contingence des temps et des saisons, mais aussi tributaire ou victime de la conjoncture économique, de l'instabilité des prix du marché du travail, de la grande politique, de la balance commerciale de son pays. Les grandes caractéristiques d'une civilisation : l'urbanisation, l'industrialisation, la fonctionnarisation, la socialisation, etc., sont des réalités abstraites. Elles ne deviennent concrètes que par leurs retentissements entremêlés dans une existence individuelle. Ces retentissements qui s'entrecroisent dans une destinée d'homme, voilà la vie quotidienne. Le capitalisme, le socialisme, la démocratie, la dictature, la sécurité sociale, ce sont encore des abstractions qui n'ont pas, sauf au plan des concepts, des limites très fermes. Mais

elles retentissent sur une existence humaine qui se cherche, qui veut s'accomplir, elles l'aident et elles l'entra-
vent, elles l'encouragent et la blessent. C'est en se ren-
contrant dans une existence qu'il faut vivre tous les
jours qu'elles constituent cette situation terriblement
complexe, et pourtant une et totalisante, qui est celle de
chaque homme : « En un sens résiduelle, définie par *ce
qui reste* lorsque par analyse on a ôté toutes les activités distinctes, supérieures, spécialisées, structurées — la
vie quotidienne se définit comme totalité. Considérées
dans leur spécialisation et leur technicité, les activités
supérieures laissent entre elles un *vide* technique que
remplit la vie quotidienne. Elle a un rapport profond
avec *toutes* les activités, et les englobe avec leurs différences et leurs conflits ; elle est leur lieu de rencontre,
et leur lien, et leur terrain commun. Et c'est dans la
vie quotidienne que prend forme et se constitue
l'ensemble de rapports qui fait de l'humain — et de
chaque être humain — un tout. En elle se manifestent
et s'accomplissent ces relations qui mettent en jeu la
totalité du réel, bien que sous un certain aspect, toujours partiel et incomplet : amitié, camaraderie, amour,
besoin de communication, jeu, etc. [13] » Nous parlons de
bourgeois et de prolétaire, de producteur et de consom-
mateur, d'Européen et d'Asiatique et nous sous-
entendons que ces types d'hommes sont l'expression ou
l'incarnation d'un système, d'une idéologie, d'une structure. Nous oublions qu'ils ne sont réels que par la
médiation d'une vie quotidienne où ils perdent certes la
pureté de leur type, mais où ils gagnent en totalité concrète. Les abstractions ne sont pas vides, elles ont un
sens, mais ce sens n'apparaît que réfracté dans le
prisme d'une vie quotidienne. Alors ces abstractions
signifient bonheur et souffrance, désir et manque,
liberté et aliénation. Les statistiques se bâtissent sur les
abstractions. C'est pourquoi elles peuvent être exactes et
avoir pour le politique et l'économiste une valeur opé-

---

13. Henri LEFEBVRE, *Critique de la Vie quotidienne,* t. I, Paris,
L'Arche, 1958, 2ᵉ édition, p. 109.

rationnelle, elles ne sont pas pour autant vraies, parce que leur établissement même suppose qu'a été rompue cette totalité qu'est la vie quotidienne. On peut démontrer scientifiquement que les individus vivent dans un état d'aliénation sociale et économique très profond, alors que ceux-ci, par un jeu de compensations dans leur vie quotidienne, n'éprouvent pas cette aliénation comme telle, mais au contraire vivent dans une sorte de bonheur. On peut certes leur ouvrir les yeux et il peut être sain de le faire. C'est à quoi s'emploient les méthodes de conscientisation. Mais le fait même qu'il faille recourir à de telles méthodes prouve que cette prise de conscience se heurte à des résistances. Sans doute ces résistances tiennent-elles à une absence de culture, à une résignation ancestrale, à la peur de la nouveauté ; elles peuvent aussi tenir au fait que, par rapport à la totalité de la vie quotidienne, cette révélation d'une aliénation profonde peut paraître et est effectivement abstraite. Ici encore l'exact et le vrai ne coïncident pas absolument.

La vie quotidienne, c'est ce que nous faisons de nos existences. C'est cette synthèse sans doute fragile que nous réalisons, vaille que vaille, entre nos diverses aspirations et l'ensemble des forces naturelles et sociales qui s'exercent sur nous. Nous n'habitons pas le monde tel que l'analyse scientifique le dévoile, nous habitons notre vie quotidienne. C'est à partir d'elle que nous édifions notre destinée ou que nous laissons cette destinée se constituer. L'idée, chère à H. Lefebvre, de faire une science de la vie quotidienne est sans doute irréalisable. On peut certes éclairer la vie quotidienne par la science, il y aura toujours un résidu dont la singularité défiera la science.

Cette vie quotidienne, avec tout ce qu'elle comporte de passivité et d'accoutumance, de souci de se préserver elle-même, de s'adapter aux circonstances changeantes, mais aussi de faire front avec les réserves qu'elle a constituées aux événements imprévus, est, beaucoup plus qu'une aventure spectaculaire, le lieu où peut apparaître une vie intérieure. Cette dernière aurait quelque chose d'inauthentique si elle ne s'enracinait pas là où nous habitons concrètement : la vie quotidienne. Il faut que la vie intérieure, pour qu'elle soit vraiment nôtre, soit reliée à notre vécu. Or c'est notre vie quotidienne que nous vivons le plus intensément, de la façon la plus continue, c'est elle qui nous apporte ce vécu sur lequel la vie intérieure réfléchit. Certes les grands drames de l'histoire, les guerres et les révolutions font aussi partie de notre vécu et chacun de nous peut repérer dans son histoire personnelle les événements qui l'ont fortement marqué, qui sont à l'origine d'une nouvelle vision du monde, d'une conversion. Mais il ne suffit pas que nous ayons été acteurs ou victimes dans ces grands événements pour qu'ils soient vraiment vécus, il faut que d'une façon ou d'une autre ils aient trouvé place dans notre vie quotidienne. Nous sommes les « témoins » d'une foule d'événements dont les moyens de communication de masse nous informent chaque jour. Ils nous affectent, nous bouleversent, nous irritent dans l'instant où nous les apprenons. Mais nous les aurons oubliés quelques jours plus tard ou nous n'en aurons plus qu'un souvenir intellectuel. Si nous les oublions, c'est qu'ils n'ont pas eu de retentissement dans notre quotidienneté. Ils l'ont traversée comme des météores, ils n'y ont pas été retenus. D'une façon générale, l'information moderne rencontre une limite : elle touche la sensibilité immédiate, mais n'atteint pas la mémoire, ou ne l'atteint que pour les seules nouvelles qui peuvent être insérées dans notre quotidienneté.

C'est précisément parce qu'elle est soutenue par une mémoire que la vie quotidienne peut servir de support à la vie intérieure. Celle-ci n'est jamais ponctuelle, elle ne s'édifie que sur la conservation et la reviviscence d'un passé personnel sans lequel le sujet ne pourrait se penser comme destinée. Ce n'est pas par hasard que la foi est liée à une histoire et que l'on ne peut raviver la foi qu'en faisant appel à la mémoire, comme le montrent si souvent l'enseignement de l'Ancien Testament et celui de Jésus. Saint Augustin note dans ses *Confessions*, mémoires de sa vie intérieure et dialogue avec Dieu : « Voyez comme j'ai parcouru les espaces de ma mémoire en vous cherchant, ô mon Dieu, et je ne vous ai pas trouvé en dehors d'elle. Non, je n'ai rien trouvé de vous que je ne me sois rappelé, depuis le jour où j'ai appris à vous connaître. Car, de ce jour-là, je ne vous ai pas oublié. Où j'ai trouvé la vérité, là j'ai trouvé mon Dieu qui est la vérité même, et du jour où j'ai connu la vérité, je ne l'ai plus oubliée. Voilà pourquoi, depuis que je vous connais, vous demeurez dans ma mémoire. C'est là que je vous trouve quand je me souviens de vous et me délecte en vous[14]. » Certes, la mémoire de notre quotidienneté est chargée de tout autre chose que de nos rencontres avec Dieu, elle peut être alourdie de souvenirs objectivement insignifiants et mesquins, mais ces souvenirs dans leur mesquinerie même ont contribué à faire ce que je suis, à nourrir mon désir, à orienter ma vision désenchantée ou espérante de l'avenir. Si la vie intérieure n'avait pas comme objet de méditation ce cours de mes pensées au travers du temps, si grâce à la médiation de la mémoire elle ne trouvait pas une certaine garantie de sa continuité et de son unité, elle serait uniquement renvoyée à une actualité solliciteuse de réactions immédiates et elle se détruirait elle-même. Si la vie intérieure est parfois le privilège de la vieillesse, ou du moins pourrait l'être, c'est qu'à cet âge de l'existence l'actuel a moins de prise sur l'homme qui de toute façon ne peut guère y répondre. Sans préjuger des rapports entre vie intérieure et action, nous voyons poindre ici leur conflit possible.

Le quotidien ne nous satisfait jamais. Il y a en lui une telle dose de répétition, de monotonie, de banalité que nous aspirons à l'extraordinaire et à l'inédit qui viennent rompre et renouveler son cours. Mais le signe de l'existence d'une vie intérieure, c'est que nous devenons capables de retrouver, en dessous de cette banalité et de cette monotonie, toutes sortes de richesses inaperçues. Il y a, bien sûr, une part d'illusion lorsque nous nous remémorons notre passé et que nous le voyons

---

14. Saint Augustin, *Confessions* X, XXIV, 35, trad. P. de Labriolle, Paris, « Les Belles Lettres », 2ᵉ édition, 1937, p. 267.

comme le temps où nous avons été heureux. Mais l'illusion n'est pas complète. Pourquoi la mémoire du quotidien n'a-t-elle retenu que les événements qui dessinent un bonheur, sinon parce que ces événements ont effectivement été vécus, même si au moment où ils l'ont été ils n'ont pas eu le relief que nous apercevons maintenant ? Le grand succès des livres qui relatent l'histoire proche, celle dont nous avons été les contemporains, s'explique par le fait que ces livres nous permettent d'intégrer cette histoire à notre mémoire du quotidien et aideront ainsi notre vie intérieure à enrichir l'objet qui lui sert d'occasion. Je me comprendrai mieux moi-même lorsque je saisirai combien j'ai été, parfois à mon insu, marqué par des événements dont les livres que nous évoquons nous font sentir l'impact dans notre existence quotidienne. L'histoire du monde ne devient notre histoire que par son insertion dans notre quotidienneté.

Si la vie privée est le symbole de la vie intérieure, si son secret nous renvoie à un secret plus décisif, la vie quotidienne, elle, ressaisie par la mémoire, constitue non pas la substance de la vie intérieure, mais sa condition matérielle. Le héros, le champion politique ou sportif, le manager, la vedette n'ont souvent guère de vie intérieure parce qu'ils n'ont pas eu le temps d'avoir une vie quotidienne. Poussés d'affaires en affaires, de crise en crise, de spectacle en spectacle, ils ont dû remettre à plus tard cet humble quotidien sans lequel se créent dans notre existence des « trous » irréparables, une discontinuité contre laquelle la vie intérieure s'efforce de lutter.

4. Naissance de la vie intérieure

Si la vie privée consiste à édifier un écran fragile et provisoire entre l'être individuel et le milieu social, la vie intérieure connaît le caractère sinon illusoire, du moins relatif d'un tel écran. Elle ne naît pas d'une volonté de rupture avec le monde, mais bien de la décision de ne pas être seulement un *reflet* du monde, une simple intériorisation des hiérarchies et des valeurs de la société. C'est pourquoi le Sur-Moi dont parle la psychanalyse est peut-être à l'origine de notre éthique personnelle, il n'est pas à l'origine de notre vie intérieure, parce que lui justement ne constitue pas autre chose que le reflet des impératifs parentaux et sociaux.

Mais comment cesser d'être un reflet du milieu ambiant, alors que tout notre développement physique, psychique et intellectuel s'est fait sous la direction de ce milieu dont nous ne pouvons cesser d'être solidaires et avec qui nous sommes reliés par le besoin ?

Il faut sans doute d'abord accepter que ce monde extérieur, matériel et social, ne soit plus mon ultime recours. J'ai certes besoin de son secours, mais je passe indûment du secours nécessaire à l'ultime recours. Tout m'y incite d'ailleurs, tout concourt à me faire oublier que ce monde extérieur est aussi menace. Le propre d'une civilisation avancée c'est de me persuader qu'à chacun de mes besoins, qu'à chacune de mes difficultés correspond une solution toute prête, qu'il y a un réseau en place de conseillers, de médecins, d'industriels et de commerçants magnanimes, d'hommes politiques dévoués, de banquiers honnêtes et intelligents qui me garantissent succès et sécurité. Même ma mort peut être aménagée de telle sorte que je parte sans inquiétude et avec le minimum de souffrances. Si ma propre expérience ne m'a pas confirmé dans cette certitude, c'est que tout simplement je ne me suis pas adressé au bon spécialiste. Cette conviction qu'il y a des spécialistes efficaces pour toutes les situations (y compris des prêtres et des pasteurs) nous aide, bien sûr, à nous détacher de l'idée de fatalité, mais elle nous détourne aussi de l'idée qu'il y a des situations désespérées et qu'il faut assumer comme telles. Le refus du désespoir est à l'origine de cette tendance à considérer l'extérieur comme ultime recours. La vie intérieure, à la différence de la vie privée, est une vie non protégée, non revêtue de la panoplie des uniformes et des concepts généraux et qui par conséquent est guettée par le désespoir. Lorsque dans une confidence je parle de ma vie intérieure, je parle généralement de mon angoisse et de mon désespoir. L'espérance peut être proclamée, elle peut être aussi partagée. Le désespoir ne peut être porté que par l'être qui découvre, malgré la sympathie et l'amour dont il peut être entouré, sa solitude, l'absence de tout secours. Naître à la vie intérieure, c'est accepter cette possibilité-là : un jour ou l'autre je serai au fond de l'abîme et ce jour-là ne sera pas seulement le jour de l'approche de la mort. La mort a des sosies qui, eux aussi, peuvent faire irruption dans notre vie, nous pouvons être pris par l'angoisse d'exister, par la douleur du remords, par la souffrance de ne pas pouvoir clarifier notre existence et la rendre transparente, par la rencontre difficile ou intolérante du secret. Accepter cette existence non protégée, sans recours ultime, c'est reconnaître qu'il faut placer des frontières entre vie intérieure et vie extérieure. Tant que nous pouvons penser « ça n'arrive qu'aux autres », nous n'avons pas encore franchi le seuil de la vie intérieure, car nous présumons qu'au moins pour nous il y aura toujours des recours, des manières de s'en tirer. La vie intérieure, c'est le lieu de tous les possibles, et, opposant les catégories de réalité et de possibilité, Kierkegaard a montré que le possible est autrement décisif que la réalité qui, elle, parce qu'elle est là, est déjà aménagée et rassurante : « Non, dans la possibilité tout est également possible, et l'homme vraiment élevé par elle en a saisi l'horreur au moins aussi bien que les aspects souriants. Quand on sort de son école, et qu'on sait, mieux qu'un enfant ses lettres, qu'on ne peut absolument rien exiger de la vie, et que l'épouvante, la perdition, la destruction logent porte à porte avec chacun de nous, et qu'on a appris à fond que chacune des angoisses que nous redoutions a fondu sur nous l'instant d'après, force nous est alors de donner de la vie une autre explication[15]... » La vie extérieure c'est la tentative de réduction du possible, la vie intérieure c'est l'acceptation de l'impossible possible.

---

15. KIERKEGAARD, *Le Concept de l'Angoisse,* traduit du danois par Knud Ferlœv et J.J. Gateau, Paris, Gallimard, 1935, p. 225.

Recours est lié à besoin. C'est le besoin qui me force à chercher des recours. La vie intérieure ne saurait commencer par le renoncement au besoin car le besoin exprime un manque, et le manque est une caractéristique structurelle de l'être. Renoncer au besoin serait d'ailleurs une opération tout à fait illusoire car le besoin est lié au nécessaire, et si le nécessaire peut être réduit, contrairement à ce que suggère notre civilisation de consommation, on atteint rapidement un seuil qui ne peut être impunément franchi. L'idée stoïcienne d'un renoncement au besoin porte en elle une contradiction insurmontable. Modérer mes besoins est une chose, mais y renoncer c'est se condamner au suicide, c'est refouler mon corps hors de moi-même, c'est s'imaginer que la vie intérieure suppose le dépérissement de ce médiateur universel qu'est le corps. Mais il reste vrai qu'une vie qui est tout entière tendue vers la satisfaction des besoins ne deviendra pas une vie intérieure, le sujet n'étant pas une somme de besoins. Le petit enfant a besoin du lait de sa mère, or le besoin « s'évanouit dans la satisfaction gavée[16] ». Le besoin disparaît momentanément quand il a consommé l'objet qui lui manquait. Mais ce qui subsiste après la satisfaction du besoin, c'est le désir de la présence de la mère. Le petit enfant peut être parfaitement et rationnellement nourri, tous ses besoins peuvent être régulièrement satisfaits, sans que pour autant il se développe de façon heureuse s'il est privé de cette présence aimante. A la différence de l'objet qui nous satisfait et nous apaise dans la mesure où nous le consommons et le détruisons, la présence, elle, n'est pas consommable ; la présence, même si elle est découverte au travers de la satisfaction du besoin, ne fait pas comme telle l'objet d'un besoin, ou plutôt elle ne fait l'objet d'un besoin que dans la mesure où elle sert seulement à combler un vide, où elle se confond avec ce qu'elle apporte, avec l'objet dont elle est porteuse. La présence est désirée : « Dési-

_____

16. Denis VASSE, *Le Temps du Désir,* Paris, Le Seuil, 1969, p. 10.

rer l'autre... c'est le vouloir pour ce qu'il est et que je ne sais pas, c'est par conséquent renoncer à en faire l'objet de mon besoin, renoncer à le réduire[17]. »

La relation entre le besoin et le désir est subtile. Ils sont souvent si fortement accouplés qu'on a de la peine à les distinguer, mais le moment vient où ils s'écartent l'un de l'autre. Le petit enfant découvre la présence de sa mère dans son sein et son lait nourricier, mais le moment viendra où ce lait maternel ne répondra plus à un besoin, où le sein sera objet de répulsion et où la présence de la mère sera pour l'enfant, même si elle reste associée au don, à l'aide, à l'exorcisme des périls, précieuse en elle-même dans son mystère de mère et d'épouse du père. S'il est impossible de préciser quand se fait la disjonction entre le besoin et le désir, entre l'autre comme objet de consommation et l'Autre comme présence inatteignable, au-delà de nos prises, il faut bien reconnaître qu'elle se fait, et qu'au moment où elle se fait apparaît en l'être ce centre d'initiative et de liberté que nous avons nommé le sujet. Car désirer la présence de l'Autre, c'est reconnaître sa différence radicale, par rapport à moi. Pour désirer l'Autre, il faut donc que je me saisisse comme sujet original. Selon Denis Vasse, au niveau de l'acte sexuel, que l'on considère généralement comme l'expression même du besoin, comme l'apaisement d'une tension par la satisfaction, apparaît déjà une distinction fondamentale, à condition que nous y soyons attentifs et que nous ne la méprisions pas, entre le don de l'apaisement et le don de la présence. « La consommation de l'acte révèle l'autre dans sa persistance, Autre. Au jeu rythmé de l'apparition et de la disparition d'une tension est liée la découverte d'une radicale différence entre l'autre et moi[18]. » L'acte sexuel pourrait en rester au stade de l'érotisme, il peut aussi faire accéder à l'amour. Entre ces deux stades il y a un lien, c'est le don. Mais ce don est ambivalent.

---

17. *Ibid.*, p. 21.
18. *Ibid.*, p. 22.

D'une part, il est le don que je reçois pleinement dans le plaisir qui signale la satisfaction du besoin ; d'autre part, il est ce don insaisissable, dont je n'aurai jamais fini de me réjouir, que je n'épuiserai pas, qui est fondé sur la différence insurmontable et pourtant précieuse. En se révélant à moi, l'autre me révèle à moi-même, mais la caractéristique de toute révélation, c'est qu'elle fait affleurer le secret ou le mystère de l'un et l'autre des partenaires.

Entre le besoin et sa satisfaction plénière et le désir qui n'est satisfait que par une promesse, laquelle renvoie toujours, sans quoi elle ne serait plus promesse, à un au-delà, il y a un écart, même si besoin et désir sont originellement liés. Cet écart, nous sommes toujours tentés de le méconnaître ou de l'ignorer. Mais cette méconnaissance ou cette ignorance nous conduit aux pires confusions. Nous confondons Dieu et le monde lorsque par exemple, dans la prière, nous attendons de Dieu qu'il nous comble, comme parfois le monde nous comble en satisfaisant nos besoins et nous mesurons alors l'action de Dieu à la satisfaction que nous éprouvons, quitte à déclarer Dieu mort lorsque nous n'éprouvons pas cette satisfaction. Au contraire la reconnaissance de cet écart nous conduit à une véritable conversion qui est le signe même de la naissance de la vie intérieure. Lorsque nous renonçons à attendre de l'autre qu'il se comporte à notre égard comme un objet que nous consommons pour satisfaire nos besoins, lorsque nous renonçons à exiger de Dieu qu'il soit le bouche-trou qui vient nous apaiser et répondre à notre attente de la façon que nous lui avons prescrite, alors nous reconnaissons l'autre ou Dieu dans son altérité personnelle et nous nous situons par rapport à lui comme un sujet face à un autre sujet. « Le renoncement, écrit encore Denis Vasse, est le pivot du mouvement de conversion du besoin en désir[19]. » C'est la conversion qui se situe entre la magie et la foi. La magie entend opérer elle-même les actes qui contrain-

_____

19. *Ibid.*, p. 31.

dront l'autre à nous donner la pluie, la nourriture, la santé que nous exigeons de lui. La foi avoue, certes, les manques dont nous souffrons, les besoins qui nous lancinent. Mais si elle les avoue en tant que besoins, elle désire surtout que l'autre se rende présent pour nous, devienne par sa présence une promesse pour nous, même s'il ne produit pas l'objet que nous cherchons. En d'autres termes, la foi et le désir qui s'y manifestent reconnaissent la subjectivité de l'autre, sa vie intérieure. Ils demandent seulement à y être associés. Or comment cette association pourrait-elle se produire si nous ne devenions pas nous-mêmes vie intérieure et subjectivité ? D. Vasse illustre ce cheminement en commentant la parabole de l'enfant prodigue : « Saint Luc, dans la parabole de l'enfant prodigue, éclaire d'une illustration vigoureuse ce mouvement. La crispation violente sur le besoin de consommer le monde, sur l'argent, sur les femmes et les banquets, conduit le fils à considérer ce qui *manque* à tous ces objets et l'impossibilité où ils sont de lui donner ce qu'il cherche : il rentre en lui-même, il y renonce et dans le même mouvement redécouvre le Père qui n'est aucunement, lui, l'objet de son besoin, mais auprès duquel pourtant il trouvera accès à la joie du banquet des noces et de l'héritage. Il se redécouvre fils au moment où il renonce par la force des choses, c'est-à-dire par leur épuisement, à être l'enfant gâté et gavé autour duquel tout tournerait et dont le monde aurait besoin : le père pour l'honneur du nom, les femmes pour la jouissance du plaisir. A bien lire ce texte, l'on remarque que l'enfant prodigue devient *fils* au moment précis où il envisage la possibilité de ne plus l'être[20]. » La conversion ne consiste pas à tuer le besoin, mais à faire émerger le désir du besoin par le renoncement à l'attention exclusive et totalitaire que nous portions au besoin.

Il est curieux que l'accès à la vie intérieure se fasse par la médiation du désir de l'autre. Tout se passe comme s'il nous fallait d'abord sortir de nous-même

---

20. *Ibid.,* pp. 31-32.

pour pouvoir faire retour sur nous-même. C'est que l'autre nous renvoie à nous-même si nous le désirons, non comme un objet à capter ou même un être à séduire, mais comme celui avec qui nous pouvons converser de sujet à sujet. Ce désir resterait vain si nous ne devenions pas nous-même sujet et source de vie intérieure, car l'autre comme présence et comme promesse serait pour nous sans signification.

Accueillir la possibilité du désespoir, renoncer à trouver dans le monde un ultime recours et désirer l'autre comme présence et promesse sont les deux faces d'un même mouvement. Je sais en effet que l'autre peut me quitter, que la mort peut me ravir sa présence de même que l'infidélité, que de toute façon il n'y a pas de présence sans absence possible, et qu'alors il me faudra vivre dans la déréliction et le désespoir avec le seul appui d'un souvenir qui sera à la fois douloureux et précieux. Le désir ne s'éteint pas dans le souvenir, mais il me faut accomplir une nouvelle conversion à l'intérieur même de ma vie intérieure : renoncer à vivre tendu vers l'avenir pour me ressaisir d'un passé dont je n'ai pas épuisé la substance. Le paradoxe constant de la foi chrétienne c'est que, soutenue par la promesse d'un Dieu qui marche devant elle, qui la précède vers l'avenir, elle sait aussi que le Dieu qui est Parole peut se taire et qu'il faut alors rechercher sa présence dans la Parole dite aux pères, dans le souvenir, difficile à ressusciter, du Christ. Il n'y a pas de foi qui n'accepte de vivre du souvenir, c'est-à-dire d'une absence. Il n'y a pas de vie intérieure qui n'accepte aussi de se nourrir du passé, de chercher désespérément la promesse dans ce qui n'est plus.

Rien n'est impossible en ce qui me concerne. La pire déréliction peut m'atteindre, le désir de l'autre doit compter avec l'absence de l'autre. Ces diverses évidences qui sont au fondement de la vie intérieure expliquent pourquoi celle-ci doit vouloir, comme condition de sa propre naissance, la solitude. Apparemment, il y a contradiction entre solitude et désir de l'autre. En fait, comme ce désir de l'autre est renoncement à la possession de l'autre, qu'il est seulement ouverture sur un avenir, qui peut et qui même doit se faire attendre, la contradiction se résout. Que pourrais-je — un jour — donner à l'autre sans aliéner sa liberté, si je ne suis pas en mesure d'accepter ma solitude ? Je ne pourrais être pour l'autre qu'un poids et une entrave : « Celui qui opte pour l'intériorité doit avoir pour compagne durant ses premiers pas la solitude », écrit M.-M. Davy[21]. Ce n'est même pas assez dire : il ne s'agit pas d'une pédagogie initiale. L'homme intérieur doit se préparer toute sa vie à la solitude, sans tuer en lui le désir de l'autre. Que seraient un père et une mère qui, malgré leur désir d'amour envers leurs enfants, refuseraient que ceux-ci aient de plus en plus une vie autonome et secrète par rapport à eux et qu'un jour ils les quittent ?

Solitude, cette expérience peut aussi être décrite sous le nom de désert. Le désert, c'est justement le lieu où je ne trouve autour de moi aucun recours, où les appels du besoin ne reçoivent pas de réponse, où il devient clair que mon existence doit s'édifier sur l'absence de ces secours. Aussi le thème du désert est-il si important dans la pensée biblique, comme le souligne Jacques Ellul : « Le désert apparaît... comme un lieu d'épreuve, parce qu'il est le lieu de l'honnêteté : l'entrée au désert, c'est la minute de vérité. » Parce qu'il n'y a plus de secours extérieurs, je dois orienter ma vie vers le seul recours qui lui donne un sens. C'est à partir de mon intériorité — la seule chose qui me reste quand tout me manque — que je dois trouver cette orientation. Je ne la trouverai pas d'une façon certaine. C'est ici qu'apparaît l'ambiguïté de la vie intérieure : « Satan se rencontre dans le désert, et le Saint-Esprit aussi[22]. » Mais si l'entrée au désert est minute de vérité, c'est parce que je sais à l'avance que les tentations démoniaques y seront aussi fortes que dans le monde dont je me suis séparé et que la découverte du seul vrai recours n'est

---

21. M-M. Davy, *L'homme intérieur et ses métamorphoses,* Paris, Epi, 1974, p. 33.

22. Jacques Ellul, *Sans feu ni lieu,* Paris, Gallimard, 1975, pp. 192 et 193.

pas assurée. Mais c'est précisément ce risque que ma vie intérieure doit accepter : elle n'a de sens qu'en vue de cette heure du risque. Est-ce orgueil ou paresse d'avoir prononcé la clôture de ma vie intérieure ? Valait-il la peine de renoncer à l'agitation et à la dissipation ? Le désert le dira. Il est donc essentiel que je n'essaye pas de me soustraire à cette crise.

Acceptation et accueil du possible dans toutes ses dimensions, médiation du désir de l'autre dans son altérité, voilà donc les sources où prend naissance la vie intérieure. Ces sources nous indiquent que la vie intérieure ne se constitue pas par un simple mouvement psychologique d'intraversion ou d'indifférence par rapport au monde. Un tel mouvement n'aboutirait qu'à une rumination intérieure, comme il se voit dans certaines maladies mentales ou dans les cas de caractères anormalement repliés sur eux-mêmes. Le désir de l'autre atteste que la vie intérieure ne vise pas à la constitution d'un individu égocentrique. C'est au contraire parce que la vie intérieure suppose la présence de l'autre et qu'elle a reconnu la possibilité du désespoir qu'elle peut s'ouvrir aux soucis des autres et qu'elle ne peut attacher trop d'importance à ses propres soucis, qui se trouvent relativisés du fait qu'ils sont sans cesse référés à la possibilité d'un tragique bien plus fondamental. Il se peut même que l'extrême attention que nous portons à des petits problèmes, aux inconvénients et désagréments qui naissent de l'existence quotidienne soit le signe même du refus de toute vie intérieure. Il n'y a finalement que peu de différences entre l'homme qui se complaît dans une agitation fébrile et qui s'ennuie dès que les circonstances rendent cette agitation impossible et l'homme qui ne cesse de retourner de petits problèmes, des soucis sans envergure ou qui refait des calculs mesquins pour s'assurer quelque illusoire succès. L'un et l'autre cherchent des alibis pour se fuir eux-mêmes, pour se masquer à eux-mêmes les vrais problèmes.

Il y a une vraie et une fausse vie intérieure, ainsi qu'il apparaît clairement lorsqu'on considère les journaux intimes qui en sont les miroirs. Il est hors de doute qu'ils représentent un projet de l'être humain pour accéder à sa vie intérieure. Souvent entrepris à l'époque de l'adolescence, abandonnés par la suite, ils témoignent de la volonté d'avoir une vie propre, de devenir un sujet conscient de toutes ses richesses et de ses pauvretés intérieures, de se ressaisir soi-même et se recueillir après une période d'activité (c'est généralement le soir qu'on rédige son journal intime). Tenus cachés et secrets vis-à-vis de l'environnement familial immédiat, révélés un jour dans leur existence ou leur contenu à quelque ami de cœur, ils reflètent la constitution du secret de l'être. Écrits cependant pour quelqu'un qui n'existe pas encore, ou dont on est séparé (Kierkegaard a écrit beaucoup de ses œuvres sous un pseudonyme, et elles étaient écrites pour Régine Olsen avec laquelle il avait définitivement rompu ; de ce fait, elles s'apparentent davantage au journal intime qu'au traité), ou qui les lira après notre mort, ils sont les témoins de ce désir de l'autre indispensable et insaisissable. Ils sont déjà réalisation du dialogue avec l'autre. Il n'y a guère de comique, sinon de manière involontaire, dans les journaux intimes, par contre le tragique de l'existence y apparaît très souvent. Chagrins, déceptions, souffrances inavouées sont autant de références à ce tragique. Si je me confie à un journal intime, c'est parce que je m'estime incompris. Peu importe qu'il y ait souvent quelque excès juvénile dans cette plainte d'être incompris. C'est une façon de découvrir ce qu'il y a effectivement d'incommunicable dans toute existence. Les événements, les choses, l'histoire anecdotique tiennent une certaine place dans les journaux intimes, mais ils ne valent jamais pour eux-mêmes, à la différence de ce qui se passe dans le Journal proprement dit (le Journal des Goncourt, par exemple) qui, lui, est une œuvre littéraire destinée par l'auteur lui-même à la publication comme un témoignage sur son temps. L'auteur d'un journal intime tient tout cet aspect événementiel pour secondaire ; ce n'est qu'une occasion pour lui d'accéder au tragique de l'existence ou du moins à sa vérité[23].

---

23. « Le journal intime est pour moi une des formes de la résis-

Mais il arrive que le journal intime dégénère, en général chez les adultes : il tourne à la chronique, et alors son importance réside seulement dans les dons d'observation de l'auteur et dans la place qu'il occupe dans la société. Ou bien il cède à la tentation d'être une sorte de photographie de la vie bio-psychologique de l'auteur. Rien ne nous est alors épargné et nous sommes très renseignés sur les difficultés digestives quotidiennes d'Amiel. L'insignifiant y est rapporté comme s'il était plein de sens et avec la même minutie. Bien sûr, au milieu du fatras peuvent apparaître des notations décisives, mais elles sont noyées, comme si l'enjeu était de ne rien laisser passer. Au lieu d'être le lieu où le désir s'éprouve lui-même, le journal intime ne nous offre la vie intérieure que comme un spectacle, d'ailleurs inégalement intéressant. Il témoigne ainsi de l'inauthenticité de la vie intérieure. Celle-ci en effet n'est pas spectacle, mais bien creuset où se forme et s'affirme le sujet en tant qu'il affronte l'existence.

La vie intérieure dévoyée, c'est celle qui se satisfait et s'épuise dans son propre spectacle. Le journal intime se situe souvent à cet endroit critique où la vie intérieure prend naissance et où tout aussi bien elle peut se perdre dans une analyse de plus en plus raffinée, mais sans finalité. Certains auteurs ont eux-mêmes ressenti et avoué la vanité qui peut se nicher dans le projet d'offrir sa vie intérieure comme un spectacle. Il y a sans doute plus que coquetterie d'écrivain dans l'avertissement que Montaigne a placé en tête de ses *Essais* : « C'est ici un livre de bonne foi, lecteur. Il t'avertit dès l'entrée que je ne m'y suis proposé aucune fin, que domestique et privée : je n'y ai eu nulle considération de ton service, ni de ma gloire ; mes forces ne sont pas capables d'un tel dessein. Je l'ai voué à la commodité particulière de mes parents et amis : à ce que m'ayant perdu (ce qu'ils ont à faire bientôt), ils y puissent

---

tance consciente à l'impossibilité d'exister » (Édouard KOUTZNETSOV, *Journal d'un Condamné à mort*, trad. de J. Cathala, Paris, Gallimard, 1974).

retrouver quelques traits de mes conditions et humeurs et que par ce moyen ils nourrissent plus entière et plus vive la connaissance qu'ils ont eue de moi... Ainsi, lecteur, je suis moi-même la matière de mon livre : ce n'est pas raison que tu emploies ton loisir en un sujet si frivole et si vain ; adieu donc. » La sincérité de Montaigne est-elle ici entière ? Ne nourrit-il pas un autre dessein, plus existentiel, en se peignant lui-même en ses conditions et humeurs ? La réponse importe peu à notre propos. Montaigne a en tout cas aperçu qu'il y avait une lecture possible de son œuvre comme un souvenir aussi complet que possible sur son existence particulière. Est-ce une finalité suffisante ? Édifions-nous une vie intérieure pour l'offrir comme un spectacle tantôt intéressant, tantôt excitant et tantôt affligeant aux survivants ? Il est difficile de le croire.

CHAPITRE II

LA VIE INTÉRIEURE,
APPARENCE OU RÉALITÉ ?

1. La vie intérieure renvoyée à plus tard

Il est des hommes qui n'ont pas le temps d'avoir une vie intérieure et qui, de ce fait, n'ont plus de temps du tout. Car le temps qu'ils vivent est réglé du dehors et découpé en tranches par le rythme du temps collectif. Le travail et ses impérieuses nécessités font apparaitre la vie intérieure comme un temps perdu et assimilent celle-ci à la rêverie. Est-ce là seulement la caractéristique de certaines formes de civilisation technique et industrielle, un avatar passager dans l'histoire humaine, ou bien est-ce le signe permanent de ce que doit être la condition humaine ? L'homme se réalise-t-il en tant qu'homme par le travail ou par l'accès à la vie intérieure ? Ce que nous appelons vie intérieure n'est-il pas autre chose qu'un reflet des conditions de notre travail ?

Le marxisme a pensé que pour saisir la réalité de l'homme il fallait privilégier le travail en tant que production par l'homme des moyens de son existence. Seul ce travail productif distingue l'homme de l'animal. « On peut différencier les hommes des animaux par la conscience, par la religion, par ce qu'on voudra. Les hommes commencent à se différencier eux-mêmes des animaux dès qu'ils se mettent *à produire* leurs moyens de subsistance, ce stade étant fonction de leur organisation corporelle. En produisant leurs moyens d'existence, les hommes produisent indirectement leur vie matérielle elle-même[1]. » Par son travail producteur l'homme ne modifie pas seulement son environnement et ses conditions d'existence, il se modifie lui-même, il s'engendre lui-même. Il est le fils de ses œuvres. Par sa praxis, il fait entrer la nature dans un processus historique et il s'historicise lui-même. L'histoire n'est pas une grandeur extérieure à l'homme et qui aurait la puissance de l'entraîner vers un destin : « Le premier principe de toute existence humaine, de toute histoire par conséquent [est] ... que les hommes doivent pouvoir vivre pour *faire l'histoire*. A la vie sont nécessaires la nourriture et la boisson, l'habitation, le vêtement, et quelques autres choses encore. Le premier fait historique est donc la production des moyens de satisfaire ces besoins, la production de la vie matérielle elle-même, et c'est vraiment là un fait historique, une condition fondamentale de toute l'histoire[2]... » Marx est plein de mépris pour les historiens allemands, vieux et jeunes hegéliens, qui ont prétendu expliquer le processus de l'histoire, qui est le processus de la formation de l'homme, par des idées, par l'esprit absolu ou par des débris de cet esprit. C'est la praxis seule qui est le moteur de l'histoire et le berceau de l'humanité, et Marx caractérise ainsi son projet : « A l'encontre de la philosophie allemande qui descend du ciel sur la terre, c'est de la terre au ciel que l'on monte ici. Autrement dit, on ne part pas de ce que les hommes disent, s'imaginent, se représentent, ni non plus de ce qu'ils sont dans les paroles, la pensée, l'imagination et la représentation d'autrui, pour aboutir ensuite aux hommes en chair et en os ; non, on part des hommes dans leur activité réelle, c'est d'après leur processus de vie réel que l'on représente aussi le développement des reflets et des échos idéologiques de ce processus vital[3]. » Les relations sociales elles-

---

1. Karl MARX, *Idéologie allemande,* trad. R. Cartelle, Paris, Éditions Sociales, 1962, p. 16.
2. *Ibid.,* p. 25.
3. *Ibid.,* p. 23.

mêmes sont le produit des rapports de production ; toute modification dans les rapports de production entraîne une modification des rapports sociaux, ce que Proudhon s'obstine à ne pas comprendre : « M. Proudhon, l'économiste, a très bien compris que les hommes font le drap, la toile, les étoffes de soie, dans des rapports déterminés de production. Mais ce qu'il n'a pas compris, c'est que ces rapports sociaux déterminés sont aussi bien produits par les hommes que la toile, le lin, etc. Les rapports sociaux sont intimement liés aux forces productives. En acquérant de nouvelles forces productives, les hommes changent leur mode de production et en changeant le mode de production, la manière de gagner leur vie, ils changent tous leurs rapports sociaux. Le moulin à bras vous donnera la société avec le suzerain ; le moulin à vapeur la société avec le capitalisme industriel. »

« Les mêmes hommes qui établissent les rapports sociaux conformément à leur productivité matérielle, produisent aussi les idées, les catégories conformément à leurs rapports sociaux. »

« Ainsi ces idées, ces catégories sont aussi peu éternelles que les relations qu'elles expriment. Elles sont des produits historiques et transitoires. »

« Il y a un mouvement continuel d'accroissement dans les forces productives, de destruction dans les rapports sociaux, de formation dans les idées. Il n'y a pas d'immuable que l'abstraction du mouvement — *mors immortalis*[4]. »

Ainsi non seulement les rapports sociaux, mais les idées elles-mêmes dérivent de la production. Et Karl Marx n'hésite pas à parler de ces dernières comme d'un reflet, comme d'un écho des rapports sociaux. Certes, il existe bien pour lui une vie privée qui sécrète certaines pensées. Mais celles-ci ont un caractère illusoire. « De même qu'on distingue dans la vie privée ce qu'un

---

4. Karl MARX, *Misère de la Philosophie* (Œuvres complètes, éditées par l'Institut Marx Engels, t. VI, p. 180). Traduction française dans Karl MARX, *Morceaux choisis* (Lefebvre et Gutermann), Paris, Gallimard, 1934, pp. 104-105.

homme pense et dit de lui, et ce qu'il est et fait réellement, de même on doit encore bien plus distinguer dans
les luttes historiques la phraséologie et les prétentions
des partis, et leur organisation, leurs intérêts réels, ce
qu'ils croient être et ce qu'ils sont[5]. » Un homme est
d'abord ce qu'ont fait de lui les rapports sociaux nés
des rapports de production. Il peut s'imaginer être
autre chose, il peut se prendre pour une source autonome de pensée et de liberté. Mais c'est une erreur de
sa part, il vit à ce moment-là dans le monde du fantastique, sinon du fantasme. C'est de ce monde que relève
en particulier la vie religieuse. L'homme cherche en lui-
même, au tréfonds de sa conscience, la source de la
religion et sa vérité. Mais ici encore il est une conscience dupée, la religion est produite par la société et
dérive des rapports sociaux. « L'homme, c'est le monde
de l'homme, l'État, la société. Cet État, cette société
produisent la religion, une conscience erronée, parce
qu'ils constituent eux-mêmes un monde faux... C'est la
réalisation fantastique de l'essence humaine, parce que
l'essence humaine n'a pas de réalité véritable[6]. » Loin
d'être l'indice d'une vie intérieure réelle, la foi religieuse témoigne seulement de l'incapacité d'un homme
aliéné, c'est-à-dire étranger à lui-même, à se réaliser
effectivement. Il n'a pas tant que dure cette aliénation
la capacité de le faire, alors il projette dans un ciel
vide une essence fantastique de lui-même. Karl Marx ne
parle pas de cette religion avec mépris. Il y voit une
compensation illusoire à cet état de misère et d'aliénation, une sorte de paradis artificiel, il y discerne aussi
une secrète protestation contre cet état d'aliénation. Mais
de cette aliénation, il est impossible de se délivrer par
le fantasme. La religion, protestation contre l'aliénation, constitue une nouvelle forme d'aliénation. Seule
une praxis visant à transformer les rapports sociaux en

5. Karl MARX, « Le Dix-Huit Brumaire », dans Morceaux choisis, p. 125.
6. Karl MARX, Contribution à la Critique de la Philosophie du
Droit de Hegel, dans OEuvres philosophiques, Paris, Costes, 1927,
t. I, p. 84.

transformant les rapports de production, peut vaincre cette aliénation : « Le reflet religieux du monde réel en général ne peut disparaître que lorsque les relations de la vie pratique des hommes présentent quotidiennement des rapports transparents, intelligibles des hommes entre eux et avec la nature. La forme du processus social de la vie, c'est-à-dire du processus de production matérielle, ne dépouille son voile mystique que lorsqu'elle apparaît comme le produit d'hommes librement associés, sous leur contrôle conscient et conformément à un plan[7]. » L'aliénation religieuse et l'aliénation économique ne sont pas semblables, mais leurs effets se redoublent : « Dans la religion, l'homme est dominé par une création de son cerveau ; dans la production capitaliste, par l'œuvre de ses propres mains[8]. » N'attendons donc pas l'aide de la religion pour libérer l'homme. L'amour prêché par le christianisme est impuissant : « ... quand l'expérience prouva que depuis 1800 ans cet amour ne se montrait pas agissant, qu'il n'était pas en état de transformer le monde, de fonder son royaume, on dut conclure que cet amour qui ne pouvait vaincre la haine ne donnait pas la force réelle, l'énergie nécessaire à des réformes sociales. Cet amour s'exprime en des phrases sentimentales, qui ne peuvent supprimer des rapports réels, de fait ; il endort l'homme avec une tiède bouillie sentimentale qui le nourrit[9]. » Remarquons bien que Marx ne reproche pas à l'amour chrétien d'être inauthentique et aux chrétiens de ne pas l'avoir appliqué. Cet amour est littéralement inapplicable, parce qu'il relève de la vie intérieure et qu'il est sans prise sur ce réel qu'est pour Marx la production de la vie matérielle. Ce qu'il dit de l'amour, il peut le dire de toute idée. Aucune idée ne transforme le monde. La philosophie tombe sous la même condamnation que le christianisme ; d'où la thèse célèbre sur Feuerbach qui avait

7. K. MARX, *Le Capital* I, p. 42, éd. Kantsky, Stuttgart, 1914.

8. *Ibid.*, p. 557.

9. K. MARX — F. ENGELS, *Manifeste contre Kriege* (1846), cité par H.C. DESROCHES, *Signification du Marxisme,* Paris, Les Éditions Ouvrières, Économie et Humanisme, 1950, p. 166.

pensé que sa philosophie critique constituait la vraie révolution : « Les philosophes n'ont fait qu'*interpréter* le monde de différentes manières, ce qui importe, c'est de le *transformer* » (thèse XI) ; thèse qui trouve son commentaire dans la thèse VIII : « Toute vie sociale est essentiellement *pratique*. Tous les mystères qui détournent la théorie vers le mysticisme trouvent leur solution rationnelle dans la pratique humaine et la compréhension de cette pratique. » « La vérité marxiste, écrit H. Desroches, est toujours une vérité de l'action, jamais celle d'un savoir transhistorique[10]. » La seule vérité qui soit légitime est celle qui, née de la pratique, éclaire cette pratique dans son effort de transformation du monde. Si telle est la vérité, n'attendons pas que l'homme naisse de l'approfondissement de sa vie intérieure. L'homme ne s'approprie sa propre essence qu'en s'appropriant l'objet qui l'aliène. Le jour où l'homme ne sera plus l'esclave de sa propre production, mais où il en disposera librement, il accèdera à sa stature d'homme : « L'homme s'approprie son essence aux aspects multiples de façon multiple, c'est-à-dire comme un homme complet. Chacun de ses rapports humains avec le monde — la vue, l'odorat, le goût, le sentiment, la pensée, la contemplation, le toucher, le désir, l'activité, l'amour — bref, tous les organes de son individualité, et aussi les organes qui se présentent directement comme organes sociaux, sont dans leur rapport objectif, c'est-à-dire dans leur rapport avec l'objet, une appropriation de ce dernier. L'appropriation de la réalité humaine et son rapport avec l'objet, c'est l'accomplissement de la réalité humaine[11]. » Ainsi, c'est dans la relation de l'homme avec l'objet que se décide la destinée de l'homme, l'accès à l'authenticité ou à l'inauthenticité. Toute la pensée marxienne se trouve ainsi polarisée par l'extériorité, ce qui est parfaitement compréhensible dans une perspective où l'humanité s'affirme comme

---

10. H.C. DESROCHES, *Ouvrage cité*, p. 145.

11. *Marx-Engels Archiv* III, cité par Lefebvre et Gutermann, *Morceaux choisis*, p. 232.

différente de l'animalité par sa lutte pour dominer, maîtriser, humaniser la nature, Ce n'est pas que Marx conteste l'existence d'une vie intérieure, mais il la confond entièrement avec la vie privée, et voit dans celle-ci le luxe que seules peuvent se permettre les classes dominantes. Le prolétaire n'a pas de vie privée et il a tort d'aspirer à en avoir une, il ne ferait que s'embourgeoiser. Il faut d'abord qu'il s'engage dans la lutte pour transformer tous les rapports sociaux. La vie intérieure est renvoyée à plus tard lorsque, par l'abolition de la propriété privée et la disparition de la lutte des classes, nous entrerons dans le règne de la liberté. Pour décrire ce règne de la liberté, qui est aussi celui de la vie intérieure, Marx souligne la disparition de la rareté et de son corrélatif humain, le besoin. « Le règne de la liberté commence là où finit le travail déterminé par le besoin et les fins extérieures : par la nature même des choses, il est en dehors de la sphère de la production matérielle[12]. » Le règne de la vie intérieure s'édifie sur la mort de la rareté, sur l'abondance, et c'est pourquoi Marx considère que l'histoire humaine aboutirait à un échec complet si par malheur l'abondance ne se produisait pas. Le besoin lui est apparu très tôt comme source d'aliénation parce qu'il est orienté par la volonté de possession et de consommation : « La propriété privée nous a rendus si stupides et si bornés qu'un objet n'est nôtre que lorsque nous le possédons, c'est-à-dire lorsqu'il existe pour nous comme capital, lorsque nous l'avons en possession immédiate, que nous le mangeons, le buvons, le portons sur notre corps, vivons dans lui, lorsqu'en un mot nous le consommons... »

« C'est pourquoi la place de tous les sentiments physiques et moraux fut occupée par la simple aliénation de tous ces sentiments par le sentiment de la possession. L'essence humaine devait tomber dans cette pauvreté absolue pour pouvoir faire naître d'elle-même sa richesse intérieure. »

« C'est pourquoi l'abolition de la propriété privée est

---

12. K. MARX, *Le Capital* III, 2, p. 355 (édition citée).

la libération complète de tous les sentiments et de tous les attributs humains, mais elle est cette libération justement parce que ces sentiments et ces attributs sont devenus humains, dans le sens subjectif aussi bien que dans le sens objectif de ce mot. L'œil est devenu l'œil humain, de même que son objet est devenu objet social, humain, créé par l'homme et pour l'homme...[13]»

Oui, Marx parle bien de la richesse intérieure de l'homme, mais cette richesse est pour l'instant inatteignable. C'est une réalité captive de l'aliénation économique. Il faut donc renvoyer la vie intérieure à plus tard, à ce qui sera selon Marx tantôt le début de la véritable histoire humaine, tantôt la fin de l'histoire et pour l'instant se consacrer à la révolution. L'eschatologie marxienne est vraiment une doctrine des fins dernières, ce qui signifie que ces fins peuvent exciter aujourd'hui notre courage et notre espérance, mais qu'il est impossible de vouloir les anticiper. Chaque chose vient à son heure : aujourd'hui c'est la lutte, demain ce sera le règne de la liberté et de la vie intérieure, tout comme il est inutile de vouloir continuer à faire de la philosophie : l'*Idéologie allemande* est le dernier ouvrage philosophique de Marx et il donne son congé à la philosophie après lui avoir réglé son compte. Désormais, Marx ne se consacrera plus qu'à la science économique, qui seule peut éclairer l'action révolutionnaire. Toute son énergie intellectuelle, il l'investira dans le *Capital*. Mais il n'est pas interdit de penser avec Louis Althusser que Marx envisageait une reprise de la philosophie après l'achèvement du *Capital* — ou peut-être après la révolution. De toute façon, il y a renvoi à plus tard.

C'est sur ce renvoi que peut d'abord porter notre critique. Faut-il attendre que l'ère de l'abondance soit venue pour que devienne possible la relativisation du

---

13. *Marx-Engels Archiv* III, cité par Lefevre et Gutermann, p. 133.

besoin et qu'un espace soit offert au désir ? L'explosion industrielle et la production massive auxquelles Marx assistait étaient peu de chose, à côté de ce que nous connaissons aujourd'hui. La société dans la deuxième moitié du XIXᵉ siècle était encore une société de la rareté et non une société de consommation. Marx pensait d'ailleurs que la rareté en régime capitaliste ne serait vaincue que pour les classes dominantes. Or nous assistons à une généralisation de la société de consommation dans une partie importante du monde. A-t-elle tué le besoin ? Non, elle l'a satisfait et elle s'est employée, non sans succès, à en créer d'autres afin de pouvoir les satisfaire. Les besoins sont exacerbés par la production et celle-ci ne libère pas plus aujourd'hui qu'hier un espace pour la vie intérieure. Il est vrai qu'il s'agit d'une production en général capitaliste, où l'objet est toujours présenté comme une marchandise à consommer ; même l'information, même la science, même l'art nous sont vendus comme des objets à consommer. Seulement, il ne faut pas oublier que le marxisme n'entend en rien renoncer aux conquêtes technologiques, aux appareils de production du régime capitaliste. Car ce sont eux, au contraire, qui rendent une appropriation socialiste possible. Marx pense que lorsque la production sera suffisamment abondante, il sera possible de donner dans un premier temps à chacun selon son travail et, dans un deuxième temps, à chacun selon ses besoins. Ce sera donc encore le règne du besoin, mais personne n'aura plus à se battre pour satisfaire son besoin, il pourra librement offrir aux autres et recevoir des autres le produit du travail humain. Peut-on penser que les hommes qui auront renvoyé à plus tard le souci de leur vie intérieure seront alors disposés à ne plus prêter à leurs besoins l'intérêt passionné qu'ils leur ont apporté ? Ne seront-ils pas obsédés par l'invention de besoins nouveaux, ou bien, à supposer que tous les besoins imaginables puissent être librement satisfaits, ne sombreront-ils pas dans ce morne ennui, dans ce *taedium vitæ* des personnes gavées ? Déjà nous sommes avertis que plus l'abondance se généralise dans les sociétés occidentales, et plus le psychisme humain devient fragile[14]. La satisfaction des besoins ne libère pas obligatoirement la voie pour un épanouissement intérieur de l'homme, elle ouvre souvent la porte à l'angoisse. Autant il est faux et hypocrite de vouloir subordonner le moment de la révolution à une conversion des âmes, autant il est illusoire de penser que cette révolution entraînera nécessairement cette conversion. Marx envisageait le règne de la liberté comme un règne où enfin les hommes seraient disponibles pour aborder les vraies questions, celles du bonheur, de l'amour et de la mort. Mais peut-on imaginer une humanité qui aurait ainsi planifié son existence en tranches séparées : aujourd'hui la lutte révolutionnaire, demain la vie intérieure ? Si la vie intérieure n'est pas notre souci permanent, elle n'a pas de chances de le devenir demain. Par contre, même si hier et avant-hier les conditions d'aliénation pour la plus grande partie de l'humanité ont été sans commune mesure avec ce que nous connaissons aujourd'hui, cela n'a pas empêché des hommes de toute condition d'accéder à une vie intérieure où ils découvraient une liberté réelle. Peut-on imaginer que les masses populaires médiévales n'ont connu la vie religieuse que sous forme d'aliénation, que leur piété n'était pas autre chose qu'un fantasme de frustation, que leur foi n'attendait pas autre chose qu'une compensation dans l'au-delà, que l'attente de la résurrection, quelles que fussent les représentations sous lesquelles elle s'exprimait, ne fut pas créatrice d'une foi véritable ? Il conviendrait sans aucun doute de corriger au moins Marx par Freud. Celui-ci a bien vu, bien qu'il fût sensible à la diversité des conditions historiques et sociologiques, que l'homme avait toujours à se débattre pour trouver une paix intérieure entre un Ça et un Sur-Moi, et que l'augmentation de sa puissance sur les choses ne créait pas le bonheur ; que quelles que soient les aides qu'il pût trouver dans les pratiques sociales, dans les traditions, quelle que soit l'oppression qu'il ait à subir de la

---

14. Cf. Paul RICOEUR, *Histoire et Vérité*, Paris, Le Seuil, 1955, pp. 257 et suiv.

part des institutions et des systèmes économiques, il lui fallait bien résoudre son problème intérieur et affronter son douloureux secret. Il est urgent et indispensable de modifier du tout au tout les rapports sociaux afin de donner naissance à une société juste dans laquelle les chances des hommes soient à peu près égales. Il est très possible que dans une société où l'homme se trouverait libéré des principales servitudes que font peser sur lui le régime de la production et l'assimilation de son être à une marchandise, où la division du travail ne le morcellerait plus, celui-ci soit effectivement un homme plus épanoui, plus créateur, débarrassé de certaines craintes sociales dues à l'existence de hiérarchies sévères. Mais serait-il pour autant heureux ? La libération dispense-t-elle du salut ? Les conditions extérieures déterminent-elles entièrement la qualité de la vie intérieure, comme le pense Marx qui écrivait : « Les communistes ne prêchent... aucune morale... Ils n'imposent pas aux hommes l'exigence morale : aimez-vous les uns les autres, ne soyez pas égoïstes, etc., ils savent très bien, par contre, que l'égoïsme comme l'altruisme sont, dans des conditions déterminées, la forme nécessaire de l'affirmation des individus[15]. » N'est-ce pas affirmer que, si les conditions déterminées changent radicalement, l'altruisme sera l'expression humaine aussi spontanée et nécessaire que le fut l'égoïsme dans d'autres conditions ? Or nous n'avons aucune raison de penser que si l'homme communiste est effectivement plus libre que l'homme capitaliste il sera effectivement meilleur. Il fut un temps où après le XXe Congrès du parti communiste d'U.R.S.S. on se mit à dénoncer les vices de Staline : cupide, cruel, haineux, sanguinaire. Mais la question à laquelle on ne répond pas, et qui pourtant atteint le communisme dans sa vision même de l'avenir de l'homme, est celle-ci : comment ce phénomène monstrueux que fut Staline a-t-il été possible, et pendant un temps aussi long, dans un régime communiste ? Les vertus et les vices auraient-ils une autre source que les

---

15. K. MARX, *L'idéologie allemande*, G.A. I, 5 p. 228.

conditions déterminées de production et les rapports sociaux, et plongeraient-ils dans une vie intérieure qui est toujours autre chose qu'un simple reflet ?

Finalement, ce qu'il faut mettre en question, c'est la notion marxienne d'une conscience qui n'est qu'un reflet. Qu'elle soit un reflet est hors de discussion, mais peut-on la réduire à un reflet ? Peut-on oublier que pour s'exercer sur une conscience les déterminations extérieures et sociales doivent être assumées et intériorisées par le sujet conscient, et qu'elles le sont toujours d'une certaine façon et selon une visée particulière ? Comme Sartre aime à le répéter, il est exact de dire que Flaubert est un intellectuel petit bourgeois et que l'analyse de son œuvre fait apparaître les traits caractéristiques de ce milieu en la fin du XIXe siècle. Mais Sartre n'oublie pas d'ajouter que tout intellectuel petit bourgeois de la fin du XIXe siècle n'est pas Flaubert. Et de ce fait, la théorie du reflet trouve à la fois sa vérité et sa limite.

2. La négation du sujet au profit de la structure

Pour qu'il y ait vie intérieure, il faut qu'il y ait sujet, centre personnel d'initiative, de reprise et de réflexion. En l'absence du sujet, la vie intérieure n'est plus que rêverie débridée, chaos d'impressions et de jouissances, au mieux clôture dans la vie privée. Parce que ce sujet n'existe pas comme substance permanente avec des fonctions déterminées, sa réalité peut toujours être contestée. Cette contestation peut s'élever à propos des manifestation de la vie intérieure. Celle-ci cherche, en effet, à s'exprimer. Elle y parvient difficilement, jamais complètement, car elle tourne autour de son propre secret qu'elle ne parvient pas à cerner. Mais cet effort d'expression, elle ne cesse de le reprendre, à la fois pour communiquer avec d'autres vies intérieures et pour gagner elle-même en clarté. Or quand la vie intérieure s'exprime, il est légitime de poser la question : qui parle ? Est-ce bien un sujet original qui exprime une vérité singulière, qui dit une histoire, un cheminement significatifs ? Ou bien celui qui parle réellement n'est-ce pas quelque *on* impersonnel qui prend le masque du sujet, qui l'imite en se substituant à lui ? Je dis à quelqu'un : je suis de tout cœur avec vous. Ce terme de cœur renvoie à ce qu'il y a de plus profond dans la vie intérieure, à cette ouverture de la vie intérieure vers autrui. Et pourtant nous savons bien qu'il peut aussi s'agir, quel que soit l'accent chaleureux qui accompagne le dire, d'une formule stéréotypée, qui n'est pas prononcée par un sujet, qui se déclenche automatiquement dans certaines situations, qui recouvre un vide et une absence. Ce que je dis, je le dis parce qu'il convient de le dire, parce que la structure de la situation l'appelle et que je la trouve toute structurée, toute prête à être dite, déposée en moi par une éducation qui relève d'un certain type de société. Je présente des félicitations, ou des condoléances, parce que « ça se fait », comme le dit de façon significative le langage courant. Je puis même m'adresser à divers spécialistes pour savoir ce qui se fait dans telle ou telle situation ou me référer à des codes particuliers. Si je prononce telle formule, même en y ajoutant telle variante pour masquer son caractère stéréotypé, parce que « ça se fait », alors il faut bien reconnaître qu'il n'y a pas en moi de sujet qui prenne l'initiative de parler, mais que ça parle en moi. On se rassurera peut-être en prétendant que tous ces dires sociaux ne concernent qu'une couche superficielle de moi-même, et que sous cette couche, qui la protège, se cache la profondeur de ma vie intérieure. Mais l'analyse des profondeurs a précisément révélé l'existence d'*archétypes* ancestraux ataviques ou sociaux qui informent notre dire, notre faire et même nos sentiments.

Nous portons d'ordinaire aux morts, aux personnes âgées, aux ministres des religions un respect que nous croyons si sincère que nous l'enseignons à nos enfants et que nous sommes réellement choqués quand ces marques de respect ne sont pas rendues. Mais nous-mêmes avons été éduqués à ce respect et nous serions souvent bien en peine d'en expliquer le fondement. Les explications que nous tentons ne sont pas toujours les vraies explications. Toutes sortes d'antiques tabous, de croyances superstitieuses sont véhiculées à notre insu par nos paroles et nos gestes, et toute une division du monde qui nous est étrangère passe dans notre langage. La psychanalyse nous a rendus attentifs au fait que, derrière le sens apparent de ce que nous disons, il y a un sens latent dont nous ne sommes pas conscients immédiatement et que pourtant nous dévoilons dans nos paroles et nos gestes. Tout se passe comme si nous étions les méditateurs d'une réalité qui nous traverse et dont nous ne pouvons cependant pas dire qu'elle soit nôtre. Alors notre prétendue vie intérieure n'est-elle pas finalement autre chose qu'une sorte d'écume, trompeuse et illusoire et finalement inintéressante ? La vie intérieure, c'est le *vécu* et nous en sommes bêtement fiers. Mais ce vécu est sans consistance, au point que Cl. Lévi-Strauss a pu écrire : « Pour atteindre le réel, il faut d'abord écarter le vécu. »

Toutes ces remarques ont été systématisées dans une science qui est en même temps une doctrine de l'homme, le *structuralisme*. Cette doctrine a trouvé son origine première dans l'une des plus avancées des sciences humaines, la linguistique, et elle a reçu une impulsion nouvelle de la psychanalyse. L'analyse du langage fait apparaître des structures, c'est-à-dire des entités autonomes de dépendances internes. Jean Piaget définit la structure comme « un système de transformations qui comporte des lois en tant que système (par opposition aux propriétés des éléments) et qui se conserve ou s'enrichit par le jeu même de ses transformations sans qu'elles aboutissent en dehors de ses frontières ou fassent appel à des éléments extérieurs[16] ». La structure présente donc les trois caractères suivants : 1° c'est une totalité : elle est formée d'éléments subordonnés à des lois caractérisant le système comme tel, 2° A l'intérieur du système, il y a une série de transformations qui sont liées entre elles et avec le tout, 3° Ces transformations dépendent de la structure elle-même, de ses lois internes. Il y a un auto-réglage qui assure à la fois la conser-

---

16. Jean PIAGET, *Le Structuralisme,* Paris, P.U.F. 1968.

vation du système et sa clôture à l'égard des autres
systèmes. Il est évident que cette définition et ses caractéristiques s'appliquent admirablement à une langue :
elle est faite d'éléments, les mots, mais les mots ne
prennent de signification qu'à l'intérieur d'une phrase,
laquelle est construite selon les règles du système linguistique. Il n'est pas en notre pouvoir de faire évoluer
la langue selon notre désir. Sa structure s'y oppose. Par
elle, elle s'oppose à d'autres langues. Si nous voulons
traduire un texte dans une autre langue, nous sommes
obligés d'abandonner une structure pour passer dans
une autre. Certes une langue évolue, elle a une histoire,
mais cette histoire ne comporte pas d'événements inat-
tendus : c'est le système lui-même qui évolue selon ses
lois propres, comme totalité clôturée. Acquérir la maîtrise d'une langue, c'est se conformer à cette structure.
C'est pourquoi Wittgenstein n'hésite pas à dire : « Ce
n'est pas nous qui exprimons au moyen de signes ce
que nous voulons, c'est la nature des signes qui énonce
d'elle-même. » Le structuralisme a émigré de la linguistique qui était son assise originelle vers d'autres sciences, l'ethnologie, la psychanalyse, la critique littéraire,
l'exégèse biblique. Il tend à devenir une méthode générale d'explication et d'interprétation dans les sciences
humaines. Entre l'ethnologie structurale et la psychanalyse, Cl. Lévi-Strauss établit un lien. Il définit le but
de cette science de la façon suivante : « Son but est
d'atteindre... un inventaire des possibilités inconscientes,
qui n'existent pas en nombre illimité ; et dont le réper-
toire et les rapports de compatibilité et d'incompatibilité
que chacun entretient avec tous les autres fournissent
une architecture logique à des développements historiques qui peuvent être imprévisibles sans être jamais
arbitraires[17]. » Il précise encore : « Si comme nous le
croyons, l'activité inconsciente de l'esprit consiste à
imposer des formes à un contenu, et si ces formes sont
fondamentalement les mêmes pour tous les esprits,

_____

17. Cl. LÉVI-STRAUSS, « Histoire et Ethnologie », dans *Revue de
Métaphysique et de Morale,* 1968.

anciens et modernes, primitifs ou civilisés, il faut et il
suffit d'atteindre la structure inconsciente sous-jacente à
chaque institution ou à chaque coutume pour obtenir
un principe d'interprétation valable pour d'autres institutions et d'autres coutumes, à condition de pousser
assez profondément l'analyse[17bis]. » Ainsi Lévi-Strauss
pense avoir résolu le problème que Dilthey avait posé
avec tant de force sans pouvoir le résoudre : à quelle
condition les sciences humaines qu'il appelait *Geistes-
wissenschaften* et en particulier l'histoire peuvent-elles
atteindre l'universalité ? Dilthey avait pensé qu'en pous-
sant aussi loin que possible l'analyse biographique
d'êtres singuliers il finirait par mettre à jour des éléments universellement valables. Lévi-Strauss résout ce
problème autrement : on atteindra l'universalité à la
condition de découvrir les structures préconscientes qui
ne ruinent pas la diversité des cultures et l'imprévisibi-
lité apparente de l'histoire, mais y font apparaître un
caractère intelligible. Sans nier la diversité, il la réduit à
un nombre limité de schèmes, tout comme Freud a
réduit la diversité des manifestations psychologiques
normales et pathologiques à l'action de deux pulsions
fondamentales, Éros et Thanatos, à leur conflit et à
la censure qu'exerce sur elles le sur-moi collectif ou
parental. Mais en même temps Lévi-Strauss reste fidèle
aux enseignements de la linguistique, car il pense
qu'une bonne part « du comportement linguistique se
situe au niveau de la pensée préconsciente ». Il croit
avoir démontré que les structures de la parenté sont
analogues aux structures de la communication verbale,
que « les femmes du groupe » sont échangées entre les
familles, les clans et les lignées comme « les mots du
groupe » le sont entre les individus. Avant d'être des
signes les mots sont des valeurs, tout comme les femmes sont des valeurs. Toute l'existence sociale se
ramène à un échange de valeurs[18].

17bis. *Ibid.*
18. Cl. Lévi-Strauss, « Language and the analysis of social
Laws », dans *American Anthropologist,* avril-juin, 1951.

En tant que méthode applicable aux sciences humaines, le structuralisme ne nous concerne pas directement. Mais aucune méthode n'est innocente. Toute méthode dans ce domaine implique une certaine vision de l'homme. Le postulat du structuralisme est bien dégagé par François Wahl : « Quelque chose se dit, qui n'apparaît pas, sous l'apparente liberté de notre parole, sous le discours pittoresque de nos mythes et de nos coutumes, quelque chose ordonne l'apparente confusion du langage[19]. » C'est ce quelque chose, cette structure, cette couche archéologique du savoir, de la pensée que le structuralisme veut dégager, pour en faire une clé de toute interprétation de l'homme. Il est donc volontairement inattentif au discours concret de l'homme, à ce que l'homme veut dire, persuadé qu'il est que l'homme dit autre chose que ce qu'il prétend dire, que ce qu'il prétend dire est tout au plus une variation sur un thème que le locuteur ignore et qui seul est essentiel. L'homme dans sa réalité singulière de sujet, dans sa prétention à l'originalité, à la liberté apparaît donc comme une sorte d'épiphénomène. La vie intérieure nous est apparue comme la recherche d'un sens non seulement de l'existence, mais de mon existence : je me dégage de l'extériorité, du monde des objets, de l'être-là pour essayer de me ressaisir dans mon sens. Or c'est précisément cette recherche du sens qui devient dérisoire pour le structuralisme. Michel Foucault exprime de la manière suivante sa conversion au structuralisme : « Le point de rupture s'est situé le jour où Lévi-Strauss pour les sociétés et Lacan pour l'inconscient nous ont montré que le *sens* n'était probablement qu'une sorte d'effet de surface, un miroitement, une écume et que ce qui nous traversait profondément, ce qui était avant nous, ce qui nous soutenait dans le temps et dans l'espace, c'était le *système*[20]. » Le structuralisme ne veut voir en l'homme

---

19. François WAHL, « La philosophie entre l'avant et l'après du structuralisme », dans *Qu'est-ce que le Structuralisme ?* Paris, Le Seuil, 1968, p. 305.

20. M. FOUCAULT, « Entretien » dans la *Quinzaine littéraire,* du 15 mai 1966. Cité par Jean-Marie DOMENACH dans *Esprit,* mai 1967.

que l'originel, tout le reste n'a pas d'importance. Il y a chez Lévi-Strauss une véritable méconnaissance de l'aventure humaine dans son effort pour se donner à elle-même un sens. C'est pourquoi dès son livre *Tristes Tropiques*, il écrit : « Dans quelque domaine que ce soit, seule la première démarche est entièrement valable », et il parle de la « grandeur indéfinissable des commencements[21]. »

La philosophie sous-jacente à la méthode structuraliste se révèle d'une façon particulièrement claire lorsque celle-ci veut s'appliquer aux œuvres littéraires. Elle a pour effet de mettre à mort l'auteur. Le structuralisme, dit M. Foucault, ne veut considérer une œuvre que dans sa structure, dans son architecture, dans sa forme intrinsèque et dans le jeu de ses relations internes. L'auteur ? C'est celui qui tient « le rôle du mort dans le jeu de l'écriture ». Ce qui signifie bien : nous considérons que rien ne peut venir de la vie intérieure d'un sujet, que celle-ci n'annonce rien, qu'ainsi il n'y a pas d'auteur. Pour qu'on ne se méprenne pas sur la portée de cette révolution philosophique, M. Foucault nous avertit : « Dieu et l'homme sont morts d'une mort conjointe ». Inutile donc d'attacher une importance à l'auteur : « Il s'agit de retourner le problème traditionnel. Ne plus poser la question : comment la liberté d'un sujet peut-elle s'insérer dans l'épaisseur des choses et lui donner sens, comment peut-elle animer, de l'intérieur, les règles d'un langage et faire jour aux visées qui lui sont propres ? Mais poser plutôt ces questions : comment, selon quelles conditions et sous quelles formes quelque chose comme un sujet peut-il apparaître dans l'ordre des discours ? Quelle place peut-il occuper dans chaque type de discours, quelle fonction exercer et en obéissant à quelles règles ? Bref, il s'agit d'ôter au sujet (ou à son substitut) son rôle de fondement originaire et de l'analyser comme une fonction variable et complexe du discours. » Il faut donc répudier comme

---

21. Cl. LÉVI-STRAUSS, *Tristes Tropiques,* Paris, Plon, 1955, p. 424.

totalement inadéquates toutes les questions telles que :
« Qui a réellement parlé ? Est-ce bien lui et nul autre ?
Avec quelle authenticité ou quelle originalité ? » Foucault
conclut : « Qu'importe qui parle. » Il souligne bien
qu'il ne nie pas l'existence du sujet. Il se demande seulement dans quelles conditions la fonction sujet apparaîtra[22]. Mais refuser le caractère originaire du sujet, pour
le réduire à une fonction qui apparaît engendrée par le
système, n'est-ce pas l'équivalent exact de la négation
du sujet ?

C'est dire que l'anthropologie inhérente au structuralisme est caractérisée par un désintérêt pour l'histoire
tant individuelle que collective. L'élémentaire qui est
censé être l'originel seul compte. La démarche est un
peu semblable à celle de Durkheim dans les *Formes
Élémentaires de la Vie religieuse*. Durkheim pensait, en
effet, qu'il suffisait de retrouver dans les religions répu-
tées primitives un certain nombre d'éléments pour comprendre toutes les religions ultérieures, qui ne pouvaient
qu'exécuter un travail de broderie sur un canevas
donné. De même Lévi-Strauss cherche la signification
de l'histoire dans des structures archéologiques et universelles parce qu'innées et inconscientes, et il ne cherche pas « la saisie d'une temporalité, d'un mouvement
proprement historique qui, précisément, en tant que
mouvement se donnerait à lui-même sa propre signification[23] ». S'il y a un sens de l'histoire, il est négatif :
« il est de révéler la structure qui lui résiste[24] ». Ce que
fait l'histoire, c'est de déformer par des fioritures la
structure qui pourtant y est reconnaissable. Le structuralisme privilégie la synchronie par rapport à la diachronie. Ce n'est pas qu'il puisse nier tout changement,
toute évolution, car la structure n'est pas un système
immobile, mais elle ne se modifie que selon ses lois

---

22. M. FOUCAULT, « Qu'est-ce qu'un auteur ? », *Bulletin de la
Société française de Philosophie,* 63ᵉ année, n° 3, juillet-septembre
1969.
23. Jean POUILLON, « L'Œuvre de Claude Lévi-Strauss », dans
Cl. LÉVI-STAUSS, *Race et Histoire,* Paris, Unesco, p. 118.
24. *Ibid.,* p. 121.

propres, comme un système chimique, comme évolue un embryon selon les lois de son code génétique. Mais la vie embryonnaire, est-ce une histoire ? Sans doute le donné génétique implique-t-il des limitations, on ne se refait pas et si on naît infirme on le demeure, mais il me reste, comme Sartre aime à le rappeler, à valoriser positivement ou négativement mon infirmité. Et c'est avec cet effort de valorisation que commence l'histoire. Si la vie intérieure est tellement captivante, c'est parce qu'elle est le lieu où s'opère cette valorisation du donné structurel, cette tentative faite non seulement pour assumer un événement, mais pour créer l'événement, pour introduire dans l'histoire de la nouveauté malgré la persistance de l'originel. Ce qui s'oppose au structuralisme de la façon la plus forte, c'est l'historicisation de notre existence : « L'essentiel, écrit Sartre, n'est pas ce qu'on a fait de l'homme, mais ce qu'il fait de ce qu'on a fait de lui[25]. » Faire quelque chose d'un soi qui est donné, l'assumer jusque dans ses limites, faire servir ces limites à un dépassement de soi, telle est l'aventure humaine dans l'histoire et c'est précisément ce que le structuralisme veut ignorer.

Là où il y a ignorance ou négation de cette aventure historique, il y a aussi négation de l'homme, parce que celui-ci est historicité. Toutes les définitions que l'on a tentées de l'homme, dans son essence (animal politique, animal raisonnable, animal social, homme artifex) restent insatisfaisantes dans la mesure où elles n'embrassent pas cette histoire d'un dépassement, avec ses échecs et ses retombées, mais aussi avec ses percées vers l'avenir, avec ses utopies qui parfois parviendront à s'historiciser, avec ses rêves qui parfois s'incarneront. On ne peut déterminer l'essence de l'homme qu'à partir de son existence. La négation de l'homme en tant que voyageur dans le temps éclate chez Lévi-Strauss, lorsqu'il écrit : « Nous croyons que le but dernier des sciences humaines n'est pas de constituer l'homme, mais de le dissoudre. La valeur éminente de l'ethnologie est

---

25. J.P. SARTRE dans l'*Arc,* n° 30, p. 95.

de correspondre à la première étape d'une démarche qui en comporte d'autres : par-delà la diversité empirique des sociétés humaines, l'analyse ethnologique veut atteindre des invariants dont le présent travail montre qu'ils se situent parfois aux points les plus imprévus[26]. » Récusant la raison dialectique à l'œuvre dans tout projet humain et la réduisant à la seule raison analytique qui est constitutive des sciences, Lévi-Strauss pense qu'il a découvert la condition pour que la raison humaine « ose entreprendre la résolution de l'humain en non-humain[27]. », formule qu'il précise d'une façon terrifiante, sinon terroriste : « Réintégrer la culture dans la nature, et finalement ma vie dans l'ensemble de ses conditions physico-chimiques[28]. » Bien que Lévi-Strauss affirme par ailleurs que, comme Sartre, il a trouvé l'impulsion à sa pensée dans la lecture de Marx, il faut dire que le projet marxiste est radicalement différent, puisqu'il consiste au contraire à réintégrer la nature dans la culture, à associer la nature à l'aventure historique de l'homme. En privilégiant l'histoire par rapport à la nature, le marxisme peut au moins renvoyer à plus tard le souci de la vie intérieure, qui est la forme la plus pure de l'historicité, tandis que le structuralisme s'interdit toute prise en considération d'une vie intérieure qu'il faut dissoudre comme l'humanité elle-même. « Réconfort... et apaisement de penser, écrit Michel Foucault, de penser que l'homme n'est qu'une invention récente, une figure qui n'a pas deux siècles, un simple pli dans notre savoir, et qu'il disparaîtra dès que celui-ci aura trouvé une forme nouvelle[29]. » On pourrait ironiser sur cette formule : s'il est vrai que l'homme est enfin en train de disparaître, en devenant l'objet de son propre savoir, quel est donc ce mystérieux sujet qui éprouve réconfort et apaisement à penser sa propre dis-

---

26. Cl. LÉVI-STRAUSS, *La Pensée Sauvage,* Paris, Plon, 1962, p. 326.

27. *Ibid.,* p. 326.

28. *Ibid.,* p. 327.

29. M. FOUCAULT, *Les Mots et les Choses,* Paris, Gallimard 1966, p. 15.

parition ? S'il est vrai que l'homme n'est qu'un pli du savoir destiné à être effacé, qu'est-ce qui autorise M. Foucault à entreprendre une œuvre dont la personnalité est incontestable ? Être un auteur, c'est avoir une autorité et faire valoir cette autorité. Comment faire valoir une autorité si je ne suis qu'un pli ? L'œuvre de M. Foucault témoigne en réalité contre sa thèse et l'on peut se demander, avec Pierre Burgelin, si la thèse de Foucault sur l'heureux dépérissement de l'homme n'est pas tout simplement l'expression d'une angoisse de notre temps. « Le plus gênant en cette affaire, c'est que ce savoir (dont M. Foucault annonce la venue), religion, philosophie, science ou archéologie, il faut bien qu'il soit, d'une manière ou d'une autre, savoir de l'homme. Nous sommes enfermés dans ce cercle. Et nous comprenons bien le succès de M. Foucault. Les hommes d'aujourd'hui se sentent écrasés par la culture et ses résultats : la science dont nous nous glorifions est dans des livres accumulés, non en nous qui ne la comprenons pas : la linguistique et l'ethnographie nous apprennent que nous sommes soumis à des lois qui nous échappent, la psychanalyse que nous sommes ce que nous ne savons pas et, finalement, pris entre le sur-langage des savants et le sous-langage de la radio, nous ne savons plus ce qu'est parler en vérité[30]. » Nous sommes submergés par notre savoir d'une façon beaucoup plus intense que jamais. Nous nous sentons condamnés à nous effacer devant un savoir qui nous prépare un destin. Dans le flux des mots plus ou moins intelligibles qui nous assaillent la parole se fait rare. Elle ne sait plus où prendre sa source, puisque bien entendu Dieu est mort et que la mort de Dieu n'est qu'une étape vers la mort de l'homme. Ce drame n'est pas niable. Nous en sortirons, non en répudiant le savoir, ce qui n'est pas possible, mais en retrouvant la source de la parole dans la vie intérieure. Cette source n'est pas perdue, elle est seulement cachée. Pour la dévoiler, il faut se demander

---

30. P. BURGELIN, « L'archéologie du savoir », dans *Esprit*, mai 1967, p. 869.

si la linguistique, matrice du structuralisme, n'a pas laissé échapper dans son analyse le moment de la Parole, si le savoir n'a pas été mutilé dès l'origine de la démarche du linguiste et si les autres sciences humaines n'ont pas toutes été victimes de cet oubli. Retrouver la parole, c'est retrouver le sujet et retrouver le sujet, c'est retrouver la vie intérieure.

3. La vie intérieure et la Parole

Le structuralisme n'a remporté ses victoires qu'en considérant le langage comme un système clos, ce qu'il est en effet, tant au point de vue lexicographique, qu'au point de vue syntaxique. La valeur de chaque signe du langage est déterminée par le système de ses relations avec les autres signes et ce système est réglé par des lois qui lui sont immanentes. Ainsi le langage correspond parfaitement à la définition que Hjelmslev donnait d'une structure : « Une entité autonome de dépendances internes. » Aussi peut-on étudier scientifiquement un langage tel qu'il se présente à nous dans un texte en faisant abstraction de tout rapport de ce texte à une réalité qui serait extérieure au système, qui serait en dehors de lui et qui le transcenderait ; en faisant abstraction de toute désignation d'un objet. Peu importe, en effet, que ce texte parle de Dieu, de l'homme, de l'univers, qu'il concerne des mythes, des rêveries ou des données scientifiques. De toute façon, le texte conserve la même structure et les lois de son fonctionnement ne sont pas perturbées par l'objet qu'il est censé désigner. On peut aussi faire abstraction du fait que ce langage a été destiné par quelqu'un à quelqu'un, qu'il a été le discours d'un locuteur interpellant un interlocuteur. Cette double abstraction permet de considérer comme totale la clôture du langage. Or l'abstraction est toujours légitime à condition que celui qui l'utilise continue à se souvenir qu'il s'agit d'une abstraction, précisément de l'abstraction qui permet la constitution d'un objet scientifique. Mais lorsque nous parlons, lorsque nous utilisons le langage, celui-ci est-il encore un objet ? Paul Ricœur répond à cette question : « Pour nous qui parlons, le langage n'est pas un objet, mais une médiation ; il est ce à travers quoi, par le moyen de quoi, « nous nous exprimons et nous exprimons les choses. Parler, c'est l'acte par lequel le locuteur surmonte la clôture de l'univers des signes dans l'intention de dire quelque chose à quelqu'un ; parler est l'acte par lequel le langage se dépasse comme signe vers sa référence et vers son vis-à-vis. Le langage veut disparaître : il veut mourir comme objet[31]. » Cette mort du langage comme objet est une mort difficile et cette difficulté même atteste la réalité du langage comme structure. C'est comme structure que le langage nous est essentiellement enseigné. A nous de faire de ce langage une langue qui soit à notre disposition pour signaler à autrui ou éventuellement à nous-mêmes ce qui est en dehors de la clôture du langage : les réalités du monde sensible dans sa richesse inépuisable, les mouvements et les découvertes de notre vie intérieure, le mystère qui nous englobe et dont nous essayons de déchiffrer le sens, le désir qui nous habite. Poètes et écrivains, dont les meilleurs ont toujours quelque chose à nous dire, nous confient parfois ce rude combat qu'ils livrent pour obtenir du langage qu'il cesse d'être un objet, contraignant comme tous les objets, pour devenir une médiation. Il leur faut lutter avec les phonèmes, les mots et la syntaxe pour arriver à ouvrir le système clos sur la réalité et sur autrui. Encore aucune expression n'est-elle entièrement satisfaisante, elle me trahit et elle trahit la réalité. Elle suggère plus qu'elle n'exprime, elle fait apparaître du non-dit qui est souvent plus important que le dit et l'interlocuteur pressent, devine plus qu'il n'entend, ce qui est, bien sûr, la source de toutes les équivoques et de tous les malentendus. Mais si ce risque n'existait pas, c'en serait fait de la parole humaine comme allocution et comme discours. Nous pourrions nous contenter de nuancer des signaux

---

31. Paul RICŒUR, « La structure, le mot, l'événement », dans *Esprit,* 1967, n° 5, p. 807.

optiques ou de « communiquer » par télex. Or, bien que nous en possédions la capacité technique, nous n'y renonçons pas. Bien plus, nous demandons à nos moyens techniques de nous permettre de faire entendre non un langage, mais un discours d'homme s'adressant à d'autres hommes et s'efforçant de détourner leur attention des structures du langage dont il se sert pour les atteindre au plus profond de leur vie intérieure.

Si le langage est structure, le *discours* qui n'est jamais clos, parce qu'il ne cesse de faire allusion à l'autre, au nouveau, à ce qui n'a pas encore été dit, parce que cela n'a pas encore été vu ou senti, constitue un événement. C'est même le type de l'événement, puisqu'il rompt ou brise un enchaînement, qu'il fait apparaître un sens et que l'apparition d'un sens est la grande nouveauté de l'existence humaine. Le discours n'est pas constitué de mots, mais il enveloppe et pré- pare le moment de la parole, le moment où le sens se dévoile et transforme, fût-ce sur un point particulier, notre vision du monde ou notre compréhension de nous-mêmes. Il faut souvent beaucoup de mots pour rendre possible l'apparition de la parole. Car dans l'acte de parler les mots cherchent la parole ; parfois ils ne la trouvent pas. Elle se fait attendre et les discours successifs constituent autant d'approches tâtonnantes. « Il y a parole, écrit Ricœur, là où un sujet peut reprendre dans un acte, dans une intance singulière du discours le système de signes que la langue met à sa disposition ; ce système reste virtuel tant qu'il n'est pas accompli, réalisé, opéré par quelqu'un qui, en même temps, s'adresse à un autre. La subjectivité de l'acte de parole est d'emblée l'intersubjectivité d'une allocution[32]. » L'erreur du structuralisme, non pas en tant que méthode d'analyse, mais en tant que philoso- phie, c'est d'exclure la parole de sa visée : « L'acte de parler n'est pas seulement exclu comme exécution exté- rieure, comme performance individuelle, mais comme

---

32. *Ibid.,* p. 810.

libre combinaison, comme production d'énoncés inédits. Or, c'est là l'essentiel du langage, à proprement parler sa destination[33]. » La clôture du langage, si souvent soulignée par le structuralisme, n'existe que dans la mesure où on fait abstraction de sa destination. L'oubli de sa destination entraîne nécessairement l'oubli du sujet, l'oubli de cet acte libre de « prendre la parole ». Expression bien significative que celle de prise de parole. Elle désigne une triple violence : la violence que je me fais à moi-même : je m'arrache à ce silence qui est soit silence de l'indifférence, soit ce silence plus lourd qui caractérise l'homme se débattant avec son secret ; la violence que je fais volontairement aux autres, parce que je veux les mobiliser, les distraire de leurs pensées, accaparer leur attention pour quelque chose qu'ils ne connaissent pas ou qu'ils connaissent mal, les entraîner dans une direction qu'ils n'auraient pas spontanément prise, les faire devenir autres qu'ils ne sont et même s'ils ne le veulent pas ; la violence que je fais au langage lui-même, car il n'est pas disposé de par sa structure à dire ce que je veux qu'il dise. On pourrait même ajouter que la prise de parole implique encore une violence moins avouable et moins visible à l'égard de la réalité elle-même. D'une part l'intention de mon discours c'est bien de faire apparaître pour les autres quelque chose qui n'est pas entièrement apparent dans cette réalité, mais qui s'y trouve effectivement. Mais d'autre part le discours, que ce soit celui du procureur ou de l'avocat, celui du psychanalyste ou du chercheur, n'est jamais purement photographique. Il met en relief, ou en perspective, il ordonne, il cache, il défigure et même il pervertit. Il fait apparaître un essentiel qui, en tant que tel, peut être contesté. Tout discours est discours de la partialité et c'est par cette partialité que j'affirme ma maîtrise sur le réel et ma volonté de maîtrise sur les autres.

Là où il y a violence de la parole, là un homme se manifeste comme sujet. Il prouve qu'il est sujet, et non

---

33. *Ibid.*

pas seulement résultant de déterminations diverses, par la parole. C'est toujours par la parole qu'un être met fin à son esclavage. Dans une révolution, ce sont toujours ceux qui étaient sans voix, à qui était seulement concédé l'usage du langage objectif, neutre et du coup sans efficace, qui prennent la parole. Toute révolution, qui ne se limite pas à être un putsch, est révolution culturelle, c'est-à-dire prise de parole de ceux à qui elle n'était pas donnée, et qui se révèlent aux autres et à eux-mêmes par cette prise de parole. Il n'est pas possible de ne pas écouter celui qui prend ainsi la parole, car cette parole parce qu'elle est neuve par rapport au langage suscite la contestation, la réplique, la fureur ou l'assentiment. De toute façon une intersubjectivité qui peut être une intersubjectivité d'alliance ou une intersubjectivité de combat apparaît, ce qui signifie qu'un sujet ne peut se révéler comme tel sans rencontrer aussitôt d'autres sujets qu'il attire ou qu'il repousse.

Peut-être sommes-nous à l'heure actuelle d'autant plus sensibles à cette puissance de la parole qu'elle s'est faite rare, que le langage ne la favorise pas, dans la mesure où il est un langage bien fait, dont les structures logiques nous sont connues et dont science et technique ont un impérieux besoin. H. Marcuse a montré que la rationalisation technique de notre époque avait des effets sur le langage et avait amené la constitution « d'un univers du discours clos ». Marcuse caractérise ainsi ce langage : « Il va dans le sens de l'identification et de l'unification, il établit la promotion systématique de la pensée positive, de l'action positive, enfin il s'attaque systématiquement aux notions critiques et transcendantes[34]. » C'est un langage fonctionnel qui ne désigne plus les choses mais leur fonction, qui bloque dans une unité la chose et la fonction, qui ne laisse plus de place à l'interrogation, au doute, au refus et à la négation. Il pourchasse les « résidus irrationnels », et exprime rarement la différence. Comme il cherche à

---

34. Herbert MARCUSE, *L'Homme Unidimensionnel*, traduction française, Paris, Éditions de Minuit, 1968, p. 120.

déclencher les comportements standardisés conformes aux intérêts du pouvoir, il s'efforce d'effacer les contradictions, de créer des expressions où les opposés se réconcilient : Marcuse cite des exemples de titres empruntés au New York Times : « Le mouvement ouvrier à la recherche de l'harmonie des missiles », comme si l'idée de destruction atomique pouvait se marier avec elle d'harmonie, ou « Un abri luxueux contre les retombées atomiques », comme si l'idée de luxe était compatible avec celle de guerre atomique[35].

Or, lorsqu'elle surgit du langage après l'avoir dominé, la parole a pour mission de faire apparaître la différence, l'incompatibilité, la nécessité de choisir. Même affirmative, la parole implique toujours un refus. Les auteurs des confessions de foi de l'Église savaient bien que la parole de Dieu ne peut affirmer ses certitudes et son espérance sans aussi prononcer des anathèmes, sans dénoncer l'unification fallacieuse des contradictions. La parole est toujours un engagement historique, c'est pourquoi elle est obligée pour se faire entendre de briser la synchronie de la structure du langage.

Redécouvrir l'originalité de la parole par rapport au langage, c'est à la fois donner le moyen de limiter les prétentions philosophiques du structuralisme et celui de reprendre la critique de l'anthropologie marxiste. La différenciation capitale et incontestable que Marx établit entre l'humanité et l'animalité réside dans la capacité de l'homme de réaliser un travail producteur et modificateur non seulement de l'environnement, mais de lui-même. Est-ce suffisant ? Ne faut-il pas établir un lien originel entre parole et travail ? Dire que le travail est producteur, c'est dire qu'il existe un sens du travail. Produire des moyens d'existence ? Assurément. Mais justement, il s'agit de l'existence, d'une existence qui est valorisée, qui elle-même est porteuse ou créatrice de sens. Le travail vise à rendre l'existence humaine digne d'être vécue même si, comme le marxisme l'a bien vu,

---

35. *Ibid.*, p. 123.

le travail dans son organisation sociale et technique produit une aliénation de l'existence et qu'il faille sans cesse libérer le travail non seulement des contraintes sociales qui pèsent sur lui (salariat), mais des exigences techniques déshumanisantes (division du travail). Le sens humain du travail n'est pas lié au travail de façon absolue et définitive. Il faut veiller à lui rendre ce sens, il faut dire le sens du travail. C'est pourquoi la parole, que nous avons tendance depuis l'antiquité grecque à opposer au travail, doit nécessairement accompagner le travail. C'est la parole qui fixe au travail son objectif, qui remanie la finalité du travail, c'est la parole qui excite au courage à travailler en faisant voir l'intention du travail, en la faisant comprendre. Celui-ci devient fatalement servitude et n'exige plus que des esclaves lorsque la parole renonce à l'accompagner ou se fait simple explication technique ou simple ordre. Le chemin qui va de la parole donneuse de sens à la parole autoritaire est exactement le chemin de la dégradation du travail. Si la parole devient purement autoritaire et si elle est confisquée par le pouvoir économique ou politique, c'est précisément parce que la finalité humaine du travail est devenue obscure ou que celle-ci est devenue inavouable (le profit d'une minorité). La planification du travail peut n'être qu'une opération technique visant à la seule rationalisation en vue de la rentabilité, mais elle pourrait être autre chose : la reprise de la totalité du travail d'un groupe social par la parole en vue de dégager le sens de l'entreprise commune, un sens avouable et que chacun puisse assumer. Ce n'est pas par hasard que la planification nous apparaît aujourd'hui liée à la démocratisation. La démocratie, en effet, est une conception de l'existence en commun où la parole intelligible est susceptible de devenir une parole commune et de se substituer largement à une autorité fondée sur l'irrationnel : la naissance, le privilège, le droit divin. L'Église serait en mesure de participer à cet effort de reprise du travail par la parole, mais on entend rarement une prédication sur le travail !

La technique est sans parole. Elle n'a qu'un langage. Mais c'est bien la raison pour laquelle elle laisse sans cesse se perdre le sens du travail ou même l'obscurcit. Une théologie ou une philosophie du travail ont à compter sur l'état de la technique, sur le possible qu'à chaque moment de l'histoire les techniques font apparaître. Elle ne saurait abandonner à la technique le soin de dire le sens du travail. Et quand le silence se fait sur le sens du travail, c'est que ce sens a déjà disparu.

Mais la parole doit accompagner et éclairer le travail pour une autre raison. Le travail ne prend sa signification humaine que lorsqu'il est créateur de communauté, lorsqu'il arrache, imparfaitement sans doute mais réellement, l'homme à sa solitude, à son ennui et à son égoïsme. Or il n'existe pas de communauté si l'événement de la parole ne s'y produit pas, si la parole n'est pas prononcée, entendue, reprise, critiquée, renvoyée à son auteur. Certaines espèces animales n'ignorent pas le travail concerté, mais cette concertation se fait suivant des schèmes fixes. La discussion, c'est-à-dire l'échange de paroles qui se corrigent l'une l'autre et qui s'enrichissent, n'existe pas. La communauté animale manifeste bien, à certains moments, de la solidité et de la solidarité. Mais il lui manque de pouvoir se dépasser elle-même grâce à la parole qui unit des libertés dans l'accomplisssement d'une œuvre commune, reconnue dans sa validité par tous. Le travail cesse d'avoir valeur communautaire lorsque d'en haut, d'un en haut au surplus anonyme, viennent seulement des ordres qui fixent à chacun sa tâche. Les nécessités techniques obligeront certes à une coordination des tâches, celle-ci est d'ailleurs prévue dans les ordres eux-mêmes. Mais cette coordination, si indispensable soit-elle, accentue forcément le caractère purement fonctionnel de chacun des individus. Cette coordination ne fait que préfigurer et esquisser celle qui se manifestera d'une façon plus parfaite dans la machine, mais elle ne débouche pas sur ce vers quoi tend toute communauté humaine, l'établissement de relations intersubjectives. Celles-ci ne naîtront alors qu'en marge du travail, dans les moments de loisir, dans les activités syndicales ou sportives. Ainsi l'absence de la parole échangée empêche le travail de concourir à la formation de la communauté.

Toutes ces remarques tendent à prouver que l'on mutile l'homme dès que l'on voit dans la seule activité productrice sa caractéristique fondamentale. Le communisme marxiste — et il le sait — n'a jamais réussi à être un véritable humanisme. La raison de cet échec réside dans sa vision mutilante de l'homme. Il ne récupère une vision plénière de l'homme que dans ses prolongements eschatologiques, c'est-à-dire lorsqu'il oublie sa propre anthropologie. Du moins parce qu'il investit son esprit dans le procès de l'histoire, qu'il privilégie la diachronie par rapport à la synchronie, la révolution par rapport aux structures, n'est-il pas contraint par sa logique propre d'annoncer comme le structuralisme la mort de l'homme. Il remet à un plus tard mystérieux ce qui est présentement aussi bien qu'originellement possible.

La prise en considération de la parole ne doit pas être seulement un moyen polémique pour signaler les failles ou les oublis de doctrines qui dévalorisent la vie intérieure. Elle doit nous conduire à définir positivement les rapports de la parole et de la vie intérieure.

Ces rapports existent nécessairement, puisqu'il n'y a pas de parole sans sujet — c'est lui qui prend la parole — et que le sujet est l'instance fondamentale de la vie intérieure, l'instance qui ouvre et clôture la vie intérieure, qui s'efforce de lui donner son unité, de résoudre ses conflits et de la mettre en relation avec les sources de la paix.

D'une part, la parole prononcée n'est reçue que si elle atteint l'homme dans sa vie intérieure. C'est en ce sens que la parole, si chargée de savoir soit-elle, est différente du savoir. Elle n'est pas essentiellement véhicule du savoir. Le savoir peut être acquis, accumulé et organisé par l'esprit sans que la vie intérieure en soit profondément affectée. La parole est annonce ou interrogation. Elle annonce à la vie intérieure ce que celle-ci a oublié ou qu'elle a refoulé. Elle provoque cette incessante reprise de soi qui est la raison même de la vie

intérieure. Elle interroge la vie intérieure sur la légitimité de sa clôture et de son ouverture. Elle crée en elle
l'inquiétude, c'est-à-dire qu'elle l'amène à renoncer à
cette fausse paix que celle-ci a peut-être acquise labo-
rieusement, mais qui lui masque les vraies sources de la
paix. Lorsque je reconstitue mon histoire intérieure, je
m'aperçois que celle-ci a été marquée et souvent boule-
versée par telle parole reçue, parole parfois très humble, mais aussi parole neuve, parole du poète, du prophète, de l'inspiré. C'est à cause de cette parole que je
n'ai pas pu rester ce que j'étais, que j'ai dû remettre en
question mes choix et mes partis pris. C'est ce type
de parole dont je garde le souvenir, dont est jalonnée ma
vie intérieure et dont l'éclat fait disparaître les mille petits
riens qui encombrent ma vie intérieure.

D'autre part, il faut que la parole résonne ainsi
dans ma vie intérieure pour que la vérité qu'elle porte
se fasse authenticité. Par son objectivité même la vérité
peut me rester extérieure et elle le fait, presque totalement, lorsqu'elle concerne le monde des objets matériels
ou de ces objets intellectuels que sont les rapports. Il
s'agit d'une vérité dont je me sers, qui structure mes
démarches intellectuelles et même mon action, mais qui
ne me conduit pas, au moins dans l'immédiat, à une
nouvelle compréhension de moi-même. Mais il arrive
aussi que la vérité, sans rien perdre d'ailleurs de son
objectivité, me rencontre non pas seulement dans ma
capacité de comprendre, mais dans ma vie intérieure,
dans ce cœur où s'élabore ma compréhension de moi-
même, de la signification de ma présence au monde et
où cette présence au monde revêt un certain style —
qu'elle me rencontre en ce lieu où je suis désir[36]. Alors,
lorsque la parole porteuse de vérité est ainsi reçue, je

---

36. En mettant ainsi au cœur de la vie intérieure le désir, nous
n'adhérons pas pour autant à l'anthroplogie véhiculée par la psychanalyse. Car si le désir est effectivement omniprésent, et source de
toutes les énergies intérieures, il y a une instance qui transcende le
désir, c'est l'acte par lequel nous consentons au désir ou par lequel
nous nous refusons au désir. Sans cet acte il n'y aurait pas de
sujet, mais simple faisceau de désirs.

deviens un être authentique, ce qui ne signifie pas un être conforme à la vérité, mais un être qui a accepté de reconnaître ses vraies questions et a tenté de leur faire place dans sa vie. L'erreur de Platon est sans doute d'avoir pensé que la vérité comme telle, pourvu qu'elle soit comprise, provoquait une transformation de l'être. Il est à l'origine de toutes ces doctrines pour qui la propagation de la science fait accéder infailliblement l'homme à son être véritable, pour qui méchanceté et turpitude ne sont qu'ignorance. Entre la divulgation du vrai et la transformation de l'homme, il y a une médiation : la vie intérieure. C'est seulement lorsque la vérité peut me rejoindre dans ma vie intérieure que j'accède à une authenticité plus grande. On ne peut pas définir l'authenticité. Ou bien on la confond avec le naturel : est authentique l'homme qui ne cherche pas à cacher ce qu'il est, mais ce qu'il est peut être fausseté. Ou bien on la connote par quelques traits particuliers, comme Bultmann aussi bien que Sartre l'ont fait : la liberté, la disponibilité. En réalité, l'authenticité est toujours en train de se faire et toutes les caractéristiques que j'en puis donner demeurent abstraites. Elle est d'autant plus grande que je réussis à rester pour moi-même une question et je ne puis rester une question pour moi-même que dans la mesure où j'accueille des paroles neuves, inattendues, troublantes, des paroles qui viennent briser ma paix sans me faire perdre le désir de la paix. La vérité affranchit dans la mesure où elle suscite dans ma vie intérieure une nouvelle soif d'authenticité. Mais pour ce faire, il faut que la vérité ne soit pas seulement proposition vraie, corps de doctrine ou système, mais qu'elle soit la parole de quelqu'un à moi adressée. Dans le récit de la rencontre de Jésus avec la Samaritaine, il est très remarquable que le Christ entrelace la révélation de vérités concernant la personne même de Dieu avec la révélation de vérités concernant cette femme dans son existence quotidienne et sa vie intérieure. C'est parce que Jésus lui a dit tout ce qu'elle avait fait que cette femme salue en lui le Messie, c'est-à-dire le porteur des vérités les plus hautes. Tout se passe comme si la vérité d'une parole ne peut nous atteindre que si en même temps elle nous renvoie à notre vie intérieure. On comprend dès lors pourquoi la vérité qui conduit à l'authenticité est toujours liée à une personne : seule une personne peut nous adresser une parole, c'est-à-dire établir d'emblée une intersubjectivité, dans laquelle ma vie intérieure est mise en cause. Le « Je suis le chemin, la vérité et la vie » de Jésus est une affirmation inintelligible pour un esprit grec, elle est même scandaleuse, parce que la vérité dans son universalité ne peut être liée à la singularité d'une personne. Mais elle devient vraie et indispensable pour quiconque sait que la vérité n'engendre l'authenticité que par la médiation d'une parole adressée par un sujet à un sujet.

CHAPITRE III

DIALECTIQUE DE LA VIE INTÉRIEURE ET DE L'ACTION

1. La vie intérieure comme acte

L'opposition classique entre vie intérieure ou spiritualité et action n'est pas sans fondement. Elle a un fondement caractérologique : il existe des introvertis et des extravertis, des hommes qui recherchent le silence et la solitude pour se consacrer à la connaissance de soi, à l'analyse de soi et à cette méditation qui semble postuler une relation privilégiée entre la vie intérieure et la transcendance. Elle a un fondement éthique : il est des hommes qui se sont choisis hommes de la vie intérieure et d'autres hommes d'action. Sans doute un équilibre est-il possible entre ces deux orientations, mais c'est un équilibre fragile, que les crises de la société viennent aisément compromettre. Lacordaire lançait aux catholiques français ce mot d'ordre : « Ne sauvez pas votre âme, sauvez le monde. » Il faisait écho à l'apôtre de l'industrialisation et de la révolution technique, Saint-Simon, qui écrivait quelques décennies plus tôt : « Certainement tous les chrétiens aspirent à la vie éternelle, mais le seul moyen de l'obtenir consiste à travailler dans cette vie à l'accroissement du bien-être de l'espèce humaine[1]. » Certaines époques ont ainsi le sens très vif

---

1. SAINT-SIMON, *Le Nouveau Christianisme,* p. 116. Cité par Henri DESROCHE, *Les Dieux rêvés,* Paris, Desclée et Cie, 1972, p. 87.

de l'opposition entre la recherche d'une vie intérieure pacifiée, sinon sauvée, et l'action par laquelle l'homme est en mesure de transformer son environnement et les conditions sociales de l'existence. Il paraît très vraisemblable que la nôtre soit du nombre et qu'elle ait en gros opté pour l'action contre la vie intérieure, ou plutôt remis le souci de la vie intérieure à plus tard, lorsque certaines urgences de développement et de justice sociale auront été satisfaites[2]. A ses yeux, l'action délivre l'homme non seulement de ses fantasmes, mais aussi de son égoïsme, alors que le repli sur la vie intérieure représente une sorte de trahison. Elle revalorise surtout l'action politique et le projet collectif, car elle estime non sans raison que l'activité proprement technique, étroitement subordonnée à des modèles préexistants, n'est plus qu'une action très affaiblie. Même les théologiens, considérés comme les bergers de la vie intérieure, ont tendance à s'en détourner et certains d'entre eux voudraient imposer un primat de la théologie politique. C'est ainsi que Dorothée Sölle veut que l'herméneutique biblique soit politique, c'est-à-dire que la politique soit l'horizon sur lequel la vérité chrétienne doit s'inscrire comme praxis. « Son principe directeur, écrit-elle à propos de cette herméneutique, est la question d'une vie authentique pour tous. Tout problème personnel reprend sa dimension essentielle lorsqu'il est étudié à la lumière de nos espérances pour la société tout entière[3]. »

D'une façon générale, on pense aujourd'hui que

---

2. Il est possible d'ailleurs que ce choix de notre époque n'aille pas sans réticences ni regrets. Dans son *Nachwort* à la réédition du livre de P.L. LANDSBERG, *Die Erfahrung des Todes* (Suhrkamp Verlag, 1973, p. 133), Arnold Metzger croit pouvoir noter dans la production littéraire et philosophique de notre époque une mutation intéressante : alors que depuis 1960 elle était dominée par l'analyse d'un monde dirigé par la science et la technique, elle commence à s'intéresser depuis peu à l'individu et à sa recherche de la liberté et du bonheur, à la rencontre de l'homme avec lui-même.

3. *Politische Theologie,* Auseinandersetzung mit Rudolf Bultmann, Stuttgart et Berlin, Kreuz-Verlag, 1972.

l'action, en tant que modalité d'un projet collectif, a une vertu que la vie intérieure ne nous donne pas : elle nous libère à l'égard de nous-mêmes, elle nous force à nous oublier nous-mêmes au profit des autres, elle nous arrache au monde du désir et de ses illusions pour nous soumettre à une volonté collective, expression même du sens de l'Histoire. Peut-être oublie-t-on trop que cette soumission à un sens de l'Histoire, réputé univoque, n'est qu'une résurgence de la vieille doctrine de *l'amor fati,* de la religion du destin, à laquelle le christianisme s'est si vigoureusement opposé. Peut-être n'aperçoit-on pas suffisamment que le projet collectif n'est pas libéré de toute impureté et que, pour nécessaire et exaltant qu'il soit, il porte les stigmates de deux disgrâces : la partialité et le compromis. Ces deux caractéristiques devraient s'exclure mutuellement, en fait elles se renforcent et le compromis s'établit toujours dans la ligne d'une partialité. Peut-être n'est-on pas assez attentif au fait que l'action modifie beaucoup plus les conditions d'existence que l'existence elle-même, et oublie-t-on que l'apparition d'un homme nouveau peut se faire avant même que les conditions d'existence aient été changées.

Mais l'opposition qu'on établit entre vie intérieure et action et la faveur qu'on accorde à la seconde tiennent sans doute à une analyse insuffisante de l'action elle-même. Dans notre langage actuel, modelé par la technique et la stratégie des luttes politico-sociales, le terme d'action fait surtout référence à l'éxécution d'un programme (nous parlons d'action gouvernementale, d'action militante, d'action éducative) et à la masse des moyens techniques et humains engagés dans l'exécution de ce programme (nous parlons d'action de grande envergure, d'action ponctuelle) ; nous avons même de plus en plus tendance à utiliser ce terme au pluriel. Le programme étant arrêté et les moyens techniques et humains mis en place nous déclenchons une action et nous entendons par là le fait de presser sur un bouton, de donner un signal qui, répercuté de relais en relais, va déterminer suivant un ordre établi à l'avance des interventions de forces susceptibles de modifier l'environnement matériel ou le champ politico-social. Mais dans cet ensemble d'opérations qui se commandent mutuellement où est le moment proprement actif : dans ces actions où est l'acte ? A vrai dire, au niveau des exécutants comme au niveau des dirigeants personne n'en sait rien. Chacun exécute la tâche qui lui a été assignée au moment précis qui lui a été indiqué. Aucune hésitation, aucun doute ne sont plus possibles pour personne. Chacun sait que la moindre défaillance bloquerait immédiatement l'ensemble de l'action. Du moins peut-on penser que la tâche a été assignée à chacun d'un commun accord et que c'est le moment de ce commun accord qui a été aussi le moment de l'acte. Mais la détermination de ce moment-là, même au niveau des dirigeants, reste aussi problématique que la détermination du moment où se forme, selon J.J. Rousseau, la volonté générale. Quand un programme d'action est conçu, il y a bien eu une initiative, c'est-à-dire un commencement nouveau. Mais ce commencement nouveau a bien des chances de ne pas être autre chose qu'une cristallisation de motifs, de mobiles et de tendances qui existaient déjà, qui un jour ou l'autre devaient nécessairement se rencontrer et s'organiser. Ces motifs, ces mobiles et ces tendances représentaient des formes de réponse à une situation de fait. La seule initiative vraiment repérable, c'est la décision d'un certain nombre d'hommes qui, estimant que l'heure était favorable, qu'on ne pouvait plus attendre, ont appelé à une concertation, ont fait l'inventaire des moyens et ont mis en place l'instrument de l'action. Qu'est-ce qui a été déterminant : est-ce la décision, est-ce l'urgence ? Sans doute y a-t-il réciprocité entre ces deux facteurs, maturation de la décision par rapport à l'urgence. L'action, en tant que projet collectif, apparaît comme une résultante, et cette résultante non seulement a valeur contraignante pour les volontés personnelles qui doivent se manifester au cours de l'exécution, mais encore elle me permet de déceler les décisions volontaires originelles qui y ont été comme englouties. C'est dire que l'action dans le projet collectif est plutôt symbole de l'acte — elle l'implique, mais elle ne le laisse pas apparaître, elle le cache — qu'expression directe de l'acte.

La réalité de l'acte ne se saisit que dans la vie intérieure. Celle-ci, nous l'avons souligné, peut n'être que spectacle. Mais le spectacle ne saurait durer. La vie intérieure s'étiole, se clôture définitivement si elle n'est pas prise en main par un sujet. On peut appliquer au sujet la définition que donnait Hölderlin : « L'un qui ne cesse de se différencier en lui-même », mais il faut ajouter que le sujet doit sans cesse lutter contre la différenciation qu'il produit. S'il déplace les frontières de la vie intérieure, s'il les ouvre et les ferme, c'est précisément pour maintenir face à une diversité mouvante l'unité qui est la sienne et qui du même coup est aussi l'unité de la vie intérieure. La diversité des apports extérieurs, leur flux incessant risquent de faire éclater la vie intérieure. Il faut donc que le sujet reconstruise à chaque instant l'unité menacée, l'unité de mon imagination et de mon vouloir, l'unité de ma pensée et de mon désir, l'unité de ma mémoire et de mon espérance, l'unité de mon corps et de mon esprit. Entreprise difficile, car le sujet n'est pas une instance qui se situerait en dehors et au-dessus de ses propres différenciations que sont l'imagination et le vouloir, la pensée et le désir, la mémoire et l'espérance, le corps et l'esprit. Il n'est pas comme un maître d'école qui domine ses élèves turbulents. Il est lui-même présent dans chacune de ses différenciations. Il doit donc se récupérer lui-même et non pas seulement attirer à soi des éléments extérieurs. Il doit agir sur lui-même, et c'est cette action sur soi-même qui est le paradigme de toute action. Nous en doutons parfois parce que l'action nous semble impliquer la résistance de quelque objet extérieur avec lequel nous luttons, que nous essayons de tourner, avec lequel nous concluons des espèces de trêves lorsque nous sommes fatigués, pour reprendre la lutte ensuite. Mais ces combats-là, nous finissons toujours par les gagner et si ce n'est pas nous ce sera le rôle des générations futures. Tandis que l'action que je mène pour ma propre unification, je ne puis jamais la finir, je ne puis jamais entièrement triompher de moi-même sinon au risque de me perdre. Que serait un vouloir qui aurait définitivement triomphé de l'imaginaire, sinon un

vouloir sans emploi ? Que serait une mémoire qui
aurait congédié l'espérance, sinon un vieillissement
absolu ? Que serait une pensée qui ne serait pas pénétrée par le désir, sinon une logique formelle ? Ce qu'il
y a d'exemplaire dans la vie intérieure, dans l'acte du
sujet, c'est qu'il ne peut jamais entièrement triompher
de sa propre diversité, contre laquelle pourtant il est
obligé de lutter. L'action sur soi-même peut avoir une
apparence plus immédiate que l'action que nous exerçons sur les choses et sur les structures. Comme on le
souligne, elle ne dépend que de nous. Mais justement
c'est ce qui la rend si délicate, ce qui la dépouille de
tout triomphalisme et en fait une école de l'action sur
les autres. Eux non plus je ne dois pas en triompher et
pourtant si je renonçais à agir sur eux, je témoignerais
de mon manque d'amour à leur égard. Si je les aime,
je dois agir sur eux sans les contraindre, sans les
détruire et même sans les séduire, ce qui serait une
autre forme de destruction.

Il est donc inexact d'opposer vie intérieure et action.
Cette opposition n'aurait de sens que si on réduisait la vie
intérieure à un pur détachement, si on ne poussait pas son
analyse assez loin et si on ne s'apercevait pas qu'elle est le
lieu de la forme la plus délicate de l'action : l'action qui
doit refaire l'unité sans détruire la différenciation sans
laquelle cette unité perdrait tout sens. La formule
« maître de moi-même comme de l'univers » est trompeuse. Ce n'est jamais de la même façon que se réalise
ma maîtrise sur moi-même et sur l'univers. Dans le premier cas tout triomphalisme est impossible, dans le
second, il est une tentation permanente. Si tant de projets collectifs ont abouti à la destruction d'hommes ou
à la destruction de l'équilibre écologique, c'est justement parce que ceux qui les ont exécutés n'avaient pas
suffisamment médité sur la maîtrise du véritable acte,
qui est l'action sur soi-même. Si un être n'a pas l'expérience de l'action sur lui-même, il est douteux qu'il
puisse devenir un homme d'action au sens collectif de
ce mot.

L'acte de la vie intérieure ou l'action sur soi-même
possède une seconde vertu : c'est que nous sommes inci-

tés à prendre du recul par rapport à nos propres actes, sans doute parce que nous ne sommes normalement pas obligés d'en rendre compte devant une autorité sociale, que nous n'avons pas à les justifier. C'est en effet la nécessité de la justification devant une autorité, laquelle a le pouvoir de nous condamner, qui nous conduit, pour peu que nous ayons du courage, à faire corps avec nos actes, à dire : « Je le ferais encore si j'avais à le faire », ou bien sûr à nous en désolidariser totalement et fallacieusement, si nous sommes mus par la crainte. La liberté plénière dont nous jouissons dans notre vie intérieure nous permet de nous juger nous-mêmes, c'est-à-dire de prendre de la distance par rapport à nos actes, d'en mesurer les échecs et les imperfections et par suite de comprendre qu'ils auraient pu être autres que ce qu'ils ont été. L'action dans le monde et *a fortiori* le projet collectif n'autorisent pas au même titre ce recul, précisément parce que je suis engagé dans une solidarité de combat que je ne puis pas rompre sans passer pour traître et parce que ce type d'action comporte forcément une sorte de logique et de cohérence qui exclut tout retour en arrière et tout doute. Au contraire, je ne deviens pas nécessairement le prisonnier de mon acte intérieur : si je le devenais — ce qui est possible — je tarirais ma liberté, je ne serais plus en mesure de chercher à me dépasser moi-même. Si les passions ont eu une emprise trop forte sur ma volonté, je puis m'en apercevoir et devenir plus vigilant. Si l'imaginaire m'a envoûté au point que mon intelligence s'est trouvée paralysée, je puis essayer de soumettre l'imaginaire au dur contrôle du réel. Bref, la vie intérieure est le lieu des recommencements et des dépassements, beaucoup plus fortement que la vie sociale où, devant les conséquences désastreuses d'une action, il est vain et même hypocrite de dire: « Je n'ai pas voulu cela » (parole attribuée à Guillaume II après le déclenchement de la Première Guerre mondiale).

Certes, le caractère exemplaire de l'acte sur soi-même ne doit pas conduire à discréditer l'action *ad extra* car un perfectionnement intérieur n'a de sens que s'il aboutit à un engagement en faveur des autres. La pureté intérieure, toujours relative, doit permettre une compromission dans un projet collectif. Mais l'opposition radicale entre vie intérieure et action est fondée sur la méconnaissance du fait que la vie intérieure est faite de décisions vraies, nourries d'une repentance ; elle l'est aussi sur la méconnaissance du fait que celui qui est sans vie intérieure ne sera jamais qu'un exécutant aveugle et non un combattant responsable. S'il est vrai qu'il y a des dominantes caractérielles qui nous poussent plutôt vers la méditation intérieure ou plutôt vers l'action, il est non moins vrai que ce sont souvent les spirituels qui se révèlent comme les meilleurs militants, parce que eux au moins ne se jettent pas dans l'action pour oublier leurs démons intérieurs ou pour compenser leur vide intérieur, mais pour donner à leur décision intérieure toute son ampleur et toute son efficacité.

2. L'intériorité comme condition de l'action

Pour mieux comprendre que l'intériorité est une condition fondamentale de l'action, il faut revenir à ce lien que nous avons établi entre vie intérieure et vie privée. Il n'est pas de vie intérieure qui n'ait besoin de se concrétiser dans une vie privée et qui ne trouve en elle sa garantie. Or la vie privée est souvent présentée sous un jour éthique très différent de la vie sociale. Alfred Grosser, qui n'est pas un homme de droite, fait remarquer que dans tous les hebdomadaires de la gauche intellectuelle on trouve la double morale suivante : militez avec un désintéressement total, ayez le sens et le respect absolu de la solidarité ; dans votre vie privée par contre : vive la pulsion ! Vous avez envie de divorcer, divorcez ! Or, ajoute-t-il fort sagement : il n'est pas possible de développer à la fois « l'exigence du militantisme et l'exigence de la pulsion maîtresse[4] ». Cela

---

4. A. GROSSER, « Crise de la société et crise de l'éducation », dans *Où va la Civilisation ?* Neuchâtel, La Baconnière, 1972, p. 114.

n'est pas possible, malgré certains succès apparents, parce qu'un individu normal ne peut pas sans péril s'avancer bien loin dans la voie de la schizophrénie, que la maîtrise de soi et la loyauté requises dans la vie sociale ne seront jamais sans faille lorsqu'un homme dans sa vie privée et par suite dans sa vie intérieure aura pris l'habitude de céder à toutes ses impulsions et aura considéré qu'il peut être déloyal à l'égard du plus proche de ses prochains. La romancière Andrée Martinerie dans *Les Autres Jours* nous présente son héroïne Geneviève, laquelle se sent incomprise de son mari Jacques : « ...Jacques, lui, ne voulait ni la donner, ni la garder. Il l'avait installée dans son existence comme un objet, comme les fauteuils Louis XV de ses parents, auxquels il ne tenait pas, qu'il ne voyait même pas, qu'il ne changerait jamais. Un objet, une morte, un robot, voilà ce qu'il avait fait d'elle cet homme généreux, qui s'enflammait si bien pour toutes les belles causes. Ah ! il pouvait parler des colonies et des pays sous-développés. La colonie, le pays sous-développé, c'était elle[5]. » Cette double morale faite de générosité pour les peuples souffrants, en faveur desquels on prendra même certains risques, pour lesquels on consentira même certains sacrifices de temps et d'argent, et d'indifférence à l'égard de la souffrance du tout proche trahit le schisme entre la vie intérieure et l'action. Tout se passe comme si l'action n'était pas autre chose qu'une compensation à la pauvreté ou à la défaillance de la vie intérieure. J'agis pour oublier les problèmes irrésolus de ma vie intérieure, ou j'agis parce que ma vie intérieure m'ennuie, et cet ennui a sa source dans une cécité à l'égard de toutes les possibilités de celle-ci. Mais ce serait une erreur de penser que le fait de se détourner ainsi de sa vie intérieure soit sans influence sur la nature de l'action et sur sa qualité.

Tout d'abord, en effet, l'action coupée de tout lien avec la vie intérieure sera toujours suspecte de roman-

---

5. Andrée MARTINERIE, *Les Autres Jours,* Paris, Gallimard, 1971, p. 72.

tisme et d'abstraction. Elle s'y prête d'ailleurs d'autant plus aisément qu'elle a un caractère nécessairement global. La globalité même du projet collectif fait que nous sommes beaucoup plus attentifs aux problèmes des structures qu'au problème des hommes dans leur vie quotidienne. Nous concevons et parfois nous exécutons des plans d'industrialisation massive, certes nécessaires, mais nous ne nous soucions pas de ce que va être l'existence quotidienne de travailleurs brusquement arrachés à leurs campagnes, à leur tribu, aux tabous qui donnaient à leur existence son assurance, sa rectitude et son humanité. Nous les livrons sans défense et sans recours à une civilisation dont ils n'ont pas vécu la lente maturation. Bien sûr, il nous arrive de prévoir des mesures qui feront que le développement économique s'accompagnera d'un développement social et que les deux développements (cas idéal) marcheront de pair. Mais le développement social représente aussi un projet global : mise en place de structures de sécurité sociale, de protection sanitaire, d'établissements scolaires ; mais nous ne nous demandons pas souvent comment ces diverses institutions peuvent être utilisées par les intéressés, comment ils pourront s'y intégrer sans abandonner des valeurs et des traditions qui ont formé leur personnalité, comment ils opéreront la soudure entre l'ancien et le nouveau. Il n'est certes pas question de porter la moindre condamnation sur ces entreprises ; il n'est pas question non plus que l'action renonce à son caractère global et même qu'elle ne l'accentue pas, comme les moyens techniques le lui permettent. Tout ce que nous voulons souligner, c'est que ceux qui conçoivent de tels programmes, si par hypothèse ils n'avaient pas oublié leur propre vie intérieure, le lien entre intériorité et vie privée, auraient pu avoir plus d'imagination pour introduire dans leurs projets certains correctifs, grâce à quoi la vie intérieure des destinataires de leur action aurait été un peu moins malmenée. On s'accorde aujourd'hui à reconnaître que l'hôpital de Lambaréné, tel que l'avait conçu et réalisé — et au prix de quels efforts ! — le Dr Albert Schweitzer, n'était pas une réussite technique parfaite, qu'il était une entreprise un peu artisanale,

mais en même temps que Schweitzer grâce aux intuitions de sa vie intérieure avait parfaitement compris
qu'il ne fallait pas couper tout lien entre le malade et
sa famille et le condamner à cette solitude si cruelle
pour celui que son état de malade isole déjà. Est-il con-
cevable que les exigences de la technique et de l'efficacité ne puissent jamais être conciliées avec les intuitions
du cœur ? Certes, cette conciliation demeure difficile et
n'aboutit jamais à des résultats entièrement satisfai-
sants. Du moins faut-il inlassablement la chercher et on
ne la cherche vraiment qu'à partir d'une expérience
intérieure qui nous ouvre à la compréhension des
autres. On peut sérieusement se demander si une civilisation qui entasse les humains dans certains grands
ensembles où toute vie privée devient problématique, où
personne ne peut connaître une intimité, où on est
obligé de s'accommoder d'une promiscuité permanente, ne
témoigne pas, qu'elle le sache ou non, de son ignorance
ou de son mépris de la vie intérieure.

Paul Ricœur a soutenu qu'il fallait avoir le courage
de reconnaître que l'amour ne s'exerce pas seulement
dans la relation courte, de personne à personne, mais
dans des relations longues, c'est-à-dire par la médiation
d'institutions et donc de façon anonyme[6]. La thèse est
incontestable : si nous voulons que l'amour puisse avoir
des effets réels — et nous ne pouvons pas ne pas le
vouloir sans priver l'amour de son intention — il nous
faut utiliser tous les media qui le rendent efficace. Je
ne puis pas aimer mes enfants sans vouloir par le
même mouvement que soient mis en place une législa-
tion et des organismes de secours et de protection pour
tous ces enfants que je ne rencontrerai jamais. Aucune
critique ne saurait tenir contre une telle évidence[7]. Mais
il demeure vrai que ceux qui bâtiront ces réseaux insti-
tutionnels et ceux qui les utiliseront commettront des

---

6 P. RICŒUR, *Histoire et Vérité,* Chap. : « Le socius et le prochain ».

7. Voir les critiques de Jacques ELLUL dans *Fausse Présence au
Monde,* Paris, Librairie Protestante, 1963.

fautes graves s'ils n'ont pas conscience que ceux-ci doivent véhiculer l'amour, et ils n'auront cette conscience que dans la mesure où eux-mêmes sauront ce qu'est l'amour, où l'acte d'amour ne leur sera pas étranger. Or l'amour est sans aucun doute le temps le plus fort de la vie intérieure. C'est bien la vie intérieure qui assure la qualité de l'action. Comme Emmanuel Mounier l'écrivait à Georges Izard : « Une action qui ne se nourrit pas continuellement dans la substance d'une vie intérieure perd son âme et celle des autres. » Celle des autres aussi, parce que l'action dans laquelle nous les engageons deviendra obscure pour eux ; qu'ils éprouveront le poids de son déterminisme beaucoup plus que la lumière de sa visée, et que la situation dans laquelle nous les placerons du fait même de la réalisation de nos plans sera tout aussi inhumaine que celle qu'ils ont quittée. On a pu dire que certaines nationalisations d'entreprises industrielles avaient été un succès technique et économique et un échec humain, parce qu'à l'intérieur de ces entreprises les relations humaines n'avaient en rien changé, que le fossé entre dirigeants et exécutants n'avait nullement été comblé et que la suppression du profit patronal n'avait en rien accru la responsabilité des travailleurs. Seul un effort d'imagination et de sympathie aurait pu modifier le climat de ces entreprises, mais il aurait fallu pour cela que les projets fussent élaborés par des hommes en qui la science économique et le génie d'organisation eussent sans cesse été confrontés avec les exigences de la vie intérieure. Les révolutions structurelles sont nécessaires, mais si elles laissent habituellement leurs protagonistes insatisfaits, c'est qu'ils ne se sont pas posé la question : dans le nouvel état de choses que sera la vie quotidienne des hommes, comment pourront-ils avoir une vie privée qui leur permette aussi d'avoir une vie intérieure ? On pourra accroître considérablement les loisirs de l'homme, allonger sa période de formation et d'étude, lui donner la possibilité de recyclages et d'ascension professionnelle, abaisser l'âge de la retraite, sans que cet homme trouve les conditions d'une existence heureuse et pacifiée si ceux qui accomplissent de telles réformes ne se préoccupent pas des conditions (ils ne peuvent pas faire plus) de vie intérieure. Et comment le feraient-ils s'ils n'en ont aucune expérience ou si cette expérience n'est pas mise en relation avec leur action ?

Alfred Grosser, réfléchissant aux fondements éthiques de la politique, note que « les destins individuels existent à l'intérieur et par-delà les causes collectives[8]. » Ces deux possibilités méritent une égale attention. Ce serait présomption et hypocrisie de penser qu'un destin individuel avec la vie intérieure qui l'habite puisse se jouer dans une autonomie complète ou dans une indifférence à l'égard des grands combats politiques et sociaux qui mobilisent les puissances de l'action. Ce fut sûrement l'illusion et l'erreur du piétisme chrétien d'imaginer qu'une cloison étanche pouvait être placée entre le destin personnel et le destin collectif, qu'une vie intérieure faite de confiance en Dieu, de rectitude morale pouvait être vécue en dehors du monde de l'action, des affaires et des entreprises. La subjectivité n'existe qu'en relation avec l'objectivité. Ce que je suis dans ma vie intérieure est largement déterminé par l'action que je mène au dehors, et ce sont les soucis et les problèmes suscités par cette action qui, en envahissant ma vie intérieure, me forcent à la remodeler, à consentir à la difficile repentance. Mais, en même temps, ce destin individuel dépasse les causes collectives les plus exaltantes, car je sais que même le triomphe de ces causes peut me laisser amer, sceptique, vide ou angoissé. Je ne puis attendre mon salut du triomphe de mon action ; la solidarité fraternelle que j'aurais vécue avec mes compagnons de lutte n'est pas sans limite, force me sera un jour de revenir à moi-même, d'affronter ma propre solitude et de découvrir que pour moi rien n'est résolu par ce triomphe. « Risquer sa vie en épousant une noble cause, écrit encore Grosser, peut être plus satisfaisant que de faire face aux choix mineurs de la vie de tous les jours[9]. » Certes, mais une

---

8. A. GROSSER, *Au nom de quoi ?* Paris, Seuil, 1969, p. 137.
9. *Ibid.*, p. 82.

fois cette satisfaction éprouvée, il faudra bien revenir à
ces humbles choix quotidiens et s'apercevoir qu'ils ne
sont mineurs que par rapport à cette action qui participe à l'édification de l'histoire universelle, mais qu'ils
peuvent comporter un tragique qui n'a rien de la banalité. J'ai une histoire personnelle qui est faite des
remous, des apories et des délivrances provisoires de ma
vie intérieure. Cette histoire personnelle s'insère dans
l'histoire collective, elle est même souvent dominée par
elle, mais elle ne se confond jamais totalement avec
celle-ci, elle n'a pas le même rythme qu'elle, elle ne
cherche pas non plus les mêmes solutions qu'elle. Une
large mesure d'égalité pourrait régner un jour dans la
société, les rapports de maître à esclave pourraient disparaître, les contraintes sociales pourraient s'estomper,
sans que de ce fait les destins individuels trouvent leur
signification et résolvent leurs problèmes ou dissipent
leurs angoisses. L'action peut transformer non seulement les conditions d'existence, mais les rapports
sociaux eux-mêmes sans que la destinée individuelle
cesse de se heurter et de se blesser aux problèmes du
bonheur toujours précaire, de l'amour toujours incertain
et de la mort toujours inéluctable. C'est ce surplus que
met toujours en évidence la vie intérieure, ou la destinée individuelle, qui assigne d'abord à l'action ses limites. Certes, on ne saurait lui assigner a priori des limites, elle les recule sans cesse, mais elle n'est pas capable
de les reculer à l'infini. Ni le bonheur, ni l'amour ni la
victoire sur la mort ne sont obtenus par l'action et la
découverte fondamentale que fait le sujet c'est qu'il ne
peut pas se réaliser par l'action, même si celle-ci est
indispensable à cette réalisation. Hegel écrivait :
« L'œuvre est la réalité que la conscience se donne [10]. »
Ce n'est que partiellement vrai. Nous avons vu que la
vie intérieure s'abîme en spectacle, lorsque le sujet
recule devant la décision, qui est la forme originelle de
l'action et qui est à la source de toute œuvre. Mais le

---

10. HEGEL, *Phénoménologie de l'Esprit,* traduction française,
Paris, Aubier, 1945, p. 331.

sujet, même s'il meurt de ne pas prendre de décision, reste au-delà de sa propre décision, sans quoi il ne pourrait pas la reprendre, la modifier et la condamner. Il ne tire pas sa propre réalité de son action. L'être est toujours au-delà du faire, même si l'être reconnaît dans l'obligation du faire une exigence qu'il ne saurait renier. Je puis retarder l'action, la suspendre, c'est ce qui se passe dans la prière et dans la contemplation. La liberté de l'être se manifeste dans l'action, mais elle s'y manifeste seulement, elle n'y a pas sa source. Au contraire elle risque — mais ce risque doit être couru — de s'y perdre, puisque agir c'est toujours entrer dans un système de déterminations soit matérielles, soit intellectuelles. La décision elle-même qui est au-delà du développement de l'action est toujours motivée, c'est-à-dire qu'elle tient compte d'un ensemble de données qui s'imposent à moi. La volonté est incapable de s'exercer sans impliquer de l'involontaire et je ne saurai jamais avec certitude si je n'ai pas été submergé par cet involontaire, qu'il provienne de ma constitution psychosomatique, de mon caractère, de la tradition qui m'a formé ou du contexte historique où j'ai dû prendre ma décision. L'attribution d'un acte à un être reste toujours problématique. Nous avons inventé des critères juridiques ou éthiques pour procéder à cette attribution, mais nous en connaissons le caractère relatif. Ils sont d'autant plus relatifs qu'il existe une logique de l'action : les actes s'enchaînent les uns aux autres, ils s'appellent les uns les autres. Du moment que j'ai accompli tel acte, je ne puis pas me refuser à tel autre acte. Il existe des modèles d'actions cohérentes et me soustraire à ces modèles ce serait me priver de toute crédibilité, voire de toute sincérité à l'égard des autres. C'est pourquoi un homme raisonnable dispose toujours d'une doctrine pour justifier la suite de ses actes. La morale exige que je me solidarise avec mes actes, non seulement dans l'instant où je les accomplis, mais dans leur continuité historique, même si aujourd'hui j'ai des doutes à propos d'actes passés et ne me reconnais plus entièrement en eux. L'idée biblique du jugement implique bien que nos œuvres nous suivent et que nous serons jugés sur nos actes. Mais le jugement dernier aura été précédé d'une justification et cette justification concerne une réalité différente des actes, notre être. La justification ne nous désolidarise pas de nos œuvres, elle accroît au contraire notre responsabilité, mais elle atteste une différence, une distance entre le sujet et son action. Je ne me donne pas ma réalité par mes œuvres.

Mais c'est précisément cette étrange distance qui fait que j'ai un avenir, alors que mes œuvres n'en ont pas, elles ont seulement des conséquences qui peuvent s'échelonner dans le futur. Cette distance interdit toute glorification à propos de mes œuvres. Elles ne veulent rien dire quant à mon avenir, où sera révélé mon être profond. Il faut que j'apprenne à m'en détacher.

Ce détachement à l'égard de mes œuvres, dont je continue à porter la responsabilité, et des actes qui leur ont donné naissance constitue la condition même de l'action. L'action ne demeure action que si elle se renouvelle, sinon elle se dégrade en routine, en conduites stéréotypées. Ce renouvellement de l'action procède de deux sources : d'une part une analyse des actions passées, des succès et des échecs qui les ont accompagnées et une analyse de la conjoncture dans son évolution. Ce type d'analyse suppose intelligence et information. Il aboutit essentiellement à un renouvellement de la tactique. Mais il doit y avoir d'autre part un renouvellement de l'inspiration même de l'action par l'abandon de certaines visées et ambitions, par la purification des motivations. Ce type de renouvellement beaucoup plus fondamental, puisqu'il signifie une réévaluation de mon mode de présence au monde, implique conversion et repentance (ce qui ne signifie pas, bien entendu, que l'intelligence n'y joue pas un rôle), choix de nouvelles valeurs, réévaluation de mes rapports avec autrui. Bref, elle implique une réorganisation de ma vie intérieure, une remise en question de l'économie de ma vie intérieure (laquelle est aussi une œuvre). C'est le sujet lui-même qui doit se transformer ou se laisser transformer, car ces mutations se produisent dans une zone où la liberté perd son caractère de pure autonomie, d'affirmation victorieuse de soi, où les limites entre la liberté et la grâce deviennent indécises, où être libre, c'est souvent se laisser englober par la liberté divine, où l'obéissance à la grâce devient, comme Paul l'avait bien vu, la vraie liberté. Bonhœffer qui a écrit une éthique de la liberté pensait que le secret de cette liberté consistait à laisser le Christ prendre forme en nous : « Dans l'impossibilité d'affirmer une fois pour toutes ce qui est bon, nous avons à rechercher *comment le Christ prend forme parmi nous, hic et nunc*[11]. » Et il cernait de plus près ce mystère de la liberté intérieure en écrivant : « La personne de Jésus-Christ prend forme en l'homme. L'homme n'acquiert pas une forme autonome qui lui serait propre, mais ce n'est que la personne de Jésus-Christ elle-même qui le façonne. Ce n'est donc ni une contrefaçon, ni une répétition du Christ, mais la personne même du Christ qui prend forme en l'homme. De même, l'homme est transformé non pas en une personne qui lui serait étrangère, parce qu'elle est celle de Dieu, mais en sa propre personne, qui fait partie de lui, lui est constitutive. L'homme devient homme parce que Dieu est devenu homme[12]. » Nous approchons ici de ce que Paul a appelé la vie en Christ qu'il a pu qualifier à la fois de servitude et de liberté. Gabriel Marcel entrevoyait quelque chose du même ordre lorsqu'il écrivait qu'à la limite le je est « une affirmation où je serais en quelque manière passif, et dont je serais le siège plutôt que je n'en serais le sujet[13]. » Il arrive en effet un moment où, sans me sentir le moins du monde aliéné, soumis à une puissance étrangère, je me sens « poussé » à prendre une certaine orientation. Ce sentiment peut être trompeur, mais rien ne prouve qu'il le soit toujours. Je suis saisi par une vérité à laquelle j'adhère complètement, nonobstant les résistances qui

---

11. Dietrich BONHOEFFER, *Éthique,* trad. française, Genève, Labor et Fides, 1965, p. 61.

12. *Ibid.,* pp. 58-59.

13. GABRIEL MARCEL, *Positions et Approches concrètes du mystère ontologique,* Louvain et Paris, E. Nauwelaerts et J. Vrin, 1949, p. 56.

peuvent venir de mes pulsions profondes et d'une certaine image que j'ai de moi-même. Ce sont, ce peuvent
être les moments de ma plus grande liberté que ceux où
je dis : « Je ne puis autrement ».

C'est cette liberté-là qui est la source du renouvellement de mon action. On a coutume de situer la liberté
au niveau de l'action elle-même. En réalité, l'action
n'en est que la manifestation extérieure et le plus souvent incomplète. Car l'action ne s'inscrit pas dans un
vide culturel et social ; elle doit toujours composer avec
lui et il n'est guère d'action qui ne soit un compromis.
Ce qu'on peut souhaiter de meilleur, c'est qu'elle soit
un compromis honorable, où l'essentiel de son intention
soit sauvegardé, et qu'elle fasse effectivement une
trouée à travers une impasse vers un avenir neuf. La
liberté, elle, se situe au niveau de la vie intérieure, dans
cette décision qui signifie conversion et repentance du
sujet. L'action monnaiera cette conversion sans pouvoir
l'égaler. Mais dans cet écart entre l'action et ce qu'on
peut appeler dans un langage kantien la bonne volonté
ou l'intention apparaît aussi un jugement sur l'intention
elle-même. Si celle-ci avait été mieux assumée par le
sujet, si la conversion de celui-ci avait été plus sérieuse,
peut-être — c'est du moins une hypothèse qu'on ne
peut jamais écarter —, le compromis qu'est toujours
l'action aurait-il été meilleur, plus chargé de promesse
pour l'avenir.

Ainsi, la vie intérieure est bien condition de l'action,
en ce sens qu'elle est le lieu où s'accomplit la liberté
dont l'action a besoin. C'est bien ce que l'homme
d'action ressent, qui exige et se donne parfois un temps
de répit, non seulement pour élaborer ses stratégies et
mettre au point des stratagèmes de succès, mais pour
mesurer son projet à des normes qui ne sont pas celles
de l'action, mais celles de la liberté. L'intériorité est à
la fois réponse à l'appel du monde qui demande des
actes et refus de se livrer aux modèles d'action que
ce monde nous propose. Aussi Emmanuel Mounier a-t-il
raison d'écrire : « Il n'y a pas de spiritualité de l'engage-

ment que ne doive équilibrer une spiritualité de dégagement[14]. »

On sent poindre au travers de cette affirmation ce que nous avons appelé une dialectique de la vie intérieure et de l'action. La vie intérieure conditionne l'action en la préservant de la disgrâce d'être une agitation et de vouloir s'insérer trop harmonieusement dans un contexte déjà donné qu'elle vient renforcer et améliorer sans le renouveler. Mais, en même temps, l'action constitue une pierre de touche de la vie intérieure et elle peut débusquer ce qu'il y avait de mauvaise foi dans la vie intérieure, de trop émotionnel dans la conversion du sujet, ou encore démasquer les sosies trompeurs de la liberté. La vie intérieure est justifiée de prendre du recul par rapport à l'action et l'action est justifiée de mettre la vie intérieure en accusation.

3. L'action comme guérison de la vie intérieure

La vie intérieure, le retour sur soi aussi bien dans la méditation, dans la réflexion, que dans la rêverie a-t-elle besoin d'être guérie et, si oui, en quoi consiste sa maladie ? Jean-Jacques Rousseau nous avertit que « l'homme qui médite est un animal dépravé ». Toutes nos tendances sont orientées vers l'extérieur et c'est justement lorsque l'extériorité se dérobe à elles, devient insaisissable ou décevante, que l'homme cherche à se satisfaire avec ce qu'il trouve dans sa vie intérieure : des images, des fantasmes, des souvenirs, des regrets, des amertumes et des scrupules. Le petit enfant — et c'est peut-être là le secret de son bonheur — est tout entier orienté vers la conquête de l'extériorité, la conquête de son corps, des objets immédiats. Il cherche à saisir et à prendre. L'adulte lui ressemble, mais sans doute avec moins de bonheur : lui aussi cherche à conquérir, à étendre son pouvoir, et sa réflexion est moins tournée

---

14. Emmanuel MOUNIER, *Traité du Caractère,* Paris, Seuil, 1961, p. 571.

vers lui-même que vers l'élaboration plus ou moins intelligente de plans de conquête. Quand il fait retour sur lui-même, c'est souvent dans la tristesse, l'ennui, ou comme le dit le langage populaire dans le cafard. Bien des malades mentaux se caractérisent par une incapacité à s'intéresser à autre chose qu'à leur vie intérieure, à ses problèmes irrésolus, à ses souffrances. Il faut bien reconnaître qu'une vie intérieure est assez rarement une réussite et c'est parce que nous en redoutons l'échec que nous sommes tellement à l'affût du divertissement. Pour expliquer cet attrait de l'extériorité, ce culte des choses et des événements, cette soif d'information, de voyage, de dépaysement et finalement d'oubli de notre vie intérieure — dont nous pensons faussement d'ailleurs qu'il sera bien assez tôt de nous en occuper dans notre vieillesse — il faut revenir à cette notion de secret dont nous avons dit qu'elle était le noyau de notre vie intérieure, ce noyau autour duquel nous tournons sans pouvoir percer son mystère, à ce secret qui est notre tourment pour nous-mêmes et dans notre relation avec les autres. Ce secret est un mélange inextricable de sensibilité et de vouloir. Nous savons qu'il existe et nous ne pouvons pas le regarder. Car le regarder, ce serait l'objectiver, en faire un objet de représentation et le faire cesser d'exister : « Celui qui chercherait à se regarder vouloir, écrit Louis Lavelle, ne laisserait rien subsister de l'acte voulant dans la pure considération de l'action voulue[15]. » Il en est de même de la sensibilité ; regarder mon sentiment, c'est le tuer et c'est ce qui fait que je n'arrive jamais à m'assurer de la réalité ou de la profondeur d'un sentiment car, au lieu de me laisser porter par lui, je l'analyse comme un objet, je l'interroge comme un juge interroge un accusé, avec cette différence que le sentiment accusé n'est plus là au moment de son interrogatoire. Tout ce qui constitue le secret de notre vie intérieure et tout ce qui gravite autour de lui doit jouir d'une spontanéité que la reprise de soi vient

---

15. Louis LAVELLE, *De l'Intimité Spirituelle*, Paris, Aubier, 1955, p. 251.

briser. C'est la raison pour laquelle la vie intérieure est si difficile à vivre, à tel point que nous lui préférons la manipulation des objets et des êtres, l'action, et celle-ci nous apparaît comme libératrice. De plus, nous avons avancé l'hypothèse que si la vie intérieure hésite à se dévoiler, que si nous réprimons sa spontanéité, que si nous l'entourons de pudeur et que si tout dévoilement de notre vie intérieure ne peut se faire que sous forme d'aveu (au double sens de ce terme : aveu d'amour et aveu de culpabilité), c'est qu'il y avait un lien, difficile à préciser mais réel, entre ce secret de la vie intérieure et celui de la faute. Dès lors, la vie intérieure apparaît bien comme le lieu du tourment et de l'angoisse. Non pas que la joie ne puisse aussi y éclater, mais la joie est toujours relative à une angoisse provisoirement surmontée. La joie la plus grande et la plus durable c'est la joie du pardon reçu, ce qui indique bien le lien qui existe entre cette joie et l'angoisse qui l'a précédée. Pas de joie de Pâques sans anamnèse du Vendredi saint. Même la joie proprement esthétique n'est possible que par la révélation d'une gratuité — faut-il dire d'une grâce ? — qui fait évanouir pour un temps la peur des servitudes et surtout l'angoisse de la mort, sans pour autant les extirper.

Ainsi le secret de notre vie intérieure, c'est bien une maladie secrète, en ce double sens qu'il se dérobe à nous sans que nous puissions l'oublier définitivement et qu'il évoque pour nous quelque culpabilité, dont nous ne pouvons qu'espérer la guérison. Les autobiographies quand elles ne se bornent pas à raconter les événements où l'auteur a été mêlé, quand elles se concentrent vraiment sur la vie intérieure sont rarement exemptes de tristesse, même lorsque l'auteur est exempt de tout masochisme pathologique.

Il vient donc toujours un moment dans la vie d'un homme, fût-il un méditatif, où il éprouve le besoin de se libérer de sa vie intérieure, c'est-à-dire où il attend et parfois quémande l'occasion de s'oublier lui-même dans l'action. C'est bien la raison pour laquelle les psychiatres modernes ont inventé pour ceux qui ne réussissent pas d'eux-mêmes cette libération une technique fructueuse, l'ergothérapie. Plus modestement, chacun d'entre nous éprouve le besoin de faire alterner dans son existence les phases de repli sur soi et de reprise de soi avec les phases d'action, et il est presque inutile de souligner que ces dernières sont ordinairement beaucoup plus longues que les premières. Les civilisations, même avant notre époque technicienne, ont toujours eu la sagesse de faire largement prévaloir le temps de l'action sur le temps du repos et de la méditation. Ceux qui se plaignent le plus du travail harcelant trouvent leur bonheur à n'y point renoncer. Chacun s'inquiète de ce qu'il fera de sa retraite, car il a bien l'intention de ne point l'utiliser à « faire retraite».

Il nous faut donc essayer d'analyser les vertus thérapeutiques de l'action.

Agir, c'est faire l'histoire. Cette proposition n'est pas immédiatement évidente, car notre action peut s'exprimer et s'exprime habituellement dans un travail modeste et parcellaire dont le lien avec l'histore universelle peut difficilement être saisi. Comment convaincre un travailleur à la chaîne qu'il fait l'histoire ? C'est pourtant le pari des régimes communistes de produire en un chacun cette conviction en lui répétant que, si modeste soit sa tâche, il contribue à l'édification d'une société nouvelle, et qu'en conséquence toute paresse et tout absentéisme sont un crime contre l'histoire. Ne disons pas trop vite qu'il n'y a là qu'une habile propagande et un bourrage de crâne. La thèse soutenue par cette propagande ne laisse pas d'être vraie. Ce que l'humanité n'a pas encore réussi à faire, dans aucun régime, c'est de mettre au point une organisation sociale, une organisation du travail qui permette à chacun de prendre conscience de la vérité de cette thèse qui est d'ailleurs commune au capitalisme et au communisme. Mais si notre échec est considérable sur ce point, il n'en demeure pas moins que dès à présent il arrive qu'un travailleur, qu'il soit ouvrier ou ingénieur, en arrive à considérer avec fierté tel pont, telle route, telle machine puissante qu'il a contribué à édifier. Et si cette fierté n'a pas de racines très profondes dans l'individu, elle peut déjà en avoir dans la classe ou dans le groupe socio-professionnel auquel il appartient. La classe et le groupe savent déjà qu'ils font l'histoire, ce qui signifie qu'ils font advenir un avenir qu'ils ont contribué à former. Ce qui fait la puissance si remarquable de la passion politique, c'est qu'elle est mue par cette conviction de faire l'histoire. Et toute action, dans la mesure où elle ne se borne pas à satisfaire des besoins immédiats, est partie prenante dans cette construction de l'histoire, dans cette extension du temps humain vers un avenir qui n'est pas encore là, mais sur lequel on a déjà prise, dans ce défi jeté à la mort et au destin. Par là même, l'existence intérieure de l'homme se trouve guérie de la conscience angoissée qu'elle a de sa fragilité et de sa vanité. Elle trouve un moyen de se dépasser elle-même. Ce moyen n'est pas illusoire, certes, mais il comporte néanmoins une part d'illusion. En effet, cette histoire que je contribue, même modestement, à faire, elle n'est pas mon histoire. Elle est l'histoire d'un groupe social ou de l'Humanité ; mon histoire y est d'une certaine façon engagée, elle en reste différente. Faire l'histoire peut être un alibi pour ne pas être attentif à mon histoire. Il y a certainement une grandeur morale à être inattentif à son histoire personnelle pour se jeter dans l'édification d'une histoire qui n'est pas la mienne. C'est une guérison de l'égoïsme et de l'égocentrisme. Dire avec l'apôtre Jacques que la foi sans les œuvres est morte, c'est indiquer la voie de ce dépassement nécessaire de ma propre vie intérieure, et Jürgen Moltmann a raison d'écrire : « La simple libération pour la foi de la *personne* intérieure de l'homme par rapport à la contrainte extérieure des *œuvres* aboutirait seulement, dans le contexte de la société de production, à une escapade romantique dans l'intimité du cœur, si elle n'était pas liée à *l'humanisation des structures* et des principes de cette société. La *libération de la personne* par la foi doit aller de pair avec les *œuvres* libres et libératrices de l'amour, comme disait Luther[16]. » Il n'empêche que même si de telles vérités

---

16. J. MOLTMANN, *Le Seigneur de la Danse,* Paris et Tours, Le Cerf et Mame, 1972, p. 107.

doivent être rappelées avec force, la foi peut néanmoins périr dans ses œuvres et dans leur succès, et la vie intérieure peut s'étioler malgré la participation de l'homme à l'histoire du monde. Perdre son âme dans la politique ne signifie pas seulement et grossièrement que l'homme politique peut aisément franchir la limite incertaine entre le compromis nécessaire et la compromission honteuse, mais encore qu'il peut être si entièrement absorbé par la passion de reconstruire le monde, de ne réfléchir que sur des chiffres et des projets, qu'il deviendra lui-même un homme sans vie intérieure, sans souci de son intimité spirituelle. La guérison de la vie intérieure par l'action peut être totale en ce sens qu'elle signifie la mort de la vie intérieure.

Mais l'action a une seconde vertu thérapeutique. La vie intérieure cherche elle-même sa guérison, c'est-à-dire sa libération à l'égard du souci rongeur, de la peur paralysante, du scrupule dévastateur et de la rêverie insignifiante. Il n'est pas question de contester qu'elle y parvienne parfois. Mais il faut ici entendre la question de Nietzsche : « Je ne te demande pas libre de quoi, mais libre *pour* quoi. » Ne pas entendre cette question, ce serait justement se réfugier dans une « escapade romantique ». La liberté intérieure, si durement acquise soit-elle, se condamnerait à mourir si elle ne proposait pas une œuvre à réaliser. Et c'est pourquoi elle ne peut pas ne pas entendre l'appel de l'action. L'action se propose à nous comme une sorte de garantie de la durée de notre liberté. Elle lui offre un emploi où celle-ci découvrira son propre sens. Nous avons caractérisé la vie intérieure par le désir qui signifie ouverture à l'autre. Mais comment cette ouverture pourrait-elle se réaliser sans le secours de l'action ? Comment m'ouvrir à l'autre si je ne lui propose pas de s'unir à moi pour une action au profit de tous les autres ? Si l'amour est bien la rencontre de deux vies intérieures qui se veulent transparentes l'une pour l'autre, il ne se réalise que dans un projet commun, fût-ce la simple procréation par laquelle le couple amoureux participe au devenir de l'humanité et fait ainsi l'histoire. La prétention des couples homophiles à faire reconnaître leur amour comme un véritable amour se heurtera toujours à l'objection fondamentale qu'ils ont volontairement rendu impossible la réalisation de cet humble projet de faire durer l'histoire.

Ainsi l'action guérit la vie intérieure de cette tentation de vouloir exister pour elle-même, pour jouir d'elle-même. Plus profondément, elle la guérit de cette disgrâce de ne rechercher le salut que pour elle-même. Grâce à l'action, la vie intérieure ne peut plus confondre son origine avec sa finalité. Certes, l'origine ne doit pas se diluer dans la finalité, l'origine reste déterminante pour la finalité et c'est pourquoi nous avons affirmé que la vie intérieure était condition de l'action et que nous avons tenu à donner à cette affirmation la place première. Mais l'origine est toujours origine d'un déploiement, sinon elle ressemblerait à un enfant qui refuse de se développer. C'est pourquoi on peut dire de toute vie intérieure quelque chose d'analogue à ce que Georges Casalis dit de la foi : « La foi authentique est radicale déprivatisation de l'existence, acceptation résolue de la totalité du vécu, désormais rapportée à Jésus de Nazareth, mesurée à son signe et orientée par la trace qu'il a imprimée à l'histoire[17]. » Il n'y a dans cette affirmation qu'un mot de trop : c'est le mot radical, si on veut bien le prendre dans sa signification originelle. La vie intérieure, tout comme la foi, est privatisation, et privatisation nécessaire de l'existence. Toutes deux trouvent leur origine radicale dans un événement privé : la vie intérieure dans la rencontre de soi avec soi et la foi dans la rencontre de soi avec Jésus-Christ. Mais il demeure vrai qu'à partir de cette origine-là doit se produire une déprivatisation qui, dans les deux cas, est action, édification d'une histoire ou, si ce terme paraît trop ambitieux, déploiement dans l'histoire par l'édification de signes d'un avenir vraiment nouveau.

Enfin, l'action guérit la vie intérieure en la soumet-

---

17. G. CASALIS, « Politique, foi et discernement », dans l'ouvrage collectif *Politique et Foi,* Strasbourg, CERDIC, 1972, pp. 190-191.

tant à une épreuve. Nietzsche, avec un sain cynisme disait que la conviction est pire que le mensonge. La conviction s'élabore dans notre vie intérieure. N'a de vie intérieure qu'un homme qui a des convictions, lesquelles sont toujours différentes du savoir, bien qu'elles ne l'excluent pas. Mais elles en restent différentes parce qu'elles s'élaborent à partir d'une expérience qui est toujours singulière et rigoureusement personnelle (alors que les opinions sont simplement le reflet en nous d'une expérience commune ou du moins de l'expérience dominante de la couche sociale à laquelle nous appartenons). Avoir une conviction, c'est être prêt à courir un risque pour une valeur constitutive de notre subjectivité. Comment Nietzsche peut-il affirmer que la conviction est pire que le mensonge ? Sans doute parce que le mensonge a une capacité de résistance limitée, qu'il finit un jour ou l'autre par être démasqué, qu'il est des évidences qui par leur seul énoncé détruisent le mensonge, tandis que la conviction a une force de résistance invincible : il est des hommes qui meurent pour ne pas renier une conviction. Qui accepterait de mourir pour un mensonge, à moins que ce mensonge ne soit que le véhicule maladroit et contestable d'une conviction indépendante de lui ? Plus une conviction est enracinée dans ma vie intérieure, et moins elle me permettra de m'aligner sur d'autres convictions, plus elle apparaîtra comme un élément perturbant dans une société qui ne la partage pas et plus, si elle est partagée par d'autres, elle aura des chances de déclencher des mouvements de fanatisme. Tenace, puisqu'il faut que j'aie des convictions pour être, la conviction n'est pourtant pas irréformable. Mais elle ne se réforme que dans l'épreuve de l'action. Tel combattant courageux et résolu d'une guerre, tel résistant à l'oppression — un Niemöller par exemple — peut devenir un pacifiste absolu. Ces mutations de la conviction, qui ne signifient pas nécessairement sa destruction, ne peuvent se produire qu'au contact avec un réel contraignant. Or le réel ne devient contraignant que s'il est perçu, non pas de loin, mais au cours d'une action, c'est-à-dire d'une lutte avec ce réel. Celui-ci demeure abstrait, et donc susceptible des interprétations trop contradictoires pour modifier ma conviction tant que je ne l'ai pas rencontré dans une sorte de combat. Je ne change mes convictions que blessé par le réel et cette blessure portée à ma vie intérieure peut seule me faire apercevoir ce qu'il y avait de mensonger dans ma conviction.

Max Weber distinguait deux sortes d'éthiques (et les éthiques sont toujours des complexes de convictions) : une éthique qu'il appelait précisément de conviction et une éthique de responsabilité, l'une étant celle de l'honnête homme, du chrétien par exemple puisant ses convictions dans le Sermon sur la montagne, l'autre, celle de l'homme politique qui sait qu'il porte une responsabilité devant la communauté humaine. La distinction n'est pas fausse, mais à condition cependant qu'elle n'enferme pas les hommes dans des catégories figées. Que serait une éthique de responsabilité qui ne serait pas animée par une conviction, au moins par la conviction que celui qui agit est un être responsable ? Que serait une éthique de conviction qui n'accepterait pas par principe la mise à l'épreuve dans l'exercice d'une responsabilité ? Un non-violent qui a nourri sa vie intérieure de la méditation des Béatitudes ne saurait refuser de se poser la question : la non-violence qui est ma conviction peut-elle avoir un impact sur l'injustice et la violence ? Comment le saura-t-il s'il n'élabore pas une stratégie de la non-violence et n'essaye pas de la mettre en pratique ?

Le vieux conflit entre l'idéal et le réel est un faux problème, car une idéalité qui ne se voudrait pas dans l'immédiat ou à plus long terme transformatrice du réel ne serait qu'un fantasme. L'idéal n'est sérieux que s'il consent à l'affrontement du réel, c'est-à-dire s'il accepte d'être engagé à titre de dynamisme dans une action. C'est à ce prix que l'homme de la vie intérieure cesse d'être une « belle âme », ou un « doux rêveur », comme Renan qualifiait bien à tort le Christ.

Si l'action guérit la vie intérieure, elle ne peut se targuer d'opérer une guérison complète. Ici à nouveau va apparaître une dialectique entre la vie intérieure et l'action. Car ce n'est pas de toute action que la vie intérieure peut recevoir sa guérison et elle ne la reçoit pas de l'action à proportion de son succès. Une action qui atteint son objectif n'est pas pour autant validée au regard du sujet de la vie intérieure. Il est des succès impurs, il est des succès momentanés qui signifient et annoncent une défaite pour l'avenir. Bien plus, il n'existe pas de mesure absolue du succès. L'homme qui échoue se trouve en face de l'alternative suivante : ou bien il a mal préparé son action, sous-estimé les résistances, commis des maladresses et des fautes et alors il doit se repentir et revenir aux sources de la vie intérieure : la réflexion, le retour sur lui-même, ou bien il a connu des défaillances qui sont précisément celles de sa vie intérieure, il a consenti à être infidèle à sa propre conviction. Dans les deux cas il est renvoyé, avec plus ou moins d'intensité, à sa vie intérieure.

Il ne faut pas sous-estimer l'action thérapeutique de l'action sur la vie intérieure, mais en aucun cas il ne faut lui conférer le prestige et l'autorité d'une instance suprême par rapport à la vie intérieure. Celle-ci a, certes, besoin d'une instance qui la juge. Mais à cette instance, nous réserverons le nom de transcendance. La vie active offre à la vie intérieure ses secours. Elle la met en garde contre le danger de la confusion entre le sujet et l'ego narcissique qui s'offre le spectacle de la vie intérieure, s'y mire et s'y admire. Mais la vie intérieure, parce que notre existence s'y joue, a besoin d'autre chose que de *secours* qui ne sont que des formes de l'oubli. Elle a besoin d'un ultime recours pour s'enraciner dans l'être sans pour autant être anéantie. La méditation sur la vie intérieure appelle une méditation sur la transcendance.

CHAPITRE IV

VIE INTÉRIEURE
ET TRANSCENDANCE

1. Transcendance et Mondanité

Si l'action dans le monde peut guérir la vie intérieure de ses fantasmes, de ses illusions et de sa solitude, il faut reconnaître que cette guérison est toujours relative et provisoire. Elle ne donnera pas à la vie intérieure une certitude et une insertion dans l'être qui la mettent à l'abri de tous les avatars et de toutes les tragédies de sa propre histoire et de l'histoire du monde. Malgré l'effort constant qu'elle accomplit pour se couper du monde, pour se clôturer et pour devenir, si l'on peut dire, son propre refuge, malgré ses tentatives pour filtrer, adoucir et épurer les influences du monde, elle reste fondamentalement mondaine, ainsi que l'atteste le désir qui l'habite. Désir de l'autre, désir de la rencontre avec l'autre, désir d'en finir avec le secret qu'elle porte et qui la travaille en essayant de le réduire par une explication psychanalytique ou autre, toutes ces formes de désir rattachent la vie intérieure au monde. Quand la vie intérieure essaye de se comprendre elle-même, de devenir authentique en se démondanisant, selon le souhait de Bultmann, elle est encore renvoyée au monde et Moltmann a raison de poser des questions telles que celles-ci : « D'une façon générale, peut-on imaginer une compréhension de l'homme qui ne soit pas déterminée par le rapport au monde, à l'histoire, à la société ? La vie humaine peut-elle acquérir consistance et durée sans *extériorisation* et sans objectivation, et sans cela ne se réfugie-t-elle pas dans le néant de la réflexion infinie[1] ? » Le sujet lui-même, c'est-à-dire l'activité personnelle, qui organise notre vie intérieure, en l'ouvrant et en la clôturant, peut certes prendre ses distances à l'égard du contenu de la vie intérieure, il a la faculté de se dédoubler entre un je et un moi et même de briser le je pour réfléchir sur lui-même, et pour parvenir à n'être qu'un sujet pur, pure condition de l'existence de tout le reste. Même ce sujet pur, de par son activité, a une histoire qui le rattache à l'histoire du monde, même lui connaît la menace de la mort qui est le signe le plus irrécusable de la mondanité. Le sujet pur que Husserl appelle l'ego transcendantal peut certes récuser le monde comme un donné préexistant qu'il aurait ensuite, en le reconnaissant comme un donné, à interpréter. Il peut se vouloir sujet constituant, donneur de sens et par là même capable d'appeler à l'existence un monde. Dans la mesure où lui-même est exposé à la mort, vit une histoire qui se termine dans la mort, il est mondain. Ainsi la solidarité entre le je et sa vie intérieure d'une part, le monde d'autre part, peut être rompue de différentes façons, elle ne saurait jamais être totalement détruite. Une distanciation n'est pas une destruction. La liberté la plus pure que nous puissions concevoir n'est pas une destruction des conditionnements qui lui préexistent, elle est toujours un effort plus ou moins réussi pour les faire servir à une visée qui ne leur était pas immanente.

Faut-il s'arrêter à cette reconnaissance de l'inéluctable mondanité de la vie intérieure et du sujet de la vie intérieure ? Si nous nous arrêtions là, il nous faudrait reconnaître la suffisance du monde. Mais cette thèse est-elle soutenable ? Elle ne l'est certes pas puisqu'à l'intérieur du monde lui-même, en tant que celui-ci est une donnée actuelle ou virtuelle (le monde ne m'est jamais donné dans sa totalité, mais cette totalité peut

---

1. Jürgen MOLTMANN, *Théologie de l'Espérance,* trad. française, Paris, Cerf-Mame, 1970, p. 67.

être légitimement postulée), nous assistons sans cesse à des phénomènes de dépassement de ce monde. Lorsque Bergson décrit le monde comme traversé par un élan vital qui cherche à vaincre les obstacles, les résistances, il met en lumière ce dépassement qui aboutit à deux victoires, toutes deux coûteuses, l'instinct et l'intelligence, l'arthropode et l'homme, l'instinct figé certes mais assurant une adaptation quasi parfaite de l'individu à son milieu, l'intelligence, toujours inventive, toujours créatrice, mais soumise à la loi des tâtonnements et des échecs. Longtemps Bergson a pensé que l'élan vital était définitivement bloqué sur ces deux réussites. Ce n'est que dans son dernier ouvrage, *Les Deux Sources de la Morale et de la Religion,* qu'il a esquissé une nouvelle percée de cet élan vital par-delà la morale close de la cité et la religion tribale, une ouverture vers la communion totale, dont le héros, le prophète et le saint, en particulier le Christ, nous indiquent la direction[2].

Quand bien même on récuserait cette vision d'un monde soutenu par l'élan vital en vue de son propre dépassement, force est bien de reconnaître que l'homme, les groupes sociaux et l'humanité dans son ensemble restent en quête d'un dépassement, qui se manifeste ici et là, qui n'est pas incontestable, qui reste même souvent ambigu, et que la visée de dépassement, à la fois dans l'ordre de la connaissance, de l'action, de la vie morale ne s'éteint pas.

Que signifie cette idée de dépassement ? Elle signifie d'abord que le monde en tant que donné ne constitue jamais une limite absolue, qu'il est toujours possible de le transformer, c'est-à-dire de le rendre autre qu'il m'est donné, que la notion même de donné sans s'évanouir jamais totalement n'implique pas que ce donné ne puisse être changé au point de devenir méconnaissable, que la facticité du donné n'est pas telle qu'il ne puisse

---

2. Pour l'interprétation des *Deux Sources* comme tentative pour surmonter l'espèce d'impasse où s'achève l'*Évolution Créatrice* nous renvoyons au bel ouvrage de Henri GOUHIER, *Bergson et le Christ des Évangiles,* Paris, A. Fayard, 1961.

servir à des intentions qui lui sont étrangères. En second lieu l'idée de dépassement signifie que le donné, quelles que soient ses variétés, ses potentialités est toujours éprouvé comme un manque. De l'agriculteur qui retourne la terre, qui fait apparaître des espèces végétales nouvelles, au savant qui bouleverse nos conditions d'existence, tous sont soutenus dans leur entreprise par l'expérience d'un manque. En troisième lieu le combat contre ce manque, le dépassement dévoile l'intention de l'homme de percer le monde, de l'ouvrir vers un au-delà de lui-même. Cette dernière signification est particulièrement évidente dans l'expérience morale : il est toujours possible d'agir mieux, toujours possible d'épurer davantage ses pensées et ses sentiments, toujours possible d'aller au-delà des valeurs qui nous sont léguées par la tradition, de les affiner et peut-être même de les réconcilier malgré les conflits intérieurs où elles nous engagent. Certes, il est possible de soutenir que les valeurs sont aussi des réalités mondaines, que le beau, le vrai et le bien sont des réalités qui existent objectivement à l'intérieur du monde et qui lui donnent son relief. Je n'invente pas le vrai, je le découvre ; je ne crée pas le bien, je le reconnais ; je ne fabrique pas le beau, je le contemple (l'artiste ne fait de belles œuvres que pour pouvoir contempler le beau en elles). On peut donc dire que les valeurs sont intra-mondaines. Mais néanmoins, comme elles sont inépuisables, comme je ne les atteins jamais dans l'absoluité que pourtant elles requièrent de moi, il faut bien reconnaître qu'elles symbolisent au moins ce vœu que je porte en moi de dépasser le monde, de l'ouvrir sur un au-delà de lui-même, comme le mythe du *Phèdre* nous le fait bien comprendre.

C'est dans l'expérience du dépassement que se trouve sans doute la racine de l'idée de transcendance. L'acte de transcender, c'est l'acte de dépasser la mondanité absolument. Mais si l'idée de transcendance est indéracinable parce que liée à toutes nos tentatives de dépassement et que sans ces tentatives nous savons bien que nous perdrions notre humanité, elle est très difficile à penser et il n'est pas rare qu'en essayant de penser la transcendance nous la détériorions, c'est-à-dire que nous la mondanisions. Témoignent de cette dégradation la plupart des religions qui nous présentent la transcendance comme l'au-delà. L'au-delà de quoi ? De notre monde, c'est-à-dire encore un monde qui se situerait à la fois en continuité et en discontinuité par rapport à notre monde, qui retiendrait de ce dernier tous les avantages et toutes les réussites que nous y avons trouvés et qui en ajouterait d'autres. Que cet au-delà du monde se situe avant notre monde, à l'origine de tous les temps, qu'il soit un âge d'or ou un paradis perdu, ou qu'il se situe à la fin de tous les temps, il est toujours conçu comme une matrice ou un prolongement de notre monde. Tant qu'il a été possible de penser qu'il n'y avait aucune commune mesure entre la terre et les cieux, que ceux-ci étaient infiniment au-delà de la terre, que l'astronomie était une science toute différente et infiniment plus noble que la physique, l'idée de transcendance apparaissait comme une évidence commune. Elle a bien sûr cessé de l'être. De plus, il convient de remarquer que les religions nous apportent aussi des témoignages contraires, en ce sens qu'elles nous représentent l'au-delà comme une réduction, une diminution, un amenuisement de ce monde. Si la mort est l'événement par lequel on quitte ce monde, celui dans lequel on pénètre peut être aussi le royaume des ombres, de l'existence diminuée, le shéol, de l'existence souffrante, l'enfer. Les religions ont manifestement hésité au cours de leur histoire entre deux conceptions, qui parfois se sont entremêlées : celle d'un au-delà du monde qui serait ce monde-ci porté à sa plénitude et celle d'un au-delà qui serait ce monde-ci, mais où le manque déjà sensible ici-bas serait prodigieusement aggravé. Ce double et contradictoire témoignage des religions nous avertit de la difficulté qu'il y a à penser un au-delà qui serait véritablement une transcendance, c'est-à-dire qui ne devrait rien à ce monde, lequel malgré l'infinité que nous commençons à soupçonner en lui (l'infiniment petit et l'infiniment grand), malgré les processus de dépassement que nous constatons en lui ou que nous provoquons en lui, demeure le monde de la clôture, de la finitude, de la relativité, des victoires incertaines et des échecs indubitables.

Difficulté de penser la transcendance, assurément, mais en même temps nécessité de la penser. Car au nom de quoi pourrions-nous reconnaître et dénoncer un manque dans le monde, si ce n'est au nom d'une réalité qui justement fait apparaître ce manque, nous permet de le juger comme manque ?

Si, à notre époque culturelle, la transcendance est devenue problématique, c'est que dans le passé elle a été pensée comme surnature (ou surnaturel) et que cette notion de surnature a suivi la destinée de celle de nature qui la rendait pensable. Les lois naturelles permettaient de penser des causalités surnaturelles qui leur ressemblaient. Or ce monde de la nature était conçu comme celui de la finalité spontanée par opposition à l'artificialité du monde humain. Mais justement c'est cette nature finalisée qui fait problème dès lors que nous découvrons mieux l'effroyable gâchis qui caractérise les processus naturels. Nous la mettons en question soit au profit d'un universel artificialisme, s'il est vrai que la nature procède par des message codés que l'informatique nous permet de reproduire, soit au profit d'un monde du hasard, soit au profit d'une combinaison du hasard et de la nécessité[3].

Nous vivons donc une période qui est spirituellement caractérisée par une crise de la transcendance, crise qui se reflète jusque dans la théologie car de nombreux théologiens, et pas seulement ceux de la mort de Dieu, professent aujourd'hui une sorte d'agnosticisme à l'égard de la transcendance. Eux aussi veulent se maintenir dans l'intramondain, dans l'histoire de ce monde et ne veulent plus connaître que certains dépassements repérables dans cette histoire et qualifiés d'indépassables (on ne sait d'ailleurs pas pourquoi), par exemple le moment du Christ, en tant que personnage historique

---

3. Voir sur ce point : Clément ROSSET, *L'Anti-Nature,* Paris, P.U.F., 1973 ou Jacques MONOD, *Hasard et Nécessité,* Paris, Gallimard, 1971.

qu'on hésite même à appeler le Christ et qu'on préfère appeler Jésus de Nazareth. Mais on exclut toute réflexion sur Dieu le Père tout-puissant, Créateur des cieux et de la terre, sur la préexistence du Fils, sur la Trinité et sur le Saint-Esprit, sauf si celui-ci peut faire l'objet d'une expérience vécue dans notre histoire, car on redoute par-dessus tout d'être obligé de réintégrer la transcendance au sein de la pensée, et on ne sait comment s'y prendre. On se meut donc dans un historicisme, car l'histoire par définition est mondaine. Cette réduction à l'histoire ne va pas sans difficulté et il faut entendre les questions que pose André Dumas à propos des théologiens de la mort de Dieu, mais qui pourraient s'adresser également à d'autres théologiens : « Si Jésus de Nazareth ne se rattache pas en tant que Messie d'Israël à celui qu'Israël appelait son Dieu, pourquoi serait-il l'événement décisif de l'histoire ? Comment une christologie subsisterait-elle dans la mort de la théologie ? Que signifierait une incarnation sans réflexion ni sur la préexistence, ni sur la parousie[4] ? » C'est devant ce même problème de la transcendance qu'avait déjà achoppé Bergson, dans son approche du christianisme. Décrivant l'expérience mystique qui est repérable dans l'histoire des hommes, qui est donc en ce sens intramondaine, et rattachant le christianisme à l'expérience mystique, Bergson écrit en effet : « Mysticisme et christianisme se conditionnent donc l'un l'autre, indéfiniment. Il faut pourtant bien qu'il y ait eu un commencement. Par le fait, à l'origine du christianisme, il y a le Christ. Du point de vue où nous nous plaçons, et d'où apparaît la divinité de tous les hommes, il importe peu que le Christ s'appelle ou ne s'appelle pas un homme. Il n'importe même pas qu'il s'appelle le Christ. Ceux qui sont allés jusqu'à nier l'existence de Jésus n'empêchèrent pas le Sermon sur la montagne de figurer dans l'Évangile, avec d'autres divines paroles. A l'auteur, on donnera le nom qu'on voudra, on ne fera pas qu'il n'y

---

4. André Dumas, « Les Théologiens de la Mort de Dieu », dans *Foi et Vie,* 68ᵉ année, 1969, n° 5-6.

ait pas eu d'auteur. Nous n'avons donc pas à nous poser ici de tels problèmes. Disons simplement que si les grands mystiques sont bien tels que nous les avons décrits, ils se trouvent être des imitateurs et des continuateurs originaux, mais incomplets, de ce que fut totalement le Christ des Évangiles[5]. » On saisit ici sur le vif la structure de la pensée de Bergson : au cours de notre histoire, des paroles insurpassables ont été prononcées par quelqu'un qu'on appelle le Christ, mais dont l'identité historique importe peu. Le fait est qu'elles ont été prononcées et que tous les spirituels du monde seront obligés de s'y référer. Appeler cet auteur Dieu ou homme, peu importe. Nous sommes bien ici en présence d'une christologie sans théologie, ou sans transcendance. L'élan vital reprenant son mouvement conquérant dans le monde, par-delà la victoire de l'intelligence fabricatrice d'objets et de concepts, a atteint un nouveau sommet en la personne d'un homme, Jésus, que nous pouvons dorénavant imiter. Une trouée a bien été faite dans le monde, mais c'est toujours des possibiliés de ce monde qu'il s'agit ou, comme nous le disons, d'un dépassement intra-mondain. De plus subsiste toujours la question lancinante : qu'est-ce qui nous autorise à dire que ce dépassement est définitivement insurpassable, que les continuateurs et imitateurs du Christ ne le dépasseront pas un jour, si le Christ n'est pas le Fils de Dieu, c'est-à-dire si en lui la transcendance ne s'est pas attestée, comme n'étant pas du monde ?

Une autre raison peut nous faire comprendre la suspicion qui affecte aujourd'hui la notion de transcendance. C'est le primat de l'histoire. Longtemps, l'histoire a pu apparaître comme une analogie de l'éternité transcendante. Platon n'affirmait-il pas que le temps est l'image mobile de l'éternité immobile ? Dès lors, l'histoire représentait une sorte de cadre dans lequel le Dieu transcendant avait placé provisoirement l'homme et dont l'homme s'évaderait un jour par cette libération

---

5. Henri BERGSON, *Les Deux Sources de la Morale et de la Religion,* Paris, Alcan, 1932, 9e édition, p. 256.

qu'était la mort. Si le temps et l'histoire sont conçus comme des images ou des analogies de l'éternité transcendante, ils apparaissent forcément comme des dégradations par rapport à cette transcendance, mais comme il n'y a pas de dégradation en soi, mais seulement par rapport à une réalité supérieure, le temps et l'histoire témoignent bien de la réalité de cette transcendance, tout comme le fini ne peut être qu'une allusion à l'infini. Mais voici que le temps et l'histoire, tout comme l'espace d'ailleurs, ne sont plus perçus comme des cadres qui renvoient à la transcendance, mais comme des moyens grâce auxquels par la praxis l'homme peut se dépasser indéfiniment lui-même. Alors que la pensée chrétienne avait considéré le temps et l'histoire comme des créatures ou des formes de la création disant à leur manière la gloire du Créateur transcendant, ils sont surtout devenus pour nous des lieux de créativité, où l'homme s'engendre lui-même, s'humanise et donnera peut-être naissance à quelque surhomme. Karl Marx et Nietzsche communient dans la même conviction, ils ne se séparent que sur les moyens historiques pour atteindre à cette humanité plus forte, plus intelligente et plus belle. C'est l'histoire qui est le berceau de l'humanité et c'est l'histoire qui engendre sa propre transcendance. Ce sont les conquêtes étonnantes de l'homme qui ont peu ou prou donné naissance à cette conviction que le monde ne comportait plus de limites et c'est la praxis qui est venue fortifier cette conviction. Peu importe qu'il s'agisse d'un progrès unilinéaire, tel qu'on l'avait conçu un peu naïvement à la fin du XVIII e siècle, ou qu'il s'agisse au contraire d'un progrès s'effectuant au travers de conflits, de luttes, d'apparents reculs, de victoire provisoires, le fait est que l'histoire elle-même nous conduit, si nous savons la faire, au-delà d'elle-même et que nous marchons vers un transcendement de l'histoire par elle-même et à l'intérieur d'elle-même, ce qui est la négation même de la transcendance. Comme le note Jean Brun : « A partir du moment où les progrès de la praxis ont conduit l'homme à ne plus considérer l'espace et le temps comme des "cadres" au sein desquels il serait en condition, mais comme ce en quoi et par quoi un développement de lui-même devenait possible, non seulement la référence à la transcendance apparaît comme superflue, mais la vie intérieure devient semblable à la peau de chagrin de la légende[6]. » L'auteur a raison de relever ici l'effacement corrélatif de la transcendance et de la vie intérieure. La source de ce dépérissement double est la même, la praxis. Elle nous persuade que nous pouvons nous-mêmes conquérir tout ce que nous avions vraiment attendu et espéré d'une Transcendance miséricordieuse et bienveillante, mais elle nous persuade aussi qu'il faut accorder le moins d'attention possible à cette vie intérieure qui ne pourrait que nous détourner de la praxis et de la militance ou tout au moins les réfréner. Déjà Bonhœffer avait mis parallèlement en évidence la liaison qui existe entre le déclin de la foi religieuse et l'accès de l'homme, par la praxis, à l'âge adulte. A partir du moment où l'homme découvre qu'il peut résoudre ses problèmes sans recourir à l'hypothèse d'une transcendance et que Dieu n'apparaît plus que comme le bouche-trou provisoire de lacunes de notre savoir et de notre pouvoir, à quoi bon une vie religieuse ? « L'homme a appris à venir à bout de toutes les questions importantes sans faire appel à l'hypothèse Dieu. Cela va de soi dans les questions scientifiques, artistiques et même éthiques, et personne n'en doute ; depuis environ cent ans, ceci est de plus en plus valable pour les questions religieuses elles-mêmes, il apparaît que tout va sans « Dieu » ausssi bien qu'auparavant. Tout comme dans le domaine scientifique, «Dieu » dans le domaine humain est repoussé toujours plus loin hors de la vie, il perd du terrain[7]. » La transcendance ne serait-elle donc plus autre chose que ce « plus loin » nébuleux, qui bientôt se dissipera rendant toute vie religieuse et toute vie intérieure luxe inutile ? Il est vrai que l'homme peut essayer de restaurer au sein de l'histoire une sorte de transcendance   sous

6. Jean BRUN, *Les Conquêtes de l'homme et la séparation ontologique,* Paris, P.U.F., 1961, p. 176.

7. D. BONHOEFFER, *Résistance et Soumission,* trad. française, Genève, Labor et Fides, 1963, p. 145.

forme d'entités abstraites, l'humanité d'Auguste Comte, le grand être social, l'État chez Hegel. Mais cette restauration s'accompagne aussi d'une liquidation de la vie intérieure, comme le relève encore Jean Brun : « La liquidation de l'intériorité se présente comme un exorcisme de l'angoisse et de la déroute en faisant de l'Homme ce Grand Être en mouvement où toutes les intériorités viennent se perdre et s'accomplir comme les fleuves dans la mer. C'est ainsi que chez Hegel, l'État est beaucoup plus qu'une société civile destinée à la protection des individus en tant que tels : « Il est l'esprit objectif [...]. L'individu lui-même n'a d'objectivité, vérité et de moralité que s'il en est un membre. Tout comme c'est la vérité qui possède l'individu selon une remarque de Marx, de même l'État est chez Hegel l'incarnation de la Raison absolue capable de libérer l'individu du malheur où le plonge sa finitude : « L'État sait ce qu'il veut et il le sait dans son universalité comme quelque chose de pensé, donc, il agit et se comporte d'après des buts connus, des principes explicites, et d'après des règles en soi, mais aussi pour la conscience[8]. »

Un État qui agit pour la conscience, c'est bien la fin de toute vie intérieure.

Ainsi la crise de la transcendance s'accompagne inéluctablement d'une crise de la vie intérieure. La restauration d'une transcendance intra-mondaine ne sauve en rien la vie intérieure. En se libérant de la transcendance, l'homme se condamne à n'avoir plus de vie intérieure. Mais il ne faudrait pas s'imaginer que la seule invocation fétichiste de la transcendance, d'une transcendance non pensée, d'un horizon obscur et insaisissable de transcendance suffise à redécouvrir les sources de la vie intérieure, à rendre au sujet de la vie intérieure son insertion dans l'être. Il nous faut réapprendre à penser la transcendance et à distinguer vraie et fausse transcendance.

---

8. Jean BRUN, *Ouvrage cité,* p. 178. Les citations de Hegel sont extraites des *Principes de la Philosophie du Droit,* § 258 (trad. p. 190) et § 270 (trad. p. 200).

2. Vraie et fausse transcendance

Il est une transcendance qui est sans relation avec la vie intérieure et qui ne peut que l'accabler et la détruire. C'est la transcendance *objectivée,* qu'elle soit chose, substance ou principe. Lorsqu'elle est chose, il faut nécessairement qu'elle occupe un lieu, un lieu élevé, le haut des cieux. Elle doit être nécessairement inaccessible sous peine de tomber dans l'immanence, de prendre place parmi les choses de mon expérience. Le type même de cette transcendance chosifiée, ce sont les dieux d'Épicure, enfermés dans les intermondes et que je n'ai même pas à craindre, puisqu'ils ne sauraient sortir de ces intermondes et que je ne saurais les y rejoindre. On peut certes dire qu'il s'agit là d'une caricature de la transcendance. Mais le sacré que nous présentent tant de religions participe aussi de la chose, il est lui aussi objectivité et il s'objective dans certains objets, dans certains lieux et dans certains temps, sans toutefois s'y enfermer totalement ou s'y épuiser. Il se distingue de la pure chose par sa puissance et cette puissance s'exerce sur les hommes d'une façon spécifique. Il produit dans ma vie intérieure ces deux sentiments bouleversants et contradictoires qui correspondent à ces deux signes du sacré que Rudolf Otto[9] a repérés dans son analyse phénoménologique du sacré : la fascination et la terreur. Je suis à la fois attiré et repoussé par le sacré. Je suis obligé de m'en approcher et en même temps de m'en tenir à distance. Nul ne peut voir Dieu sans mourir et pourtant de toutes mes forces je veux voir Dieu. Le sacré peut certes exercer une action dans ma vie, m'inspirer certains comportements et des sentiments souvent ambigus. Mais ma relation avec le sacré n'est jamais une communication, sinon cette communication indirecte que l'on établit par le moyen de rites qui ont pour objet de rendre le sacré inoffensif, voire de l'écarter. Et les rites appellent une localisation du sacré, un temple où je puisse accomplir ou faire accomplir par

---

9. Rudolf OTTO, *Das Heilige,* Breslau, 1917.

un personnage spécialisé, le prêtre, ces rites d'apaisement ou de propitiation. Il faut enfermer quelque part le sacré, dans un lieu vers lequel je me dirige fasciné et au seuil duquel je m'arrête terrifié. C'est justement parce qu'il n'y a jamais communication avec le sacré, que le sacré, même s'il n'est pas chose, est toujours menacé de le devenir et c'est parce qu'il est en voie de devenir chose, chose à peine perceptible, chose sans commune mesure avec les autres choses, et cependant chose lui-même qu'il ne concerne pas ma vie intérieure, bien qu'il la bouleverse. Le sacré ne parle pas et seule une parole pourrait établir un lien entre lui et ma vie intérieure. Celle-ci ne reçoit jamais des choses, mais seulement des paroles. Tout se passe, cependant, comme si j'avais besoin du sacré pour vivre, comme si je ne pouvais vivre sans être terrifié et fasciné. C'est bien pourquoi les religions, médiatrices du sacré, ont beau mourir, elles ne cessent de renaître ; même lorsqu'elles réapparaissent sous des formes inhabituelles, sous des formes sécularisées, elles nous présentent encore du sacré, localisé dans un peuple, une classe sociale, un héros, un chef. Toutes ces réalités ont l'air d'avoir perdu leur transcendance, puisqu'elles sont en apparence des réalités intégrées dans mon existence historique, mais elles demeurent intouchables, soustraites à toute critique et je ne puis m'en approcher qu'avec une extrême prudence. Ces personnages sacrés gagnent encore en sacré par leur mort : qu'on songe à Lénine et à son tombeau. Si nous faisons allusion à ces formes de religions sécularisées, c'est pour souligner combien le sacré glisse facilement vers la chose. Le signe du sacré, c'est qu'il est toujours réalité séparée, distante et qu'il ne peut affecter la vie intérieure qu'en la projetant hors d'elle-même dans la fascination ou en la paralysant dans la terreur.

Lorsque la transcendance est pensée comme substance, c'est-à-dire comme réalité qui n'a besoin que de soi pour subsister, comme auto-suffisance de l'être, elle désigne des réalités telles que l'Esprit ou la Raison, réalités avec lesquelles le sujet humain ne peut certes s'identifier, car il n'est, même dans sa vie intérieure, ni pur esprit, ni être de raison, mais avec lesquelles il peut discerner une relation de parenté ontologique. Car il est hors de contestation que le sujet puisse se réclamer de l'Esprit ou de la Raison comme d'instances qui sont à l'œuvre en lui-même, principalement dans sa vie éthique ou dans sa recherche scientifique. Ici la distance entre le sujet et la transcendance est maintenue, mais en même temps apparaît la possibilité, indéfiniment renouvelée, d'une participation du sujet à l'Esprit et à la raison, et le sujet peut espérer que cette participation, dont le caractère toujours limité ne lui échappe pas, pourra s'approfondir, devenir plus constante. L'histoire de la philosophie est parcourue par un puissant courant qui fait de la participation du sujet à l'Esprit ou à la raison le fondement de toute ontologie et de toute éthique comme le fondement de l'immortalité de l'âme. Toute philosophie de la transcendance est aussi une philosophie du sujet en ce sens qu'elle reconnaît celui-ci non comme un simple phénomène parmi d'autres, mais comme pourvu d'une dignité ontologique. Une telle philosophie estompe les frontières entre la métaphysique et la religion, car elle recèle toujours un appel à une conversion, la conversion du sujet à ce à quoi il participe déjà[10], la conversion à une vie pleinement spirituelle et rationnelle, dont la science, l'art et la morale nous offrent déjà un exercice qu'il ne faut point se lasser de reprendre. « Par la dignité de notre pensée nous comprenons, écrivait Léon Brunschvicg, l'univers qui nous écrase ; nous dominons le temps qui nous emporte ; nous sommes plus qu'une personne dès que nous sommes capables de remonter à la source de ce qui à nos propres yeux nous constitue comme personne et fonde dans autrui la personnalité à laquelle nous nous attachons. Ainsi, par-delà toutes les circonstances de détail, toutes les vicissitudes contingentes qui tendent à diviser les hommes, à diviser l'homme lui-même, le progrès de notre réflexion découvre dans notre propre intimité un

---

10. Voir Léon BRUNSCHVICG, « De la vraie et de la fausse conversion », *Revue de Métaphysique de la Morale,* 1932.

foyer où l'intelligence et l'amour se présentent dans la pureté radicale de leur lumière. Notre âme est là[11]... » En évoquant ce témoignage, nous avons certainement opéré un glissement : la transcendance a perdu son caractère de substance, terme que Léon Brunschvicg haïssait particulièrement, elle est devenue source de toute activité spirituelle, elle est devenue immanence à l'activité du sujet pensant. Mais ce glissement est significatif : dès que s'affirme une parenté aussi forte entre la transcendance et la raison immanente à l'homme, la transcendance n'est plus protégée par la barrière du sacré. Elle ne se confond pas avec le sujet lui-même, car elle reste impersonnelle, mais elle est le fondement de ce que le sujet a de meilleur, c'est-à-dire de plus universel. Je ne puis plus me tourner vers la transcendance pour l'invoquer, comme je le faisais pour le sacré, je suis renvoyé à moi-même, à une source cachée en moi-même. Ici on ne peut plus dire que la vie intérieure soit écrasée par la transcendance. Mais ce que je suis appelé à faire, c'est à me dépasser moi-même et ce dépassement consiste dans une épuration constante de tout ce qui fait de moi une existence singulière, un être historique qui va vers la mort. La transcendance a perdu de son objectivité et de sa massivité, elle est devenue pure transparence, mais le sujet a perdu toute la densité de son existence, toute l'âpreté de son désir. Qui pourrait se reconnaître dans ce sujet impersonnel qui se sent éternel à proportion de son inexistence ? Toutes « les circonstances de détail, toutes les vicissitudes contingentes », que Léon Brunschvicg écarte avec fierté, avec la même fierté avec laquelle il déclarait que « la mort de Léon Brunschvicg n'intéresse pas Léon Brunschvicg », ne sont-elles pas liées à notre existence dans ce qu'elle a de plus fragile et de plus précieux ? Nous n'avons donc rien gagné à faire descendre la transcendance au sein même de notre activité rationnelle, même si nous proclamons qu'elle en demeure le

---

11. Léon BRUNSCHVICG, *La Raison et la Religion,* Paris, Presses Universitaires de France, 1939, p. 263.

fondement, car du coup nous avons rejeté du côté du néant toute notre singularité existentielle. On peut donc encore parler d'un écrasement de la vie intérieure par cette transcendance devenue immanente, car cette immanence refoule loin d'elle-même et condamne tout ce qui fait de moi un être solidaire d'une situation historique, un être qui n'existe pas hors de sa situation.

Mais il est également possible de concevoir la transcendance comme un principe, comme une cause première qui est sans commune mesure avec les causes secondes qu'elle détermine, puisqu'elle-même n'est causée par rien qui lui soit extérieur. Elle est à la fois explication, loi suprême du monde, et créatrice, puisque aucune cause n'agissait avant elle. C'est ainsi que Descartes a pu soutenir que Dieu était le garant de toute la physique, puisque d'une part sa véracité m'assure que je ne me trompe point quand je reconnais, conformément à ma perception, la réalité du monde physique et que d'autre part l'immutabilité divine garantit la loi physique fondamentale qui, selon Descartes, était l'invariance de la quantité de mouvement. Mais une telle transcendance devient forcément problématique à partir du moment où la recherche scientifique n'aboutit jamais, quelle que soit la longueur des « chaînes de raisons » qu'elle établit, à une cause qui serait directement en relation avec cette cause première, à partir du moment où la science ne peut pas mettre en évidence le passage de la cause première, du premier principe, aux causes secondes. C'est pourquoi la transcendance du Dieu-principe a pris plus volontiers la forme du principe moral : le Dieu transcendant est le législateur universel, c'est de lui que nous viennent les règles fondamentales et immuables de la vie éthique. Bien que les enquêtes socio-ethnologiques aient fortement contribué à faire apparaître le caractère relatif et culturellement déterminé des règles morales, il convient de retenir de cette façon de penser la transcendance l'idée que la transcendance se manifeste comme autorité. La Bible, à la différence de la philosophie grecque, « ne parle pas de la transcendance de Dieu comme de la transcendance de l'esprit par rapport au monde matériel et sensible, ou de l'éternité par rapport à l'histoire ; elle en parle comme d'une autorité absolue[12]. » L'autorité constitue une façon nouvelle d'objectiver la transcendance. Dans ce type d'objectivation, il n'est plus nécessaire de lier la transcendance à un lieu. Dieu dans la Bible n'est pas dit sacré, séparé par des frontières de toute profanité : il est dit saint et c'est cette sainteté qui lui confère son autorité pour parler à l'homme, pour l'appeler à la sainteté, pour lui donner une loi qui le conduise à la sainteté. Il n'y a plus entre Dieu et les hommes une relation spatio-temporelle, mais une relation de supérieur à subordonné. Il s'agit vraiment d'une transcendance objective, car cette autorité de Dieu existe, qu'elle soit reconnue ou non par l'homme, que l'homme s'y soumette ou lui désobéisse. Il est dur de lui obéir, mais il est risqué de lui désobéir, car dans la désobéissance l'homme s'anéantit lui-même. La sanction de la désobéissance, c'est la mort de l'homme. Lorsque Dieu met devant l'homme son autorité, c'est au moyen de paroles comme celles-ci : « Je mets devant toi la vie et la mort, choisis donc la vie afin que tu vives. » Mais il ne faut pas non plus se cacher les risques d'une telle objectivation de la transcendance sous forme d'autorité. On sait de quel poids peut peser sur la vie de l'homme la loi divine. Elle peut devenir un fardeau écrasant, comme Jésus lui-même le montre à propos de ces défenseurs de l'autorité absolue de la loi divine qu'étaient les pharisiens. Elle peut devenir une loi qui condamne et qui accable. Qui ne serait accablé en étant mis en présence de l'autorité de la sainteté de Dieu ? Elle est à proprement parler insoutenable. C'est pourquoi Paul, tout en reconnaissant que la loi est de Dieu, qu'elle manifeste son autorité, qu'elle est donc bonne, sainte et juste, parlera d'une loi de mort et d'une libération à l'égard de la loi.

Certaines écoles psychanalytiques, tout en dénonçant les méfaits de l'autorité oppressive du Sur-moi, n'écar-

---

12. Rudolf BULTMANN, *Histoire et Eschatologie,* trad. française, Neuchâtel, Delachaux et Niestlé, 1959, p. 82.

tent pas totalement l'idée de transcendance, sous la seule réserve que la transcendance ne soit pas *objectivée*. Nous avons montré les risques inhérents à une objectivation de la transcendance. Faut-il en conclure que toute transcendance objective est fausse ? De fait, la théologie contemporaine s'est engagée dans un « procès de l'objectivité de Dieu[13]. » Mais la transcendance non objectivante est-elle pensable ?

Nous pensons qu'il faut résolument maintenir l'objectivité de la transcendance de Dieu et qu'en même temps il faut bien voir, pour éviter que cette objectivité ne mondanise Dieu en le chosifiant, la spécificité de cette objectivité.

Il faut maintenir l'objectivité de la transcendance de Dieu, car Dieu n'est pas une réalité dont nous disposerions à notre gré, il n'est pas le terme de notre désir, l'arrière-fond indicible des aspirations de notre vie intérieure. Ce n'est pas dans le tréfonds de cette vie intérieure que nous le rencontrons. Sa présence n'est pas liée aux élans pieux, religieux du sujet, à cette soif d'infini qui parfois s'empare du sujet. Lorsque nous cherchons Dieu, c'est déjà sur une injonction de Dieu : « Mon cœur m'a dit de *ta part,* cherchez ma face. » Je puis certes par ma raison établir des preuves de l'existence de Dieu et ces preuves, malgré Kant, n'ont jamais été réfutées. Mais tout se passe comme si ces preuves rationnelles n'étaient pas suffisantes, alors qu'elles le sont dans tous les autres domaines, pour établir la présence objective de Dieu. Pascal a traité ces preuves de « preuves impuissantes » : il ne leur contestait pas leur caractère de preuves, mais il rappelait seulement leurs limites : elles établissent bien la nécessité du Dieu transcendant, mais cette nécessité, précisément parce qu'elle demeure relative à ma raison, n'est pas un équivalent suffisant de l'objectivité de Dieu. Dieu y dépend encore trop du sujet. L'objectivité de Dieu est l'objectivité

---

13. Voir le livre de J. COLETTE, D. DUBARLE, A. DUMAS, C. GEFFRÉ, J. GRANIER, etc., *Procès de l'Objectivité de Dieu,* Paris, Cerf, 1969.

d'une présence. Or la présence ne peut pas être contrainte. Elle se donne et elle se refuse. Dieu ne serait
pas Dieu, s'il n'était pas un Dieu qui se révèle et qui se
cache. Et pour que nous ne puissions pas faire de cette
révélation elle-même un objet dont nous disposerions, il
faut encore ajouter avec Karl Barth que Dieu ne se
révèle pas sans se cacher et qu'il ne se cache pas sans
se révéler. C'est la notion de grâce qui préserve le
mieux l'objectivité de Dieu, même si pour penser la
grâce nous sommes obligés de la lier sinon à une sorte
d'arbitraire (ce qu'ont fait les théologiens qui ont parlé
de la double prédestination), du moins à une totale
incompréhensibilité : l'élection de Dieu est gratuite,
c'est-à-dire que nous ne pouvons en sonder les motifs.
Toute théologie du salut par les œuvres représente précisément un effort pour déterminer, et donc mettre à
notre disposition, les motifs qui font agir Dieu. Et
toute théologie du salut par la foi aboutit au même
résultat, si elle ne prend l'indispensable précaution de
rappeler que la foi n'est pas une disposition de
l'homme intérieur, mais le don gratuit et incontrôlable
de Dieu lui-même. L'indisponibilité, voilà la première
marque de l'objectivié de la transcendance divine. Alors
que j'ai prise sur le sacré, moyennant l'accomplissement
de certains rites ou de certains sacrifices, je n'ai pas
prise sur la grâce, je ne puis que la demander, sans
jamais pouvoir alléguer la preuve que je l'ai reçue. « Il
convient d'affirmer l'objectivité de Dieu, car Dieu est
l'altérité la plus souveraine[14]. » C'est pourquoi l'objectivité de Dieu n'est pas rassurante comme le sont les évidences rationnelles ou le monde ordonné et dominé des
objets, qui tous deux m'assurent d'une réalité qui ne
dépend pas de moi, des soubresauts de ma vie intérieure et de mon désir, mais dont je puis toujours véri-
fier l'existence.

Kant a bien vu que Dieu jouissait d'une transcendance spécifique et il a exprimé cette conviction dans la

---

14. André DUMAS, « De l'objectivité de Dieu », *Revue d'Histoire
et de Philosophie Religieuses,* 46ᵉ année, 1966, n° 4, p. 311.

distance qu'il a établie entre les deux usages de la raison : la raison théorique n'aboutit pas à la connaissance de Dieu, et elle ne peut pas y parvenir, car si elle
le faisait elle ferait tomber Dieu dans le monde de
l'expérience spatio-temporelle ; mais la raison pratique
sans pouvoir remédier à cette incompétence de la raison
théorique nous convainc de l'objectivité du commandement de Dieu : la croyance raisonnable nous permet de
rencontrer un absolu formel, le devoir, expression de la
volonté sainte de Dieu. Sans prendre pleinement à notre
compte cette distinction des deux usages de la raison,
nous dirons qu'elle a le mérite d'attirer l'attention sur
la deuxième marque de cette objectivité : l'autorité.
Dieu est objectif dans sa transcendance parce qu'il nous
oblige, et que dès que nous le rencontrons nous ne
pouvons que lui obéir. Calvin avait bien vu que si nous
pouvons parler d'une connaissance de Dieu, nous ne
pouvons le faire qu'à partir d'une soumission à sa
volonté : « Omnis cognitio Dei ab oboedientia nasci-
tur. » Le langage de la foi — et c'est en cela qu'il
n'est pas le langage de la simple croyance — est toujours le langage de l'obéissance : « L'objectivité de Dieu
se manifeste par l'irrécusable affirmation de *la dépen-
dance de ma foi*. Le Fils nous atteste l'objectivité du
Père par la manifestation de son obéissance. Car le Fils
est soumis au Père qui n'est pas son verbe intérieur, ni
son *exégète intime* comme le soutenait Kant. La difficulté même de l'apprentissage de l'obéissance par le Fils
atteste que le Père lui est souverainement extérieur, au
moment même où il lui est le plus intérieurement proche. C'est ainsi que la prière n'es pas pour le Fils une
illusion superstitieuse, ainsi que l'appelait Kant, mais la
rencontre de l'objectivité dans la manifestation la moins
objective qui soit. L'hétéronomie de l'obéissance est le
gage de l'extériorité de la connaissance[15]. »

Aussi bien l'indisponibilité gracieuse de Dieu que
son autorité nous conduisent à l'idée que l'objectivité de
Dieu est en effet d'un type particulier : elle n'est pas

15. *Ibid.*, p. 321.

l'objectivité d'un « en soi », bien qu'elle soit hors de nos prises, mais l'objectivité d'un « pour nous ». L'indisponibilité de Dieu n'est pas autre chose que le chiffre de sa grâce : il ne pourrait pas nous faire entrer dans sa communion si nous avions le pouvoir d'en forcer l'entrée, pas plus que nous ne gagnons l'amitié d'un autre être en nous imposant comme ami, nous ne devenons l'ami de quelqu'un que par son libre accueil. L'autorité de Dieu joue également en notre faveur, en ce sens qu'elle seule peut nous appeler à la sainteté. La spécificité de l'objectivité de Dieu et la difficulté de la penser ont été bien ressenties par la théologie de la Réforme qui a soutenu qu'un discours théologique sur la grâce devait allier, de façon constamment dialectique, l'*extra nos* et le *pro nobis*.

S'il existe une objectivité accablante, voire annihilante de la transcendance, l'objectivité du Dieu biblique est au contraire sans cesse orientée vers l'homme, elle institue un dialogue avec l'homme, le dialogue de la foi et de l'obéissance. Mais l'une et l'autre — la foi et l'obéissance — ne peuvent tenir qu'un langage confessant. Ce langage unique en son genre consiste toujours dans la re-connaissance — au sens cognitif comme au sens éthique — que Dieu est une réalité *ante me, extra me* et *pro mihi*. En confessant, je reconnais que Dieu a toujours l'initiative absolue, que je ne suis pas à l'origine de sa rencontre avec moi et qu'envers ce Dieu je ne cesse d'être un obligé.

Est-il suffisant de signaler les marques particulières de la transcendance du Dieu biblique pour rendre cette transcendance pensable ? Non, cette première démarche nous conduit simplement à éviter le piège auquel nous expose la culture contemporaine, de nier l'objectivité de Dieu et de rechercher Dieu dans les profondeurs de notre vie intérieure, ou seulement dans quelque faille ou béance de cette vie intérieure ; elle nous conduit aussi à préciser que ni le monde des choses, ni le monde des concepts ne nous fournissent un modèle tout préparé pour penser cette transcendance sinon dans son contenu, du moins dans son acte.

Qui dit acte, dit puissance. Et c'est bien en effet au

travers de manifestations de puissance que la pensée chrétienne a cherché à saisir la transcendance de Dieu : signes extraordinaires, prodiges, miracles, la main forte et puissante de Dieu, son bras déployé, son armée céleste, etc. Nous ne voudrions pas éliminer ces éléments dont la Bible use si souvent. Mais nous nous bornerons à signaler leur caractère équivoque, comme la Bible et Jésus l'ont fait eux-mêmes. La tâche des prophètes a consisté à rappeler que la défaite ne signifiait pas l'absence de Dieu et Jésus, tout en accomplissant des miracles, s'est refusé à se laisser confondre avec un thaumaturge. Les miracles ne sont donnés qu'à la foi et celle-ci sait bien que la transcendance divine n'est ni liée à ces miracles, ni prouvée par eux. Au centre de l'agir du Dieu biblique il n'y a pas un acte de puissance, mais un acte d'abaissement — qui apparaît dans l'incarnation, dans la passion et dans la mort du Christ. Paul est le théologien qui a sans doute le mieux exprimé cette essence de l'acte d'abaissement, comme acte propre de la transcendance de Dieu (Philippiens 2, 5-11). Nous nous sommes servis pour éclairer la notion de transcendance de celle de dépassement : se transcender, c'est se dépasser. Mais au niveau de notre expérience, ce dépassement rencontre des limites qui ne tiennent pas à notre manque d'énergie éthique. Je puis me dépasser, c'est-à-dire abandonner le souci que j'ai de ma personne, de mes intérêts, de mon bien-être et de ma paix, voire de ma dignité et de ma vie pour me porter au secours d'un autre, pour consentir des sacrifices en sa faveur et, dans des cas exceptionnels mais réels, pour me sacrifier pour lui, pour risquer ma vie en faveur de la sienne. Mais ce que je ne puis pas faire c'est me mettre à la place d'un autre, échanger mon existence contre la sienne, me substituer à lui. Je puis établir une distance entre mon être et mon avoir, abandonner le plus possible de mon avoir, non pas abandonner mon être. Même dans le suicide, je n'abandonne pas mon être, j'abandonne seulement ma vie et tout mon être se concentre dans cet acte de me prendre à moi-même ma vie, dans cette liberté de me donner la mort. C'est toujours symboliquement, juridiquement ou affectivement, que je me mets à la place d'un autre, soit en prenant sur moi les conséquences fâcheuses de ses actes, soit en éprouvant des sentiments analogues à ceux qu'il éprouve.

Or dans l'acte d'abaissement du Christ, il se passe quelque chose de tout différent. Le Christ est de « condition divine », il est « l'égal de Dieu ». C'est là son être de Fils de Dieu. L'acte d'abaissement consiste dans un dépouillement de son être même. La doctrine classique des deux natures du Christ est une traduction maladroite et inadéquate de ce fait, car elle substitue à l'idée d'un dépouillement de la condition divine l'idée d'une coexistence, d'une juxtaposition de deux natures. Le Christ ne se serait donc pas distancé de son être propre, il en aurait secrètement gardé quelque chose. Et l'on comprend dans ces conditions que malgré l'affirmation que ces deux natures, distinctes et non confondues, ne constituaient qu'une seule personne, la chrétienté ait eu tant de mal à comprendre la mort du Christ, à y voir une mort réelle, car si Dieu peut mourir, alors Dieu cesse d'être Dieu. Tout dans la vie du Christ atteste qu'il a réellement établi une distance entre son être et son existence, qu'il a volontairement accepté une existence qui ne soit plus soutenue par l'être dont il s'était dépouillé. Le tentateur est précisément celui qui vient rappeler au Christ l'être dont il s'est dépouillé : s'il s'en est dépouillé, il peut aussi le reprendre, et c'est pourquoi le tentateur insinue : si tu es le Fils de Dieu, alors tu peux tout, tu ne risques rien, tu n'as pas à craindre la mort. Mais en acceptant la mort, en la présentant lui-même comme une nécessité, le Christ atteste ce qu'il y a d'irrévocable dans son dépouillement. Il est maintenant devenu un simple homme, il a renoncé à se prévaloir de toutes les prérogatives qu'il tenait de sa condition divine. Celle-ci n'est certes pas niée, car il fallait bien qu'elle existât pour que le Christ pût l'abandonner. La résurrection ne signifie pas que, passé l'événement de la mort (ou l'avatar de la mort), il retrouve tout naturellement ce qu'il avait abandonné. Ce texte de l'hymne christologique précise bien qu'il fallait un acte de Dieu pour « élever » le Christ. L'élévation du Christ signifie que non seulement le Christ était réellement mort, mais que cette mort n'était pas un moyen pour lui de se débarrasser de la nature humaine qu'il aurait simplement endossée, sans réellement la faire sienne.

Cet acte d'abaissement, compris comme un abandon véritable de son être propre, explique pourquoi le Christ peut se substituer devant Dieu aux hommes, prendre leur place. Si aucun de nous ne peut le faire, c'est précisément parce que nous ne pouvons pas introduire de distance entre notre être et notre existence. Notre être, c'est notre existence et nous ne pouvons que vivre l'existence de notre être. Dans cette existence, toutes sortes de dépassements demeurent possibles, mais aucun acte de transcendance.

Ce que les théologies de la mort de Dieu ont peut-être cherché à exprimer, c'est l'acte de transcendance de Dieu. Elles ne se sont pas déclarées satisfaites des concepts habituellement utilisés pour désigner cette transcendance : infinité, toute-puissance, car ces termes sont les propriétés d'une substance qui est bien transcendante au sens objectif de ce mot, mais qui ne comporte aucun acte de transcendance. La substance ne peut que dérouler les conséquences de ce qu'elle est. Le Dieu vivant est transcendant parce qu'il est capable d'accepter le risque que représente pour la communion divine l'abaissement du Fils.

Dieu, en effet, ne reste pas étranger à l'acte d'abaissement de son Fils. Il ne suffit pas de dire qu'il le permet. Il y engage sa propre déité s'il est vrai que cette déité est constituée par la communion des trois Personnes de la Trinité. C'est en communion avec le Père, pour réaliser le dessein miséricordieux du Père, que le Fils choisit librement l'abaissement de l'incarnation. Mais précisément comme il s'agit d'un acte libre, et qu'il ne peut s'agir que d'un acte libre (toutes les démonstrations rationnelles de la nécessité de l'incarnation sont suspectes à cet égard), il est aussi un acte révocable. Le tentateur le sait bien qui essaie de faire revenir le Christ sur sa décision en lui suggérant de recourir aux privilèges qu'il tient de sa divinité (« Si tu es le Fils de Dieu... »). Il suffisait donc que le Fils écoutât la suggestion du tentateur, qu'il acceptât de se ressouvenir de sa divinité, pour que non seulement son incarnation n'ait plus de sens (si elle n'avait pas été assumée jusqu'à la mort elle n'aurait été qu'un déguisement), mais qu'aussi la communion du Père et du Fils fût rompue et que par conséquent du même coup fût opposée à la destruction la déité de Dieu. Le Christ a souligné à plusieurs reprises la nécessité de sa propre mort. Cette nécessité reste énigmatique tant qu'on ne se souvient pas qu'elle était la condition même du caractère authentique et radical de son abaissement, du caractère librement irrévocable de cet abaissement. Lors de la crucifixion les passants renouvellent la tentative du tentateur : « Toi qui détruis le sanctuaire et le rebâtis en trois jours, sauve-toi toi-même, si tu es le Fils de Dieu, et descends de la croix ! » (Mt 27, 40), et le Christ n'a jamais contesté qu'il lui eût été possible, parce que Fils de Dieu, d'échapper à la mort : au disciple qui tire l'épée pour le défendre lors de l'arrestation de Gethsémani, il fait remarquer l'inutilité de son geste : « Penses-tu que je ne puisse faire appel à mon Père, qui mettrait aussitôt à ma disposition plus de douze légions d'anges ? » (Mt 26,53). Ce langage symbolique est parfaitement transparent : Jésus ne conteste pas que pour lui existe la possibilité ontologique de se prévaloir de sa condition divine. Mais c'est à cette possibilité que dans un acte de transcendance il a pleinement renoncé. Il est bel et bien devenu le serviteur obéissant jusqu'à la mort, dont il reconnaît la nécessité comme inhérente au type d'existence qu'il a choisi. Refuser la mort eût été renier son acte de transcendance et par là mettre en question la déité de Dieu. La mort du Christ constitue la « preuve » que Dieu est vraiment Dieu, que malgré et même à cause du silence de Dieu, de la totale déréliction du Fils (« Mon Dieu, mon Dieu, pourquoi m'as-tu abandonné ? ») la communion intratrinitaire n'est pas rompue. Au moment où la croix atteste le caractère radical du péché de l'homme, elle atteste aussi que, par l'obéissance du Christ, la déité de Dieu est sauve. A cet égard, on peut convenir avec Bultmann que dès la crucifixion tout est déjà accompli. La résurrection est l'acte dans lequel cet accomplissement devient manifeste.

En tout cas Bonhœffer[16] sans avoir eu le temps d'expliciter sa pensée a sûrement pressenti la nécessité, si nous voulons continuer à penser la transcendance, alors que tous les modèles culturels qui avaient soutenu cette notion dans le passé se sont effondrés, de chercher un nouveau modèle de la transcendance dans l'acte d'abaissement du Dieu sauveur. Paradoxalement, ce n'est pas le Dieu tout-puissant, créateur, providence, ce n'est pas Dieu dans sa majesté et son éternité qui nous permet d'accéder le mieux à l'intelligence de la transcendance, mais le Dieu humilié, impuissant et sans force, le Christ de la croix.

La fausse transcendance, c'est celle qui s'objective dans une surnature et qui s'enferme dans sa substance. La vraie transcendance, c'est celle qui s'objective dans un acte de dépassement de toute substance. La vraie transcendance n'est pas atteignable dans un « en-soi », car son objectivité serait alors menacée de se transformer en chose ; elle n'est atteignable que dans son acte. Seul est acte de la transcendance l'acte par lequel un sujet établit une distance entre son être et son existence, affirme sa liberté souveraine à l'égard de son être, choisit un mode d'existence qui n'est plus soutenu par son être et devient du même coup capable de rejoindre l'autre que lui-même. Faute de quoi tout dépassement de soi rencontre une limite absolue.

La kénose nous fait comprendre la vérité de l'être même de Dieu. Il ne suffit pas en effet de dire que Dieu est l'être, car l'être comporte ses déterminations propres. L'être ainsi conçu s'apparente à la non-liberté. La sagesse commune le remarque fort justement en soutenant que Dieu lui-même ne peut pas faire qu'il ne soit pas Dieu. C'est pourtant ce qui se réalise dans l'abaissement du Fils qui renonce à exister comme Dieu. Par là, nous est signifié que l'être de Dieu est

---

16. D. BONHŒFFER, *Résistance et Soumission*, p. 196.

aussi liberté, liberté plénière de l'amour[17]. Dieu est vraiment au-delà de l'être. La transcendance de Dieu serait pour nous totalement inintelligible si Dieu n'était que l'être sans être aussi liberté. Mais il faut que cette liberté soit aussi totale que l'être est absolu. C'est pourquoi, elle se manifeste dans l'acte de renoncer à exister en tant qu'être.

3. Vie intérieure, transcendance et foi

S'il est vrai que l'authentique transcendance se manifeste dans un acte d'abaissement vers l'homme, dans une rencontre avec l'homme, on conçoit aisément qu'on soit tenté de situer cette rencontre non pas au niveau des événements extérieurs de l'histoire (ce qu'une partie importante de la tradition vétéro-testamentaire a cependant fait), mais au niveau de ce que l'homme a de plus secret et de plus profond, sa vie intérieure. Dieu s'adresse au cœur de l'homme. A une époque culturelle comme la nôtre, où la transcendance explicative et créatrice n'a plus de place dans la recherche scientifique, où l'histoire des hommes se déroule sans que l'observation objective puisse y repérer des signes de l'intervention de la transcendance, il est normal que cette tendance à faire de Dieu celui que l'on rencontre dans l'intimité de notre vie intérieure, le Dieu sensible au cœur, s'accentue. Sans nier que ce phénomène soit culturel et qu'il soit en relation avec la privatisation de la vie religieuse, conséquence d'une sécularisation de la vie publique, il faut bien reconnaître que Dieu a toujours été, dans la tradition chrétienne, celui qui parle au cœur et au cœur du cœur : Deus intimior meo. « Ce Dieu-là, note André Dumas, n'est pas cantonné dans la catégorie intellectuelle de l'explication, mais

---

17. « ... la transcendance n'est pas l'éloignement dans l'abstraction ou l'évasion, mais l'indépendance dans la décision de l'amour » (André DUMAS, Le témoignage et le service de l'Église dans l'Europe d'aujourd'hui, *Bulletin* du Département théologique de l'Alliance réformée mondiale, Vol XVII/1, 1976-1977).

dans celle affective de la consolation. Il surgit non de l'explicable, mais de l'intolérable. Il naît pour les tristesses humaines et s'estompe lors des victoires. Il m'a semblé que Charles de Gaulle parlait ainsi de Dieu avec André Malraux dans les *Chênes que l'on abat,* comme si Dieu avait, selon lui, spécialement affaire non avec la politique des puissants, mais avec l'infinie douceur des épreuves intimes. C'est pourquoi, selon les stéréotypes classiques, Dieu, avoue de Gaulle, lui a toujours paru féminin. Ce Dieu a fait office de s'approcher, de se taire et d'apaiser. Il tient compagnie proche, muette et tendre. Il vient par les mailles béantes de la maladie et des larmes dans les mailles sans elle trop serrées de la vie. Les ombres l'accueillent. Le plein jour le dissipe. Devant cette fonction consolatrice, j'aurais encore moins tendance à ironiser que précédemment devant la fonction explicative[18]. » En effet, si la transcendance de Dieu se manifeste dans un acte d'abaissement pour rencontrer une créature malheureuse, divisée contre elle-même, qui a perdu toute paix intérieure, qui voit le bien qu'elle veut faire et fait le mal qu'elle ne veut pas faire (Rm 7), n'est-il pas normal que la parole de la transcendance soit une parole consolatrice et elle ne peut être consolatrice qu'en s'adressant à l'homme là où il souffre, où il connaît ce désir qui ne peut ni disparaître ni être satisfait, là où il vit les difficultés ou les tragédies de la communication avec les autres, là où se situe son secret, bref dans sa vie intérieure. Si Dieu est personne, peut-il nous rencontrer ailleurs qu'au cœur de notre vie personnelle, même si ce cœur doit être radicalement changé par une mort et une résurrection ? Ce point est important dans la discussion théologique actuelle, car il marque une limite infranchissable pour les théologies tentées de soutenir que l'Évangile a essentiellement une signification révolutionnaire, qu'il concerne le changement des structures du monde politique, économique et culturel. Il est bien vrai que l'Évangile a

---

18. André DUMAS, « Dieu, pourquoi, comment ? » *Bulletin du Centre protestant d'Etudes,* Genève, 25e année, 1973, n° 2.

aussi une dimension politique et sociale, et que sa prise
au sérieux implique comme *conséquence* des mutations
de l'ordre social. L'Évangile s'adresse prioritairement au
sujet ; c'est à lui que s'adresse l'appel à la foi, à la
repentance et à la conversion et il n'est pas possible de
tenir le terme de changement social pour l'équivalent de
repentance et de conversion.

Mais, cette évidence rappelée, il faut souligner que
si la transcendance rencontre l'homme dans son intimité, il n'y a pas entre cette transcendance et la vie
intérieure une sorte de parenté ontologique, de connatu-
ralité qui ferait de cette rencontre un événement naturel, du même ordre que celui que Platon entrevoit entre
les Idées et l'âme, pourvu que celle-ci consente à se
détacher du sensible. Il n'y a pas entre la vie intérieure et la transcendance divine de parenté de ce genre.
L'intervention de la transcendance signifie toujours
remise en question de la vie intérieure, de sa clôture et
de son ouverture, de la sécurité ou de l'insécurité
qu'elle a constituée, des valeurs autour desquelles elle
s'est focalisée. Dans cette rencontre, il n'y a pas abolition de la distance qualitative infinie qui sépare la créature du Créateur, le Dieu saint du cœur de l'homme
marqué par le mal radical, origine de son secret intime.
Or la tentation qui ne cesse de réapparaître dans beaucoup de formes de spiritualité, c'est de nier cette distance. En spéculant sur l'image de Dieu en l'homme la
philosophie médiévale, dans ce qu'Étienne Gilson
appelle le « socratisme chrétien », n'a certes pas con-
fondu le tréfonds de l'âme humaine avec la transcendance divine, mais cependant soutenu que l'être peut
trouver en soi le mystère même du *supra se,* de sorte
que « le dernier mot de la connaissance de soi est aussi
le premier mot de la connaissance de Dieu[19]. » Les
mystiques du XIVᵉ siècle ont encore réduit la distance
entre la vie intérieure, certes purifiée par l'ascèse, et

---

19. Étienne GILSON, *L'Esprit de la Philosophie médiévale,* Paris,
Vrin, 1932, t. II, p. 14. Cf. Jean BRUN, *Les Conquêtes de l'Homme
et la séparation ontologique,* pp. 175-176.

Dieu, de telle sorte qu'on puisse trouver Dieu dans « la fine pointe de l'âme ». C'est ainsi que Maître Eckhart écrit : « En toutes choses, l'homme doit saisir Dieu et habituer son esprit à toujours avoir Dieu présent dans son for intérieur, dans ses intentions, dans son amour. » Cette présence de Dieu dans le for intérieur — Maître Eckhart dit même : « Cette véritable possession de Dieu » — implique que l'âme a en elle une partie divine : « Qui possède ainsi Dieu substantiellement, l'assume par la partie divine de sa propre nature et Dieu l'éclaire en toutes choses. » Chez Maître Eckhart, l'identification entre l'âme et la transcendance va même si loin qu'il envisage comme possible une sorte d'anéantissement de la Personne divine dans la personne humaine : « En vérité, plus nous sommes personnels, moins nous le sommes. Un homme qui se serait renoncé lui-même ne pourrait jamais perdre Dieu, ni se sentir séparé de lui quoi qu'il fasse. S'il arrivait néanmoins à cet homme d'avoir une défaillance ou de pécher en paroles ou de commettre une faute quelconque, c'est Dieu, puisque dès le principe il a participé à l'opération, qui assumera nécessairement l'accident[20]. » On arrive donc à cette conclusion paradoxale que Dieu devient en l'homme le sujet du péché lui-même. Il y a certes dans ces spéculations de la mystique un effort pour éviter que la transcendance ne se durcisse en chose, en supra-nature, mais l'effort va au-delà de son objectif, en ce sens que la rencontre de Dieu et de l'homme dans son for intérieur implique la suppression de la condition fondamentale de toute rencontre : l'altérité des personnes. On comprend dans ces conditions que Barth dans son *Commentaire de l'Epître aux Romains* ait utilisé pour parler de l'incarnation des expressions à la fois paradoxales et prudentes destinées à faire comprendre que Dieu, même dans sa révélation faite à l'homme, ne se confond jamais avec une partie même sublimée de l'homme. Nous ne pouvons pas inté-

---

20. Maître ECKHART, *Traités et Sermons,* Paris, Aubier, 1942, pp. 32, 33 et 41.

grer la révélation de Dieu en nous-mêmes. Dans l'incarnation, Dieu touche seulement ce monde « comme la tangente touche un cercle », « sans le toucher ». L'incarnation n'est qu'« un point mathématique ». Barth devait reconnaître plus tard le caractère excessif de ces formules qui ne permettaient pas réellement de rendre compte de l'incarnation. Mais il n'a pas pour autant désavoué son *Römerbrief,* qui à ses yeux participait à cette grande opération de nettoyage par laquelle la théologie chrétienne devait écarter toute tentation de confondre la transcendance divine avec la vie intérieure de l'homme. Non pas que Barth ait jamais perdu de vue la rencontre de Dieu avec l'homme, mais cette rencontre suppose précisément la distance : « Le plus grand *éloignement* entre Dieu et l'homme est leur véritable union. » Si étonnante que soit la formule, elle représente une mise en garde toujours valable contre le danger de confusion entre l'objectivité de Dieu qui vient rencontrer l'homme dans sa vie intérieure et cette intériorité elle-même, contre le danger de chercher Dieu en dehors de son acte, dans quelque profondeur de notre intimité. L'illusion moderne d'accéder à la théologie par la médiation de l'anthropologie recouvre l'idée ancienne que la transcendance est logée quelque part dans les profondeurs de l'homme : « On revient toujours désaltéré et rajeuni, écrit Marc Faessler, d'une quête vers la profondeur de l'homme où niche, secrète et active, la profondeur de Dieu[21]. »

La vie intérieure, malgré le dynamisme du désir qui la traverse, et avec ses contradictions, sa soif de paix certes, mais aussi les tourments sans fin qu'elle suscite, son indécision entre l'ouverture et le repli sur soi, sa lucidité mais aussi sa chute dans le rêve et le fantasme, ses alternances d'attention et d'assoupissement et surtout son incapacité à se libérer d'elle-même, ne peut pas prétendre être l'expression, même symbolique, de la vie divine. Se retrouver soi-même n'est pas l'équivalent de

---

21. Marc FAESSLER, *Bulletin du Centre protestant d'Études,* Genève, 25e année, 1973, n° 3.

la communion avec Dieu. Cependant, c'est bien au sein de ce magma, tantôt informe et tantôt tout entier ordonné par le désir, qu'est implantée la foi. C'est bien le sujet de la vie intérieure qui devient sujet croyant, c'est-à-dire sujet qui investit toute sa confiance et son espérance dans l'acte sauveur du Dieu transcendant. Mais il faut ici apporter deux précisions.

La première est d'ordre phénoménologique : la vie intérieure est faite d'une diversité d'expériences. Parmi ces expériences, aucune ne peut être qualifiée d'expérience spécifique de la foi. Ni sérénité, ni enthousiasme ne sont l'équivalent de la foi. Celle-ci peut être parfaitement vivante dans une expérience de sécheresse, de découragement, de doute même. Il n'est même pas impossible que le doute soit le concomitant habituel de la foi : « Je crois, Seigneur, viens au secours de mon incrédulité. » La sérénité peut être une forme de l'indifférence ou de la résignation qui sont tout le contraire de la foi, et l'enthousiasme peut être une exaltation de notre propre agressivité créatrice. Par contre, l'angoisse peut être vécue dans la foi. La phénoménologie des religions peut certes déceler des états et des sentiments, liés à certains moments du culte, et les qualifier de religieux. Mais il y a une distance infinie entre la religion et la foi, entre les transes religieuses et la foi. Bien sûr, il existe un impact de la foi sur la vie intérieure, mais il n'existe aucun lien de nécessité entre la foi et la nature de ces impacts. Joie et larmes peuvent également signifier la foi et ne pas la signifier. C'est bien la raison pour laquelle je ne puis déceler dans ma vie intérieure aucune preuve que je suis habité par la foi et que la question : « ai-je la foi ou n'ai-je pas la foi » doit demeurer une question ouverte. Car le lien entre le signifiant et le signifié est ici un lien particulièrement équivoque. Nous ne pouvons pas remonter à coup sûr du signifiant au signifié, ce que nous pouvons faire avec une certaine vraisemblance dans d'autres domaines. La tradition ecclésiale et cultuelle met à notre disposition une gamme fort riche de signifiants de la foi : le recueillement, la prière, le chant, etc., mais aucun de ces signifiants dont nous usons, dont nous essayons loyalement de pénétrer le sens ne constitue une garantie de la présence du signifié. On peut avec une certaine sûreté repérer dans la pensée d'un homme l'hérésie, mais nul ne pourra jamais décider si l'hérétique est ou non un sujet croyant.

La deuxième précision concerne l'origine de la foi. Certains mouvements religieux — et à l'heure actuelle tout particulièrement les mouvements charismatiques — s'efforcent de repérer avec précision le moment où un être est devenu un sujet croyant. En fait, les critères employés renvoient tous à une expérience que le sujet a faite et qu'il décrit. Mais dans la vie intérieure la naissance de la foi peut aussi bien se faire dans un cheminement lent que dans la brutalité d'une conversion. Aucune de ces expériences ne peut prétendre à une valeur normative. C'est bien contre cette prétention que s'est toujours élevée la théologie chrétienne en rappelant que la foi est un don de Dieu, que nul ne peut venir à Dieu et au Christ sinon par le Saint-Esprit, qui certes rend témoignage à notre esprit, mais qui ne constitue pas une puissance de notre vie intérieure. Le don n'est jamais séparable du donateur. Vouloir trouver dans notre vie intérieure une origine de la foi, c'est précisément vouloir opérer cette impossible séparation.

La foi est une réorientation de la totalité de notre être par le Saint-Esprit, mais comme cette orientation n'est pas notre œuvre, nous chercherons vainement à dire avec précision dans quelles circonstances et accompagnée de quels états d'âme cette œuvre s'est accomplie en nous. Le sujet de la vie intérieure assume comme sienne une œuvre qui n'est pas la sienne. L'être nouveau se substitue à l'être ancien, sans perte d'identité. (Il en va de même dans la résurection.) Cette opération secrète peut être comprise dans la mesure où on ne perd pas de vue que la foi n'est pas constituée par des états d'âme spécifiques, mais bien par une réorientation fondamentale au sein de notre vie intérieure de tout notre être. Cette réorientation signifie qu'une nouvelle origine est donnée à notre être et que les mouvements de notre vie intérieure se réfèrent à un fondement nouveau qu'elle n'a pas posé.

Nous nous trouvons donc en présence d'une situation étonnante. D'une part, c'est bien dans ma vie intérieure que j'accueille la foi. Un être qui n'aurait aucune vie intérieure, qui vivrait dans la dissipation, n'a guère d'espérance de devenir un croyant ou, si le don de la foi lui est fait, ce don crée immédiatement en lui une vie intérieure. Mais d'autre part, la foi menace ma vie intérieure aussi bien dans sa suffisance que dans sa détresse, car elle signifie que « la vraie vie est ailleurs » (Rimbaud) ou que la vie nouvelle est « cachée avec le Christ en Dieu » (Col 3,3). La foi est toujours un exode hors de soi, elle consiste donc à accepter que ma vie intérieure ne constitue plus le dernier refuge. Seulement pour entreprendre cet exode que la foi exige, il faut bien partir de quelque part. La parabole de l'enfant prodigue comporte une notation qui est pleine de sens : lorsque l'enfant prodigue décida de se mettre en route vers la maison du Père — ce qui est la démarche même de la foi — le texte nous dit qu'il rentra en lui-même. Ce retour sur soi n'est pas la foi, il peut en être le chiffre.

Nous ne dirons donc pas que la vie intérieure par son propre approfondissement, par sa propre épuration nous achemine à la foi ; il est des intériorités intenses qui ne débouchent que sur l'incrédulité. Mais nous dirons que la foi *apparaît* au sein de l'intériorité et que la foi se donne à elle-même une intériorité comme condition de son existence[22].

---

22. Nous nous séparons donc ici totalement de M-M. DAVY, *(L'Homme intérieur et ses métamorphoses,* Paris, Épi, 1974). Pour elle, l'approfondissement de l'intériorité, s'il est mené avec persévérance et le secours de bons guides, conduit à la découverte de la dimension de profondeur, ce que nous ne contestons nullement. Mais nos chemins s'écartent quand elle écrit : « C'est grâce à cette dimension de profondeur que l'homme devient capable de discerner la Présence divine en lui » (p. 32). La découverte de notre profondeur peut faire apparaître un désir d'infini, une soif d'éternité, non pas nous donner la présence de Dieu car alors, d'une façon certes subtile et noble, Dieu deviendrait une réalité dont nous disposons. Il

ne serait même plus présence, car la présence se donne librement ou elle n'est pas. La présence implique toujours une altérité. Dieu n'est pas la profondeur de notre être. C'est pourquoi on ne gagne rien à définir Dieu, comme P. Tillich, non par la transcendance, mais par la profondeur. M-M. Davy écrit encore : « Le cœur est dans l'homme le temple de la Déité » (p. 44). Il vaudrait mieux dire que le Dieu vivant *fait* du cœur de l'homme son temple, mais le temple n'est pas préexistant dans notre cœur. Pourtant la pensée de M-M. Davy est nourrie de substance biblique. Mais elle croit découvrir dans la vie intérieure une structure qui est prête à accueillir le message de l'Écriture. Celle-ci libérerait seulement dans la vie intérieure une énergie latente. Nous pensons que si M-M. Davy peut ainsi interpréter le témoignage biblique, c'est qu'elle le lit au travers des mystiques (chrétiens ou non chrétiens) et des plus mystiques parmi les Pères de l'Église.

CHAPITRE V

L'EXPÉRIENCE DE LA MORT ET LA VIE INTÉRIEURE

1. Comment l'expérience de la mort peut-elle prendre place dans la vie intérieure ?

Notre vie intérieure est faite d'expériences d'intensité variable. Celles qui ont eu le plus d'intensité laissent une trace dans notre souvenir et nous avons tendance à les isoler, à les autonomiser, à leur fixer des contours qu'en réalité elles n'ont pas eus. Car toutes nos expériences ne sont que des modifications d'une expérience plus fondamentale, sans laquelle il n'y aurait pas de vie intérieure, l'expérience de la durée. Mais cette expérience, nous ne la faisons pas à l'état pur. La durée est toujours porteuse de son contenu. Le je lui-même ne se saisit que comme être qui dure, même s'il lui arrive parfois de ne plus reconnaître entièrement son propre passé comme le note Jean Pommier : « Un peu de terre sur les cercueils, mais entre notre jeunesse et nous, quelle épaisseur ! On ne peut plus l'embrasser. Et l'on s'interroge sur cet acteur toujours en scène de notre théâtre intérieur ; on se demande : est-ce bien moi[1] ? » Cette épaisseur même du passé lointain, le sentiment

_____

1. Jean POMMIER, *Le Spectacle Intérieur,* Paris, Denoël, 1970, p. 9.

d'étrangeté qu'il suscite en nous attestent notre insertion dans le monde de la durée, et le caractère indéfini de la durée. Curieuse expérience que celle d'une durée dont je ne saurais m'isoler et qui pourtant m'échappe. C'est dans cette expérience que nous découvrons la limite de la possibilité de nous assumer nous-mêmes. Je suis ma propre durée et pourtant cette durée me fuit, me devient étrangère. Je suis celui que je ne suis pas. J'habite dans ma vie intérieure, mais cet habitat, sans cesser d'être mien, de représenter mon intimité s'éloigne de moi. Cette expérience d'une durée qui est à la fois mienne et non mienne acquiert une intensité particulière dans l'expérience du vieillissement. Par-delà toutes les limitations et les servitudes que le vieillissement m'impose et leur servant de fondement, il y a dans le vieillissement cette expérience ou cette découverte de la diminution du possible, c'est-à-dire de l'avenir et de la pesanteur toujours plus grande du passé : « Aux yeux de l'adolescent, écrit Max Scheler[2], son avenir s'offre comme un chemin large, clair, brillant, s'étendant à perte de vue : c'est un champ immense où se déploient librement les possibilités d'expérience et où le désir et l'imagination représentent mille formes. Mais avec cha-que fragment d'existence qui est vécu et qui est donné comme tel en son retentissement immédiat, cette *marge* de vie qu'on peut encore vivre se rétrécit sensiblement. Le champ de ses possibilités de vie diminue en richesse et en plénitude, et la *pression* qu'exerce immédiatement le passé sur le présent devient plus grande. Telle est la raison pour laquelle la vieillesse, comme le dit très bien Windelband, admet beaucoup plus facilement le *déterminisme* que la *théorie de la liberté*, et cela indépendamment des arguments logiques pour ou contre. Telle est aussi l'idée d'Henri Bergson quand, dans ses recherches de philosophie biologique, il recourt à cette image un peu obscure que « le passé mord toujours davantage sur le futur ». Il faut tenir compte des deux composan-

---

2. Max SCHELER, *Mort et Survie,* trad. française par A. Dupuy, Paris, Aubier, 1952.

tes de cette expérience : le passé tout en restant mon
passé, à cause du volume qu'il a pris, pèse sur mon
présent et le paralyse dans sa volonté de renouvellement : ce présent, je le vis donc comme une continuation, je le vis sur la lancée de mon passé. J'en suis
solidaire : il ne m'appartient plus autant qu'en ma jeunesse. C'est pourquoi je m'aperçois, ou on me fait
comprendre, que je dois me retirer parce que je ne participe plus assez au renouvellement du monde. D'autre
part, la restriction des possibilités de l'avenir me fait
pressentir que l'avenir s'épuise et que le moment viendra où je n'aurai plus d'avenir du tout, où les seuls
projets qui me seront permis seront des projets pour
l'immédiat. Qu'est-ce qu'une durée sans futur ? Il est
vrai que l'avenir appartient moins à ma vie intérieure
que mon passé et qu'ainsi être frustré de l'avenir incertain, inimaginable, qui vient à moi sans que je l'ai toujours
voulu, et qui vient toujours à moi autrement que je ne
l'ai voulu, n'est pas être frustré de ma vie intérieure : « Ce que le vieillissement nous retranche en
possibilités, il nous le restitue sous forme d'un enrichis-
sement du passé », note José Echeverria[3], qui ajoute
avec sagesse : « Apprendre à vieillir signifie apprendre à
jouer de cette résonance du déjà vécu dans le présent,
de la communication constante de l'un et l'autre[4]. »
Malheureusement, apprendre à jouer du passé pour
éclairer notre présent est encore un projet d'avenir. Or
s'il n'y a plus d'avenir, il n'y a plus de projet, même
pour le présent. Car mon présent n'est vécu que comme
ce qui va être mon présent, comme le présent que je
vais faire. La catégorie du présent est indissociable de
celle de l'avenir. Est-il seulement imaginable que par
une concentration sur mon présent, je puisse me
dépréoccuper de l'avenir, au point que celui-ci puisse
m'être indifférent ? Non, car il me faut sans cesse hâter
l'avenir pour pouvoir prendre ma décision présente. Or

---

3. José ECHEVERRIA, *Réflexions métaphysiques sur la Mort et le
Problème du Sujet,* Paris, Vrin, 1957, p. 137.
    4. *Ibid.,* p. 138.

« chaque décision importante, chaque événement significatif rétrécit davantage le champ de notre futur et nous
rapproche de son épuisement définitif. Ce qui explique,
dans la mesure où nous sommes sensibles à cette expérience du temps, notre hésitation devant les événements
dont la valeur est liée au pouvoir de tuer le possible :
nous désirons et nous repoussons à la fois les actions
qui les consommeraient, parce que nous savons que
sitôt réalisées nos possibilités se réduiraient brusquement, que nous nous retrouverions plus vieux[5]. » Voilà
encore une bonne chose de faite, disons-nous après une
action réussie. Nous le disons avec satisfaction, car
nous avons longuement investi notre espérance dans
cette action et son succès. Mais nous sommes aussi obligés de le dire avec mélancolie : du moment qu'une
chose est faite, elle n'est plus à faire ; un pan de notre
futur s'est écroulé.

Telle est l'expérience du vieillissement, même
lorsqu'elle ne s'accompagne ni de souffrance ni de gêne
excessive. On voit que c'est une expérience d'anticipation de la mort. Dans le vieillissement, nous vivons
notre mort par anticipation et savons que cette anticipation n'est pas illusoire. C'est notre seule façon d'intégrer notre mort à notre vie intérieure. Nous n'échap-
pons pas à cette nécessaire intégration, s'il est vrai que
ma vie intérieure est durée et que le propre de toute
durée est d'élargir et d'épaissir son passé et d'épuiser
son avenir.

Il n'y a pas, en effet, d'expérience directe de la
mort. Tout au plus peut-il y avoir une expérience de
l'agonie, encore est-elle vécue le plus souvent dans
l'inconscience ou la semi-conscience. Quant à ceux qui
ont été dans la mort et en sont revenus (coma dépassé),
il ne semble pas qu'ils aient rapporté de ce « séjour des
morts » une expérience communicable. Certes « il y a
mille façons de pressentir et de se représenter sa propre
mort. Certains saints ont prévu l'heure de leur mort

---

5. *Ibid.*, p. 137.

par méditation, certains médecins par science, certains
héros par décision. Mais, dans chacune de ces expériences, la différence essentielle entre le mourir et la mort,
le *subir* comme acte et ce *qu'on subit*, reste forcément
cachée[6]. » Parce que le mourir ne devient pas un acte,
je ne puis en avoir d'expérience. Il n'y a d'expérience
que de ce que je puis assumer. Or la mort, si elle est
prévisible, si sa proximité peut même être mesurée,
n'est jamais assumée, parce qu'elle n'est pas pensable.
Elle n'est pas pensable, parce qu'elle n'a pas de contenu. Comment pourrais-je penser ce qui apparaît
comme le type même de l'absence, et de l'absence irrémédiable ? La seule absence que je puisse penser, c'est
celle qui est compensée par un ailleurs : je dis qu'une
personne que je m'attendais à trouver en un certain lieu
est absente, mais cela signifie immédiatement qu'elle est
dans un autre lieu. Mais en présence de celui qui vient
de mourir, je puis difficilement évoquer pour lui un
autre lieu : son cadavre est là, c'est bien lui, je le
reconnais, mais en même temps ce n'est plus lui, en
tant que personne : « Un cadavre n'est plus un lieu
possible pour la présence d'une personne. L'aspect
même du cadavre ne nous enseigne pas seulement qu'ici
le processus vital propre à un individu de l'espèce
humaine est arrivé à sa fin mais, une fois introduite la
catégorie de la personne, cet aspect nous enseigne aussi
que l'esprit personnel ne peut plus se réaliser dans ce
corps. Dans les yeux ouverts d'un défunt, nous apercevons non seulement la fin de la vie, mais aussi bien la
disparition de la personne spirituelle[7]. »

Comme P.L. Landsberg, on peut se demander si la
mort de l'autre, en tant qu'être aimé, non pas en tant
que simple congénère anonyme au milieu de la foule
humaine, n'est pas pour nous l'occasion d'une certaine
expérience de la mort, expérience qui certes n'est pas
plénière, mais qui est beaucoup plus qu'une simple infé-

---

6. P.L. LANDSBERG, *Essai sur l'expérience de la Mort*, Paris,
Desclée de Brouwer, 1936, p. 24.
7. P.L. LANDSBERG, *Ibid.*, p. 28.

rence indirecte. Le fait général que tous les hommes meurent, qu'« on » meurt ne m'apprend rien sur la mort, sinon un savoir scientifique et statistique. Mais la vie intérieure qui est traversée par le désir de l'autre et n'est pas seulement repli sur soi, mais ouverture vers l'autre en tant que désiré, est atteinte par cette mort de l'autre aimé et proche : « Cette bouche ne me parlera plus. Cet œil brisé ne me regardera plus. Ma communauté avec cette personne semble rompue : mais cette communauté était moi-même dans une certaine mesure et, dans cette mesure, j'éprouve la mort à l'intérieur de ma propre existence[8]. » Si nous posons que la vie intérieure ne mérite son nom de vie que par l'appel à l'autre et la réponse de l'autre, que par l'effort constant pour faire pénétrer en elle l'autre et m'arracher à ma déréliction, alors il faut reconnaître que la mort de l'autre qui signifie impossibilité de lui témoigner ma sympathie et de recevoir le témoignage de la sienne devient au moins partiellement mon expérience de la mort. Ma vie intérieure se trouve mutilée et l'expérience que je fais alors, c'est l'expérience de l'abandon. C'est pourquoi nous disons d'un être cher qui est mort : il nous a quittés, il nous a abandonnés et à la limite nous éprouvons cet abandon comme une sorte d'infidélité. Telle veuve disait d'un mari aimé qui venait de mourir : « Me faire cela, à moi ! » C'est pour cela que nous luttons contre l'évidence de la mort, que nous entretenons le souvenir du défunt, que nous nous attachons avec une sorte de piété à tout ce qui a été sien, que nous continuons à respecter les modes de vie, le style de vie qui ont été les siens et que même nous hésitons à modifier l'ordonnance du cadre de vie où il a vécu. Par-delà toutes les croyances qui peuvent s'attacher, de façon souvent peu consciente, à de tels comportements, ceux-ci mettent en évidence le fait que nous luttons contre l'abandon, parce que cet abandon signifie blessure et mutilation de notre vie intérieure. La mort de l'autre aimé a le pouvoir de nous faire sentir, com-

---

8. *Ibid.*, p. 31.

bien peu, malgré la clôture de la vie intérieure, malgré le secret jamais entièrement partageable, nous sommes à rigoureusement parler des individus. Nous ne cessons de nous investir nous-mêmes dans la personne de l'autre. Cet autre venant à disparaître, la mort, tant redoutée, contre laquelle notre organisation vitale, psychique et morale est une protestation permanente, peut nous apparaître moins redoutable et même désirable. Car elle a déjà commencé à faire son œuvre en nous, de sorte que nous avons acquis avec elle une sorte de familiarité. L'événement de ma mort ne sera plus que le couronnement d'une expérience déjà faite.

Mais il faut encore essayer de préciser ce dont notre vie intérieure a été privée par la mort de l'autre aimé. S'il est vrai que la présence de l'autre était l'objet du désir, et que le désir n'était jamais complètement comblé mais recevait toujours de nouveaux encouragements, alors il faut dire que ce dont nous sommes privés c'est l'espérance, en tant qu'attente d'une réalisation plénière. L'espérance a en effet toujours pour objet la plénitude, laquelle ne m'a jamais été pleinement donnée. J'ai toujours été une créature inachevée, mais une créature inachevée qui n'a jamais rencontré non plus de limite absolue. Mon expérience de l'amour de l'autre m'a fait voir que certaines limites pouvaient être reculées, qu'aucun être n'était enfermé dans la souffrance totale et que la singularité de mon existence n'empêchait ni la communication ni la communion, et que dès lors l'espérance était nourrie par cette communion avec l'autre, que rien ne pouvait être considéré comme un obstacle ultime. La mort vient mettre fin à cette certitutde. Ce dépouillement de l'espérance n'est pas forcément vécu comme tel ; il est ordinairement vécu comme frustration des espoirs concrets (tout ce que j'aurais voulu réaliser avec l'être aimé), mais sous cette frustration des espoirs particuliers, qui s'exprime en regret et en déception, se cache une désespérance plus totale, qui certes pourra être surmontée (je reprendrai goût à la vie), mais qui dans l'immédiat est bien la conviction que la vie ne vaut plus la peine d'être vécue, que l'avenir est comme s'il n'était pas. Sans doute ai-je bien l'idée qu'un avenir subsiste pour les autres qui n'avaient pas avec le défunt les mêmes liens que moi, mais qu'il ne s'agit plus de mon avenir.

Ainsi les deux expériences de la mort qui peuvent s'intégrer dans ma vie intérieure se recoupent : celle du vieillissement me montre que mon avenir se restreint et que bientôt il n'y aura plus d'avenir du tout, celle de la mort de l'autre aimé me montre que cet avenir n'est plus assumable par moi, qu'il existe encore objectivement, mais ne me concerne plus, qu'il est comme n'étant plus.

2. La Mort comme menace absolue pour la vie intérieure

L'expérience de la mort, telle que nous l'avons décrite, est l'expérience d'une diminution d'avenir et l'expérience d'une absence. Cette dernière expérience reste difficile à interpréter, car nous ne décelons aucun passage de la présence à l'absence. Au cours d'une lente agonie, il y a une rupture entre la présence et l'absence, même si cette rupture ne se situe pas (ou se situe auparavant) au moment de la mort cliniquement constatée. Du point de vue de l'expérience externe la mort est une dissolution de l'être organique, précisément de cet aspect de l'être qui nous a toujours paru représenter son extériorité, bien que l'intériorité s'y inscrivît de différentes façons et que nous n'ayons aucun moyen de penser l'intériorité en dehors de sa symbolisation dans l'extériorité. Néanmoins — et cette intuition est présente dans une multitude de religions, et elle est rationnellement fondée dans beaucoup de philosophies — nous ne pouvons que difficilement nous empêcher de penser que la mort qui atteint visiblement l'organisation biologique est sans pouvoir ou a moins de pouvoir sur cette intériorité, qui avait su se couper des excitations extérieures et, à certains moments, se clôturer en elle-même, en tout cas constituer un secret que la curiosité des autres n'avait pu entamer. L'idée si ancienne et toujours renaissante de l'immortalité de l'âme trouve assurément son meilleur appui dans cette incapacité où nous sommes de penser la mort de l'intériorité[9]. *Non omnis moriar.* Sans doute certains arguments ont-ils perdu de leur poids à partir du moment où il ne fut plus possible de concevoir l'âme comme une substance simple, sans parties, opposée au corps, lui-même composé de parties et d'éléments offrant par là même prise à la désagrégation. La vie intérieure en effet est complexe, et même quand elle se ferme ou croit se fermer aux stress de l'extériorité, elle n'en demeure pas moins liée au corps à la fois par les pulsions qui s'enracinent dans notre constitution biologique et par les processus encore peu connus de la chimie cérébrale qui déterminent notre équilibre ou notre déséquilibre psychique. Le dualisme cartésien de l'âme et du corps n'a cessé d'être mis en question par les progrès conjugués de la biologie et de la psychologie normale et pathologique. Aussi bien Descartes lui-même avait-il pressenti, en particulier par l'étude des passions qui ont une racine somatique et qui sont pourtant les passions de l'âme, le caractère impossible de son propre dualisme et avait-il inventé une troisième substance, l'union de l'âme et du corps.

Cependant, comme nous l'avons indiqué, la vie intérieure n'est pas et ne peut pas être seulement une succession complexe d'états de conscience animés par le désir. Elle s'organise autour d'un sujet, qui apparaît comme le garant indispensable de notre propre identité, de notre capacité de nous reconnaître nous-mêmes, de notre capacité d'avoir une vie intérieure. Au travers de la diversité du vécu, de la diversité des expériences, décidant de la clôture et de l'ouverture de notre vie intérieure s'affirme un sujet que le vieillissement ne semble pas atteindre, que la mort de l'autre aimé ne détruit pas malgré la souffrance que le sujet en éprouve. Il paraît doué d'une sorte de transcendance

9. Voir entre autres José ECHEVERRIA, *ouvrage cité* et Roger TROISFONTAINES, *Je ne meurs pas,* Paris, Presses Universitaires, 1960.

par rapport au désir qu'il tempère, qu'il ré-oriente, par rapport au souvenir qu'il refoule ou dont il modifie la signification, par rapport au projet dont il parvient à se détacher, par rapport au sentiment qu'il accueille et refuse. Ne faudrait-il pas dans ces conditions penser que le sujet n'est pas vraiment immergé dans le temps, que la durée ne l'affecte pas et écrire comme José Echeverria : «*Dans la mort je ne meurs pas ; c'est le temps qui meurt en moi*[10] ? » En risquant une telle formule, l'auteur n'oublie pas ses analyses sur l'amenuisement du futur et l'ampleur accablante prise par le passé. Mais il allègue que ce qui fait que le passé est passé, c'est sa relation avec le futur, et que par conséquent, dès que par la mort le futur sera anéanti, le passé cessera d'être passé et deviendra du présent[11]. Encore faudrait-il que le terme de *présent* conservât un sens dans cette *absence* qu'est la mort. A tout le moins faudrait-il que la mort ne soit que l'apparence d'une absence et que nous puissions affirmer que la présence se réalise dans un ailleurs qui est pour nous inatteignable. Mais sur quoi une telle affirmation pourrait-elle être fondée ?

La prétention de soustraire le sujet à la mort repose en réalité sur une équivoque. Elle consiste à jouer sur deux registres, l'un que nous appellerons logique, l'autre que nous appellerons existentiel. La nécessité de poser un sujet est une nécessité logique : le sujet est la condition *a priori* de toute vie intérieure. Nous pouvons dire avant toute expérience que toute vie intérieure, quelle que soit sa qualité, quelle que soit sa concentration dans l'attention ou sa distension dans la rêverie suppose un sujet, que le mouvement même de se concentrer et se détendre renvoie à un sujet qui manifeste sa présence dans l'acte par lequel je me reprends sur ma propre détente aussi bien que dans l'acte par lequel je consens à relâcher ma propre tension. Mais tant que le sujet est saisi uniquement comme une condition

---

10. *Ouvrage cité,* p. 142.
11. *Ibid.,* p. 145.

logique, comme l'indispensable postulat pour rendre compte du vécu, comme principe nécessaire de toute compréhension de la vie intérieure de l'homme, il est loisible d'affirmer que le sujet échappe à la mort. Comment concevoir la mort d'un principe formel ? Mais un tel sujet, comme Kant l'avait bien vu, peut être dit transcendantal en tant que forme *a priori* de toute expérience et de toute connaissance, il ne peut pas être dit transcendant. Tout change lorsque je pose la question non plus de la nécessité de ce sujet, mais la question existentielle : *qui* est ce sujet ? Car alors reparaît la pleine historicité de ce sujet, sa pleine solidarité avec la durée, son irrémédiable engagement temporel. Dès que le sujet existe, il est présence, mais il est impossible d'être présent sans constituer par cet acte lui-même un passé et un futur. Dès que je me donne comme présent, je me réfère à un maintenant dont la fragilité est évidente. Il va s'évanouir, mais il ne s'évanouit pas sans m'avoir laissé entrevoir une autre modalité de présence possible dans le futur. Le sujet pour être présent a besoin d'un maintenant dont il n'est pas le maître. C'est une illusion de sa part de penser que la présence ne dépend que de lui-même, est un acte pur. Car il faut qu'une occasion d'être présent lui soit offerte et la mort c'est précisément l'occasion refusée. Il me faut donc consentir à la durée et à l'histoire pour pouvoir être présent. Mais dans ce consentement je signe, à terme, mon propre arrêt de mort. Il est possible d'affirmer que le sujet ne se confond pas avec sa propre durée, car le sujet pense sa durée et il l'oriente. Il est donc en mesure de l'objectiver hors de lui-même, mais ce processus ne peut pas aller jusqu'à son terme ; je ne puis pas constituer une histoire du monde qui ne serait pas aussi la mienne ; je puis certes distinguer mon histoire intérieure de l'histoire du monde, mais jamais je ne pourrai totalement dénouer les liens de ces deux histoires car, si j'y parvenais, je devrais du même coup renoncer à être présent pour quelqu'un. Ma présence n'aurait plus de sens.

On peut alléguer, il est vrai, que je puis être présent à moi-même, comme l'indiquent les expériences du recueillement et de la prière, et qu'on peut imaginer que cette concentration, cette présence à soi-même nous soustraient aux avatars du temps. Si le Socrate de Platon pouvait ne pas redouter la mort et même prétendre que la mort n'était rien, c'est bien qu'il pensait que, dans ce passage qu'est la mort, le sujet, par son détachement à l'égard de toutes les réalités sensibles, des criailleries de sa femme et des lamentations de ses disciples, par sa concentration sur lui-même en même temps que sur la vérité éternelle, traverserait sans aucun mal ce sombre passage. Mais il faut bien voir que toute présence à soi est présence à soi dans le monde et dans l'histoire. Sans doute, je ne réalise ma présence à moi-même qu'en mettant provisoirement entre parenthèses ma présence au monde. Mais cette mise entre parenthèses n'est qu'un artifice pédagogique qui ne saurait se prolonger. Elle vise seulement à mettre fin à cet engluement spontané dans le monde où je me laisse investir par des puissances qui me sont étrangères et qui risquent de me dominer. C'est pour réaliser ma présence active au monde que je commence par m'en séparer. Mais mon intention est bien d'être présent au monde. Je sais seulement que je ne puis effectuer cette intention que si je me suis ressaisi moi-même, que si j'ai épuré mes engagements de tout un poids de routines et d'habitudes, de consentements involontaires. C'est pourquoi je fais retraite, mais avec la ferme volonté de trouver un mode de présence au monde plus authentique. Et dans ce temps de retraite, j'imagine ce que sera demain ma présence au monde et ma présence pour les autres. C'est dire que dans cet acte de retraite, je n'élimine pas le monde, j'entends les appels qui montent de lui et de toute façon je cherche le lieu de mon insertion dans son histoire. Comme j'ai connu des échecs dans mes tentatives pour m'insérer dans cette histoire... et qu'il n'est pas possible que ces échecs n'aient pas aussi des raisons en moi-même, il faut que je pratique cette ascèse de la retraite, que je lutte contre toutes les forces centrifuges qui sont sans doute à la racine de ces échecs. Dans la meilleure hypothèse, ce que je cherche dans ce recueillement, c'est à réaliser une présence au monde qui ne soit ni orgueilleuse, ni ambitieuse, ni vaniteuse. Mais je ne puis vouloir détruire ce monde et cette histoire sans lesquels je ne serais une présence pour personne, pas même pour moi-même. Je ne ferme ma vie intérieure à l'indiscrétion des autres et aux turbulences du monde que pour pouvoir, à la manière de Zarathoustra, redescendre de la montagne vers le monde des hommes mieux armé, plus intelligent et plus sensible, plus maître de moi-même, avec une vie intérieure plus pacifiée.

On ne peut donc pas arguer de cette présence à soi pour éliminer le scandale de la mort, en soutenant que cette mort va nous rendre à nous-mêmes, s'il est vrai que je ne réalise ma présence à moi-même que dans et pour le monde des autres. C'est justement cette présence à soi, cette possibilité d'avoir une vie intérieure qui est menacée par la mort. Pourquoi pouvons-nous l'affirmer ? Parce que la mort est avec la naissance le seul événement de mon existence dont je ne puisse absolument pas assumer une part, si petite soit-elle, de responsabilité. Même dans le suicide, je n'assume que la responsabilité de réunir les conditions qui selon toute probabilité provoqueront la mort, mais l'événement de la mort m'échappe. La mort survient sur moi, c'est pourquoi il m'est si naturel de penser à la mort comme à une puissance hostile, comme à un ennemi ultime vis-à-vis duquel je suis totalement démuni. Certes, il y a une lutte contre la mort, comme le rappelle le terme même d'agonie, et dans cette lutte il est possible que je conserve une part d'initiative et de responsabilité. Il y a des hommes qui meurent parce qu'ils ne veulent plus vivre. Mais l'agonie a un terme et à ce terme l'histoire semble s'arrêter. Là où il n'y a plus d'histoire, il n'y a plus de responsabilité. La présence *est remplacée* par l'absence. Bien que cette proposition soit inintelligible, il faut la maintenir, car, contrairement à ce que suggèrent de nombreux rites et mythes religieux, il n'y a pas de passage graduel de la vie à la mort. Il y a certes des fonctions vitales qui peu à peu se ralentissent, subissent des modifications dans leur rythme ou se décoordonnent (la respiration peut s'arrêter tandis que le cœur bat

encore, le cœur peut s'arrêter tandis que la vie cérébrale continue encore pendant quelques instants). Mais
toutes ces anomalies biologiques ne rendent pas compte
d'un passage de la présence à l'absence. Il reste incompréhensible pour nous comment une présence peut se
faire absence. Toute notre vie intérieure vise à la présence. Si cette présence ne se réalise plus, alors qu'en
est-il de notre vie intérieure ? La mort apparaît bien
comme menace absolue pour notre vie intérieure. Et
c'est ce qui nous terrifie. Nous connaissons bien la peur
des événements imprévisibles et qui nous surprendront
par leur contenu inattendu. Mais l'approche de la mort
suscite en nous une angoisse qui n'a pas d'équivalent,
parce que cette mort n'a pas de contenu pensable et
que toutes les idées que nous pouvons nous faire de
l'après-mort sont illusoires. Même l'assurance que la
mort n'est pas le dernier mot, même la foi en la résurrection ne nous permettent pas de dire ce qu'est la
mort et ce qu'est l'après-mort. La foi doit se borner à
dire que soit que nous vivions, soit que nous mourions
nous appartenons au Seigneur. Mais elle ne peut rien
dire sur ce que devient au moment de la mort ou après
la mort ma vie intérieure. Saint Augustin, si sensible à
ce que représentait pour la vie intérieure et pour l'identité personnelle la mémoire, s'est posé la question : nos
souvenirs subsisteront-ils après notre mort ? La réponse
est restée en suspens. Comment pourrais-je être moi-
même, me reconnaître, si je suis privé de mes souvenirs ? Mais comment imaginer que mes souvenirs puissent subsister lorsque meurt la durée ? Comment imaginer une persistance de ces souvenirs, s'il n'y a plus
attente de ce qui viendra les prolonger et les accomplir ? Le souvenir, en effet, n'est pas une pièce de
musée inerte. Il ne vit que pour être réactivé, que pour
être engagé dans une aventure future. Si la mort n'est
pas pensable comme passage, parce qu'il n'y a pas de
médiation entre la présence et l'absence, c'est l'idée
même de continuité qui est en question. Or toute existence est continuité. C'est bien pourquoi les mythes religieux ont essayé de sauver cette continuité, timidement
comme les mythes de l'ancienne religion grecque (le

royaume des ombres) ou ceux de l'ancien Israël (une existence exténuée dans le shéol), plus effrontément comme certains mythes populaires nés du christianisme (ce qui ne signifie pas qu'ils soient chrétiens) et qui nous représentent le paradis comme le prolongement amplifié, enrichi de notre existence présente portée à sa plénitude. Mais c'est justement cette continuité qui fait problème, tant que nous ne décèlerons pas le lien qui peut unir une présence à une absence. Il ne reste alors d'autre solution que de se réfugier dans l'idée que la mort n'est qu'une apparence et que l'absence n'est qu'une apparence. C'est bien ce que tente d'établir le Socrate de Platon. A proprement parler, Socrate ne meurt pas. Comment la vie pourrait-elle recevoir en elle-même son contraire, la mort ? En réalité l'âme qui, dès cette vie, est orientée vers la connaissance et la contemplation des Idées éternelles, mais qui a été paralysée par le corps et ses appétits sensibles, connaît au moment de la mort une délivrance, car le corps est la prison de l'âme. Il y a bien ici un passage, en ce sens qu'il y a une délivrance. La mort n'est redoutable que pour une vie intérieure totalement engluée dans le plaisir sensible. Pour l'âme qui malgré les inévitables retombées a déjà contemplé le beau, le vrai et le bien, la mort n'est que l'achèvement d'une guérison. Mais une telle hypothèse ne devient plausible qu'au prix d'un discrédit jeté sur l'existence présente. Il faut que l'aventure historique de l'homme soit une sorte de malheur, dans le meilleur cas un malheur dont nous tirons un profit : ce malheur nous permet d'exercer notre âme à se délier du sensible. Il demeure que l'existence temporelle ne peut être conçue que comme une incompréhensible chute. Si la mort ne cesse d'être la menace absolue que dans la mesure où elle fait de notre existence elle-même un malheur incompréhensible, on ne congédie le scandale de la mort qu'en faisant refluer ce scandale sur toute notre existence.

Il est très remarquable que le christianisme originel ne se soit pas engagé dans cette voie qui aurait infailliblement conduit à la mise en accusation du Dieu créa-

teur de toute existence et à la mise en doute de sa
bonté. Le christianisme conserve à la mort son caractère de scandale, son lien avec le péché. En revêtant la
condition humaine, le Christ sait qu'il se soumet à la
loi de la mort, à une mort qui n'est pas un passage
vers une autre vie, à une mort qui n'est pas une apparence, comme le docétisme a tenté de le suggérer pour
n'avoir pas pris au sérieux le réel abaissement du
Christ. Le Christ ne meurt pas sereinement comme
Socrate, mais dans l'angoisse et très tôt les païens ont
signalé ce fait pour mettre en évidence la supériorité de
Socrate sur lui. La remise par le Christ de son esprit,
c'est-à-dire de son souffle, entre les mains du Père,
n'est pas du tout une opération par laquelle le Christ se
disssocierait de son existence corporelle pour mettre son
esprit — sa vie intérieure — en un lieu sûr où il serait
soustrait à la mort. C'est un abandon de sa vie. Commentant Matthieu 27, 50 (« Mais Jésus poussa à nouveau un grand cri et rendit l'esprit »), Pierre Bonnard
écrit : « L'*esprit* que Jésus laisse ou abandonne (...)
n'est ni le Saint-Esprit, ni l'esprit divin résidant en
l'homme par opposition au corps matériel (le texte ne
veut pas dire que le vrai moi de Jésus retourne vers
Dieu), ni l'esprit-de-vérité au sens essénien (...), mais
l'esprit de vie au sens vétéro-testamentaire (...) sans
lequel l'homme n'est que poussière, mais qui, parallèlement, n'est jamais revêtu d'une existence personnelle en
dehors du corps qu'il anime ; Jésus meurt au sens
d'une destruction totale et définitive de la personne ;
même si la doctrine pharisienne de la résurrection des
morts était ici présupposée (ce qui est improbable), elle
n'adoucirait en rien le caractère radical de cette
mort[12]. » Le lourd silence symbolique du samedi saint,
l'insistance du credo sur la mort, l'ensevelissement, la
descente aux enfers attestent bien que la mort du Christ
a été comprise comme un anéantissement. Là où il n'y
a pas passage d'une forme de vie moins bonne à une

---

12. Pierre BONNARD, *L'Évangile selon saint Matthieu,* Neuchâtel,
Delachaux et Niestlé, 1963, p. 407.

forme de vie plus élevée, là où il n'y a pas de médiation (par le moyen d'un élément qui échapperait à la
mort) entre la présence et l'absence, la seule façon de
désigner la mort, c'est « l'idée » de néant. Le contenu
de cette idée, c'est la négation radicale de toute existence.

De menace évidente pour notre organisation biologique, la mort devient dans cette perspective menace
absolue pour la continuité de notre existence, donc pour
notre vie intérieure en tant que celle-ci non seulement
est insérée dans la durée (le corps l'est aussi), mais
dans la mesure où la durée est vécue consciemment par
elle et où la durée est l'étoffe indispensable de sa
mémoire et de son projet, de son identité et de son
espérance. Sans doute dans notre expérience cette continuité de la durée est-elle brisée par des événements qui
représentent une altération de la durée. Mais comme le
montre V. Jankélévitch « l'instant de la mort n'est pas
une altération temporelle », toute altération temporelle
annonce autre chose, un nouveau cours de la durée,
« le devenir étant par définition continuation d'altérité
ou altérité continuée ». Mais « la mort est un devenir
qui fait mine de devenir quelque chose, en l'espèce
autre chose, mais ne devient rien et accouche... d'un
non futur... Faux devenir et fausse grossesse[13]. »

La foi en la résurrection d'entre les morts ne peut
pas s'appuyer sur le fait d'une invincible continuité,
mais bien sur la seule espérance d'une nouvelle naissance,
d'une recréation.

3. La signification de la mort pour la vie intérieure

La mort nous est apparue essentiellement comme
une menace absolue, non seulement pour notre organisation biologique, mais davantage encore pour cette vie
intérieure qui est plus nôtre encore que le corps. Peut-

---

13. V. JANKÉLÉVITCH, *La Mort,* Paris, Flammarion, 1966, p.
218.

on vivre avec une telle menace sans chercher à lui donner une signification positive ? La question est d'autant plus urgente que la mort n'est pas seulement un terme, mais qu'elle pénètre dans notre expérience et que, de ce fait, elle est notre compagne de chaque jour. Cette compagne, il faut en faire quelque chose. L'entreprise est d'autant plus légitime que, vis-à-vis de la mort, nous ne sommes pas sans espérance. S'il est vrai que la résurrection du Christ est le gage et l'annonce de notre propre résurrection, s'il est vrai que Dieu nous promet une victoire sur la mort, alors il devient d'autant plus légitime de chercher dès à présent à donner à cette compagne insolente une signification positive. S'il existait un obstacle absolu, il serait vain de vouloir l'utiliser. On n'utilise que les obstacles qu'on peut sinon écarter, du moins contourner. Il est vrai que la mort en elle-même reste un obstacle absolu, qu'elle est négation et que nous ne voyons pas comment pourrait se produire en elle une négation de la négation. Contrairement à ce que suggère l'axiome « Stirb und werde », elle n'est pas en elle-même le lieu d'une renaissance. C'est d'une intervention extérieure, celle de Dieu, que la foi attend la mort de la mort. Mais l'espérance de cette intervention, gagée sur le lien qui nous unit dès à présent au Christ ressuscité, est suffisante pour maintenir en nous la volonté de ne pas laisser subsister en nous la présence de la mort sans avoir essayé de la finaliser. Ou bien la mort et son effroi rendront vaines et dérisoires toutes nos entreprises et nous dissuaderont de les entreprendre, mais ce sera alors l'aveu que nous sommes sans espérance et qu'à cause de la mort l'existence est totalement absurde, ou bien nous tenterons de faire servir la mort, vaincue en espérance, au projet de notre existence. C'est cette deuxième voie dans laquelle nous nous engagerons, en nous souvenant cependant qu'il ne s'agit pas d'une entreprise pour vaincre nous-mêmes la mort ou pour la justifier, et notre effort rencontrera très certainement des limites. Trouver un sens ou des sens à la mort, c'est en même temps s'attendre à trouver un « reste » insignifiable. Il y a une opacité de la mort qui ne peut être éclairée mais, sans livrer son secret impénétrable, la mort peut remplir dans notre existence un certain nombre de fonctions. Ce qui nous encourage dans cette aventure, c'est le fait que dans le récit de la Genèse la mort nous est présentée certes comme une sanction, mais une sanction du Dieu miséricordieux. C'est pour éviter que l'homme revêtu de par la connaissance du bien et du mal d'une insupportable grandeur et d'une insoutenable puissance ne succombe complètement, que Dieu a rompu par la mort le fil de ses dangereux exploits (Genèse 3, 22). Il y a une grâce dans le châtiment. Il y a aussi dans la mort une libération à l'égard d'un fardeau que l'homme est incapable de porter. C'est pourquoi, la mort nous est aussi présentée comme un repos et parfois comme « une mort très douce ».

Habités que nous sommes par la mort, nous pouvons trouver dans son imminence et dans son immanence une certaine sagesse pour notre vie intérieure et pour l'action qui y trouve ses racines. Car la mort nous fait comprendre l'impossibilité de nous prendre trop au sérieux, à la fois dans nos projets et dans nos réalisations. La mort rend toute chose relative. Elle nourrit l'humour (même s'il s'agit d'un humour noir) à l'égard de nous-mêmes. C'est sans doute notre action que nous sommes tentés de prendre le plus au sérieux, parce que nous y investissons le tout de notre volonté et parce que nous prétendons agir au nom de... Or ce au nom de quoi nous agissons est une exigence d'absolu et volontiers nous faisons refluer sur notre action elle-même ce au nom de quoi elle est accomplie, sans nous apercevoir, par orgueil, qu'il y a toujours une distance infinie entre l'acte que nous accomplissons et la réalité au nom de laquelle nous l'accomplissons. C'est cet oubli qui est la cause de notre sérieux. Or l'imminence de la mort qui viendra suspendre notre action, amortir l'effet de nos actes passés, nous rappelle combien peu nous sommes indispensables. Notre disparition n'arrêtera pas le cours de l'histoire, peut-être même permettra-t-elle un certain renouvellement dont nous étions incapables, parce que nous nous étions attachés passionnément à certaines valeurs au mépris des autres, parce que nous faisions corps avec notre situation dont le caractère passager nous échappait, parce que nous avions donné à notre vie intérieure un certain style incompatible avec les renouvellements. Il est des personnalités écrasantes, dont la disparition crée un vide énorme, en même temps qu'elle permet de nouveaux départs. Que nul ne soit irremplaçable, c'est ce que la mort nous apprend et elle nous inspire une certaine modestie. L'histoire, qui est toujours l'histoire des morts, nous enseigne au moins une chose : les choix opérés par ceux qui nous ont précédés et que nous suivrons étaient des choix relatifs, même s'ils ont été opérés dans la passion de l'absolu. Ainsi la mort, par son imminence toujours actuelle, nous insère salutairement dans la relativité de l'histoire.

Mais cette même imminence nous dévoile aussi, paradoxalement, l'urgence d'être et d'agir, l'urgence de se ressaisir pour agir. Le temps est court, il faut travailler « tant qu'il fait jour ». Si jeunes que nous soyons, nous sommes déjà assez vieux pour faire un mort. Or nous sommes toujours tentés dans notre vie intérieure de caresser tous les possibles, de maintenir ouvert l'éventail de nos rêves, de refuser l'engagement d'aujourd'hui pour ne pas compromettre l'avenir, comme si nous avions le temps à notre disposition. L'imminence de la mort vient nous rappeler que demain il sera trop tard. Elle nous rappelle en même temps le caractère précieux de l'aujourd'hui, de l'occasion peut-être unique qui m'est offerte d'être présent au monde, de dire la parole qu'aujourd'hui un autre attend de moi, d'accomplir l'acte que dans la situation présente, face à la constellation de mes partenaires actuels, je suis seul à pouvoir accomplir. Certes, la ruse de la raison peut conseiller d'attendre le moment favorable et ce conseil est valable sur le plan politique. Car il est vrai qu'il faut qu'une situation mûrisse, qu'une évolution se produise dans les choses et dans les esprits pour que l'action ait quelque chance de succès. Mais la politique est toujours un projet collectif, dont les auteurs sont divers. Ce que je ne pourrai plus faire, d'autres, le moment venu, le feront à ma place. La singularité de mon existence est estompée par le projet collectif. Mais celle-ci reprend toute sa valeur lorsqu'il s'agit de la liberté de ma vie intérieure et des décisions qui s'y forment. Ou bien ma présence au monde n'est qu'un accident, sans signification, une écume sans conscience et une moisissure inutile, ou bien elle est un événement, très modeste et très précaire de l'histoire, et alors je ne puis pas me dérober ni à ce que les autres attendent de moi, tant que je suis parmi eux, ni à cette tâche qui consiste à témoigner de la vérité telle qu'il m'a été donné de l'apercevoir dans ma méditation intérieure, à dire la parole que commande ce témoignage, à faire ce que personne ne peut faire à ma place, parce que sa vie intérieure ne lui aura pas donné la même conviction. Dans tout acte authentique, il s'agit en effet d'un don de soi et il est bien évident que, si modeste et même si réticent que soit ce don, je suis seul à pouvoir l'accomplir. La mort, parce qu'elle est non seulement un objet de statistique, mais parce qu'elle est *ma* mort, souligne la singularité de mon existence et l'urgence qu'il y a de ne pas dérober aux autres, tant qu'on peut dire aujourd'hui, cette singularité. L'égoïsme est une forme particulièrement aiguë de l'oubli de la mort, non seulement parce que l'égoïsme s'imagine qu'il peut soustraire son avoir et son être à la mort, mais plus profondément parce qu'il vit dans l'illusion qu'il ne sera jamais trop tard pour donner un sens à cet avoir et à cet être et qu'il est encore temps de les garder. Il faut vivre dans le compagnonnage de la mort pour être généreux. La mort délimite le temps dans lequel le don, qui donne sens à l'existence, est possible.

Mais c'est surtout le sérieux de cette existence que la mort dévoile. Si elle m'empêche de me prendre au sérieux, elle ne détruit pas le sérieux lui-même. Pas n'importe quel sérieux cependant, pas ce sérieux pesant qui serait un démenti à cette relativité que la mort nous enseigne. Pas ce sérieux qui consiste à être saisi soi-même par l'importance de ce que l'on est ou de ce que l'on fait. Le sérieux que la mort soutient et fait briller, c'est le sérieux de l'existence dans sa précarité, d'une existence reçue une seule fois et pour un temps et qui pour cette raison ne peut être jouée dans la futilité. Si le jeu n'est ni grave, ni sérieux, c'est qu'il peut être indéfiniment recommencé selon les mêmes règles. Mais l'existence, malgré tous les renouveaux qu'elle comporte, ne peut pas être recommencée. La radicale contingence de son commencement annonce la contingence de sa fin. Entre ce commencement et cette fin, il y a une durée unique dont chaque moment a son prix, dont chaque moment est une chance. Si la vie était indéfinie, si le temps était cyclique, il ne saurait être question de les prendre au sérieux. Ils seraient même franchement ennuyeux et l'ennui n'est que la caricature du sérieux. Ce qui empêche la vie d'être ennuyeuse, c'est qu'elle va vers la mort. Alors chaque instant a sa beauté et son originalité. « Il est réservé aux hommes de mourir une seule fois — après quoi vient le jugement » (Hébreux 9,27). L'allusion au jugement qui concerne ce que l'homme aura fait de son existence souligne bien le sérieux de celle-ci. Et ce sérieux que symbolise le jugement est projeté sur elle par l'ombre de la mort, événement unique d'une existence unique.

Ceux qui font d'une manière constante l'expérience d'une vie risquée, c'est-à-dire exposée à la mort, ne s'ennuient jamais. Ils tirent de cette expérience à la fois l'idée que la vie n'est pas la valeur suprême, puisqu'ils ont reconnu l'obligation de l'exposer et éventuellement de la donner, et l'idée que cette vie est infiniment précieuse, puisqu'il vaut la peine de la risquer. Le sérieux concerne toujours une réalité précieuse et menacée. Si l'activité technique est sans sérieux, c'est qu'à la différence de l'activité éthique et de la vie intérieure qui la sous-tend elle est une activité qui peut être indéfiniment reprise et recommencée, par des auteurs anonymes qui se succèdent. Il importe peu que je m'y livre, puisqu'un autre — un survivant — pourra la reprendre à ma place et même la perfectionner à partir du point exact où je me serai arrêté.

Finitude et historicité de l'existence, donc mortalité, ou plus exactement imminence permanente de la mort

sont le vrai fondement du sérieux de notre vie intérieure et de toutes les décisions qui s'y jouent.

Parce qu'elle est lieu et matrice de décision, la vie
intérieure est aspiration à la liberté. Cette aspiration est
visible dans son double mouvement de clôture et
d'ouverture. Cette aspiration est souvent confondue, elle
s'abîme dans le renoncement. Y aurait-il une relation
entre cette aspiration à la liberté et l'immanence —
imminence de la mort ? La question peut surprendre
puisque la mort nous apparaît comme l'aliénation
suprême, la fatalité qui transforme un être en un objet
et que liberté et mort nous apparaissent comme les termes d'une alternative, ainsi qu'il apparaît dans le cri
des révolutionnaires de tous les temps : « La liberté ou
la mort. »

Y a-t-il entre la liberté et l'imminence de la mort un
lien positif ?

Nous remarquons d'abord que seuls font l'expérience intérieure de la liberté les êtres qui non seulement meurent, mais savent qu'ils doivent mourir. C'est
un fait qu'en dehors d'un certain pressentiment précé-
dant immédiatement le moment de la mort, les animaux
supérieurs ne portent pas le souci de la mort, et c'est
un fait aussi que leur liberté n'est pas autre chose
qu'une spontanéité vitale. Que si l'on conteste cette
relation entre l'expérience de la mort et la liberté, en
alléguant qu'après tout le psychisme animal demeure
pour nous un mystère, nous sommes en mesure de donner un exemple beaucoup plus probant, c'est celui des
groupes sociaux. Un groupe social, à strictement parler,
ne meurt pas. Il se défait et il se défait lentement par
une évolution qui disloque ses structures, qui affaiblit
les autorités qui s'exercent en lui, ronge la conscience
collective en discréditant les valeurs communes, de sorte
que peu à peu le groupe perd son identité. Cette dissolution s'accompagne, sauf cas de génocide total, de la
formation de nouveaux groupes sociaux, dont on aperçoit la naissance et la formation au sein même de
l'ancien groupe. Cette dissolution est une transformation, elle n'est pas l'équivalent de l'événement de la

mort, du passage brutal de la vie à la mort. Pour qu'il
y ait mort, il faut qu'il y ait un sujet, un centre autonome d'initiative, si modeste soit celle-ci. Or le groupe
social, bien que capable d'action concertée, de passions
communes, bien que reflétant son image à l'intérieur
des consciences individuelles, ne parvient jamais, sinon
métaphoriquement, à être pleinement un sujet. La
fusion du je dans le nous n'y est jamais totale. Si inté-
gré que l'homme soit à son groupe, au point de le laisser penser en lui, il reste biologiquement, psychologi-
quement et parfois spirituellement le porteur d'une destinée propre. La notion de conscience collective représente un ensemble de sentiments, de passions et d'idées,
plus ou moins structurés, elle n'est pas l'équivalent
d'une vie intérieure.

Or, peut-on parler d'une liberté du groupe social ?
Oui, dans la mesure où ne pèse sur lui aucune contrainte extérieure, par exemple, celle d'un autre groupe
social, qui l'empêcherait d'avoir sa politique propre.
Cette liberté, c'est une indépendance. L'indépendance,
c'est la réunion d'un certain nombre de conditions économiques, politiques et sociales qui rendent possible, à
l'intérieur du groupe, la liberté des individus, dans la
mesure où ceux-ci décident de l'exercer. Certes, on
parle bien d'une volonté collective, mais elle se forme
par l'ascendant qu'exerce un chef charismatique, éventuellement par un idéal agissant sur les volontés individuelles que ces forces captent ou aliènent à leur profit.
Les décisions collectives résultent d'un ajustement des
volontés individuelles les unes par rapport aux autres,
de sorte que la volonté collective est une résultante et
l'emploi de ce terme est métaphorique. Certes, tout
groupe social est caractérisé par un pouvoir qu'il exerce
sur ses membres, il détient par rapport à eux une sorte
de transcendance et cette transcendance est capable
d'alinéner les libertés personnelles à son profit. Elle
peut même obtenir un consentement joyeux. Mais ce
pouvoir n'est pas une liberté, il s'exerce indépendamment des personnes qui en sont revêtues. Il est un pouvoir de contrainte, alors que la liberté a besoin pour
s'exprimer et se réaliser de rencontrer face à elle

d'autres libertés. Lorsqu'un groupe social se proclame libre, cette affirmation signifie seulement qu'il a écarté les pressions extérieures qui s'exerçaient sur lui et qu'il a ouvert un espace dans lequel la décision libre des sujets devient possible. La liberté, quand ce terme est appliqué à une collectivité, désigne donc uniquement une possibilité formelle, non une liberté actuelle et concrète. La meilleure chose qu'on puisse attendre d'un groupe social, c'est qu'il réunisse les conditions nécessaires à l'exercice de la liberté. A strictement parler, on ne peut pas faire du groupe social le sujet de la liberté. Nous voici donc ramenés à cette double constatation : le groupe social ne meurt pas, il n'est pas le sujet de la liberté. Cette constatation affermit à nos yeux l'idée qu'il existe un lien entre la liberté et la capacité de mourir. C'est ce lien mystérieux qu'il s'agit maintenant de comprendre.

Remarquons d'abord que la liberté humaine n'est jamais la pleine autonomie de Dieu. Elle est toujours une liberté située dans un champ d'obstacles, de contraintes et de risques. Toute liberté concrète consiste donc à s'exposer, à courir volontairement un risque. A la limite, l'expression : je réserve ma liberté, est dépourvue de sens. Car elle ne pourrait signifier que ceci : je possède une liberté que je n'engage pas, la liberté subsiste oisive ; mais elle n'est alors qu'une prétention, dont le sujet lui-même ne peut dire si elle est véridique. Il n'en sait rien, il ne le saura qu'au feu de l'épreuve. Tant que la liberté n'est pas engagée, elle ne peut être vécue. Elle reste une théorie. Ne peut faire l'expérience de la liberté que celui qui accepte de courir un risque. Tel est le pathétique de l'engagement. Or il faut bien voir que le risque n'existe que par sa proximité avec la mort. C'est au moment où nous acceptons par une décision courageuse de nous exposer, par-delà les risques partiels, à cet archétype de toute nécessité qu'est la mort que nous sommes réellement libres. Le Christ a parlé de sa mort comme d'une nécessité et il a rarement parlé de sa liberté, sauf au moment où il évoquait la nécessité de sa mort (Jean 10,17-18). D'une façon générale, la liberté la plus glorieuse du Fils de

Dieu s'est manifestée dans l'abandon de sa sécurité divine, dans l'abaissement qui devait le conduire à la mort sur la croix. Il n'y a pas de plus grande liberté que celle de donner sa vie. Si le Christ n'avait pas consenti à cet abaissement, s'il avait conservé comme une proie les prérogatives de la divinité qui lui permettaient de ne pas connaître la mort, son œuvre rédemptrice n'aurait été qu'un drame métaphysique et non l'expression d'une liberté et nous ne pourrions pas croire en lui, car on ne peut croire qu'en un être libre. Pour le Christ aussi, et c'est là le signe de sa réelle humanité, la liberté est liée à la mort.

Certes, on peut soutenir que Dieu, lui, connaît une liberté qui est liée à son éternité et à sa toute-puissance, qui n'a donc pas besoin pour s'exprimer de l'affrontement avec la mort. Mais remarquons que lorsque nous parlons ainsi de la liberté de Dieu, nous en faisons un *en soi.* Dès que cette liberté devient *pour nous,* dès qu'elle s'exerce en notre faveur, nous sommes obligés de reconnaître que Dieu en engageant sa liberté pour nous s'expose lui aussi. Il entre en lutte avec des puissances hostiles. La tentative pour démythiser l'Écriture en écartant comme simples mythes surannés et incompréhensibles ces puissances aboutit en fait à rendre inintelligible la liberté de Dieu engagée pour nous. Mais, dira-t-on, cet engagement de la liberté de Dieu n'était pas un affrontement de la mort. Il était inconcevable que Dieu succombât. Tant qu'on raisonne ainsi, on perd de vue l'enjeu de la kénose du Christ. Cet enjeu n'apparaît vraiment que si l'on comprend que Dieu, dans l'abaissement de son Fils, a accepté de courir un risque mortel pour sa déité elle-même. La piété parle volontiers des souffrances de Dieu, obligé pour nous rendre libres du péché de livrer son propre Fils à la mort et elle insiste sur la blessure faite au cœur aimant du Père. Ce n'est qu'un façon très affective et anthropomorphique de se représenter les choses. Il faut dépasser ce point de vue. S'il est vrai que la déité de Dieu consiste essentiellement dans la communion des trois Personnes de la Trinité, alors il faut reconnaître que cette déité est vraiment exposée à la mort lorsque cette communion est rompue. Elle aurait pu l'être à la croix, si le Fils n'avait pas été jusqu'au bout de son obéissance, s'il avait reculé devant la mort, s'il n'avait pas été assez libre pour consentir à la mort, s'il avait fait jouer contre la mort les prérogatives de sa divinité, s'il avait joué de son être contre son existence. C'est en étant obéissant jusqu'à la mort que le Christ a manifesté sa liberté et c'est par cette liberté qu'il a sauvé la déité de Dieu, en maintenant cette communion avec les Personnes de la Trinité, dans la pleine transparence des volontés. Ainsi même en ce qui concerne la liberté divîne, nous ne pouvons la concevoir que dans l'affrontement d'un risque mortel.

Si notre vie intérieure est si tourmentée, si nous accédons rarement à la liberté, c'est que nous acceptons rarement de courir un risque jusqu'au bout et que nous nous contentons — ce n'est déjà pas si mal ! — de prendre des risques calculés, avec à l'arrière des positions de repli et de désengagement possibles. Il est vrai que la mort dont nous parlons ici se présente rarement à nous comme la mort que nous acceptons pour accéder à la liberté. Elle se présente beaucoup plus fréquemment à nous comme une fatalité inéluctable, que comme la conséquence et l'épreuve de notre liberté. Cependant, même si la mort est rarement — heureusement pour nous — le don consenti de notre vie, il reste que même la mort ordinaire, la mort qui vient à nous au travers de la maladie et du déclin progressif du vieillissement, conserve le pouvoir de faire surgir notre liberté en nous détachant de nos vanités, de nos succès, de nos ambitions et de ces fausses sécurités par lesquelles nous essayons de nous garantir contre la mort. Tolstoï, dans la *Mort d'Ivan Ilitch,* nous raconte l'histoire d'un magistrat qui a mis tout son bonheur dans le succès de sa carrière, qui a été étonnamment conformiste, correct, mais d'une correction telle que la définissaient ceux qui étaient placés au-dessus de lui — et puis qui connaît, en pleine réussite, une lente et douloureuse agonie, dans l'incompréhension et la quasi-indifférence des siens. Or, face à la mort qui vient, inéluctable, Ivan Ilitch découvre et accepte l'inanité de sa vie ; du coup, il découvre sa liberté et s'aperçoit qu'il n'est jamais trop tard pour devenir un homme libre. Peu importe que Tolstoï voie dans cette découverte une sorte d'auto-justification et d'anéantissement de la mort elle-même. Le fait qui demeure pour nous fondamental, c'est que l'imminence de la mort qui, dans la nouvelle de Tolstoï, n'est saisie que très tardivement, provoque une libération de la vie. Parce qu'elle est dépouillement total et qu'elle s'annonce comme telle, la mort par son imminence et son immanence à l'existence suggère les dépouillements sans lesquels la vie resterait engluée dans tous les conditionnements tant naturels qu'artificiels. Une civilisation qui veut le plaisir et la jouissance, une civilisation de consommation qui veut ignorer la mort et cherche à l'escamoter n'a guère de chances d'ouvrir devant nous les chemins de la liberté.

La méconnaissance de la mort comme brisure radicale a pour conséquence une anthropologie dans laquelle il n'y a place que pour un déterminisme indéfini ou pour une doctrine de l'éternel retour. Au contraire, l'acceptation de la mort comme intégrée à notre destinée, comme menace pour notre existence de sujet, pour notre vie intérieure nous incite à la liberté. Un être qui ne serait pas destiné à la mort ne pourrait être qu'un élément du cosmos. Cette possibilité d'être libre, à cause de la mort, prend valeur existentielle, lorsque la mort est déjà vécue dans l'existence comme une réalité à la fois eschatologique et présente, c'est-à-dire dans la mesure où, selon une formule dont nous n'apercevons pas toujours le sens viril, nous apprenons à mourir à nous-mêmes. Le *memento mori,* dans une économie de pensée chrétienne, ne nourrit pas une sorte de désenchantement permanent, mais une expérience de libération. Le paradoxe de la mort, c'est bien qu'elle défait la vie, mais qu'en même temps elle l'éclaire, par la liberté.

Sans doute n'acquiert-elle pas pour autant une transparence complète et ne perd-elle rien de son caractère scandaleux. Du moins est-il possible à la vie intérieure de ne pas la considérer seulement comme un obstacle insurmontable qu'il serait plus sage de voiler, mais comme une structure intégrable à nos efforts de libération. Sans qu'elle ait un sens, la mort se révèle donneuse de sens.

CHAPITRE VI

VIE INTÉRIEURE ET PRIÈRE

1. Du recueillement à la prière

La mort de l'autre et la considération de notre propre mort incitent au recueillement. Toute cérémonie funèbre appelle au recueillement. Celui-ci est un mouvement de la vie intérieure, qui nous est relativement familier, mais dont la nature nous échappe le plus souvent. Nous en voyons bien les composantes négatives : l'arrêt de tous les gestes, de tous les échanges, le silence, la mise en sommeil provisoire de toutes les entreprises et de tous les projets. Une foule recueillie, c'est une foule qui ne bouge pas, qui se tait, qui renonce à toute manifestation. Tout se passe comme si le partage lui-même était un obstacle au recueillement et comme si chacun était renvoyé à sa vie intérieure. Rentrer en soi-même, en faisant taire non seulement tous les bruits, mais toutes les voix du monde, semble être la condition du recueillement. C'est pourquoi le recueillement est associé à l'idée de retraite, c'est-à-dire à l'idée d'un comportement de fuite vers quelque désert, d'auto-exclusion par rapport au groupe social, de refus de réponse à toutes les sollicitations. Je fais retraite signifie je ne suis là pour personne, ce qui implique la volonté positive de n'être là que pour soi, que pour tenter de se retouver soi-même. Ce comportement inhabituel, provisoire, indique que l'être est conscient des agressions et sollicitations multiples qu'il subit, qu'il se sent menacé d'écartèlement et qu'il éprouve le besoin de reconstituer son unité et de retrouver son identité. Se recueillir, c'est se rassembler et on ne se rassemble qu'autour d'une force intégratrice. Le recueillement est donc tout différent de la rêverie où la conscience se laisse séduire par des mirages qui la détournent d'elle-même. Il est lutte contre cette aliénation plus subtile que celle produite par les forces économiques, politiques ou culturelles, parce qu'elle est sécrétée par la quoti-dienneté, par les relations humaines les plus banales comme par les soucis les plus subalternes et les plus vulgaires. Le recueillement est sous-tendu par une volonté de liberté, mais il s'agit ici non pas des condi-tions générales de liberté, mais de cette liberté intérieure dont nous estimons que nous sommes capables de nous la donner. Nous savons bien que le recueillement ne durera pas toujours, que les agressions et les relations, avec tout leur cortège de soucis et de contradictions, recommenceront. Du moins pensons-nous qu'après un temps de recueillement nous serons mieux capables de les supporter et que nous les supporterons en restant nous-mêmes. Le recueillement n'est qu'une étape dans une vie qui, plus elle est ardente, est ruineuse pour notre unité intérieure.

Le recueillement est apparenté à la *réflexion,* qui d'ordinaire suppose les mêmes conditions que lui. Je me « retire » pour réfléchir. Mais toute réflexion n'est pas recueillement. La visée des deux mouvements n'est pas la même. La réflexion porte sur les relations entre des données : choses, personnes, idées. Elle vise à clarifier des relations qui nous apparaissaient comme opaques. Elle procède donc à une analyse ou à une critique. Cer-tes, je suis impliqué par cette anlyse ou cette critique parce que je suis un des termes du donné et qu'il arrive que les difficultés et les obscurités avec lesquelles je me débats proviennent de moi, d'erreurs, de fausses manœuvres, d'imprudences que la réflexion a précisé-ment pour but de dévoiler. Tout échec pris au sérieux m'incite à la réflexion pour déterminer la part de res-ponsabilité qui m'incombe et trouver un autre modèle d'action, où les risques d'échec seront moindres. Mais je ne suis concerné dans la réflexion que comme l'un des termes d'un *problème,* lequel en comporte beaucoup d'autres, et je n'aurai de chances de résoudre ce problème que dans la mesure où je réussirai à m'objectiver moi-même au point de devenir un terme homogène aux autres termes. Dans le recueillement, la visée est toute différente : je fais abstraction de la multiplicité des termes pour me concentrer sur moi-même. Et ce moi-même n'est pas une donnée, c'est plutôt une inconnue. C'est à la fois une réalité et une tâche. Entre la réalité et la tâche, il y a l'épaisseur d'un mystère et je ne cherche pas tellement à élucider ce mystère, au risque de le réduire, qu'à le repérer. Car ce mystère ou ce secret, je le pressens parfois, puis je le laisse échapper, ou je pense l'avoir dissous dans une pleine clarté, mais c'est pour le retrouver un peu plus loin. Il s'agit donc dans le recueillement de le saisir dans toute son opacité de mystère pour qu'il devienne suffisamment mien, pour que je puisse y trouver la source de mon unité et de mon courage d'être. Il s'agit d'une appropriation de mon propre mystère. Il est vrai qu'il existe d'autres techniques que le recueillement pour parvenir à une fin apparemment semblable. Qu'on pense à la psychanalyse. Mais celle-ci vise à retrouver sous l'apparent le latent, sous l'actuel, l'archaïque, sous le constitué, l'originel[1]. La démarche du recueillement, qui certes peut profiter dans un premier temps de la psychanalyse, est bien différente. L'originel ne le préoccupe pas, c'est

---

1. La psychanalyse prétend mettre à jour et interpréter le secret non possédé de notre existence. Y parvient-elle ? Me révèle-t-elle à moi par la médiation de l'analyste ? Certes, l'analyste me dit ou me fait trouver le sens de ce discours spontané qui, pour moi, n'en avait pas. Il m'aide à accepter ce qui est déposé en moi et qui m'oppressait parce que je l'ignorais. Dans la meilleure hypothèse, il me soulage et me libère, sans que je puisse être sûr que ces traumatismes de ma première enfance constituent bien le nœud de mon secret. Je suis tenu de croire que les souvenirs laissés par la scène primitive, l'angoisse de la castration, la souffrance d'être privé(e) de pénis — donc des causes très générales et universelles — constituent

l'originaire qui est son souci. L'originel est un donné enfoui, qui échappe à notre conscience, tout en nous déterminant. L'originaire est ce qui sert de fondement à notre existence, en tant que celle-ci est liberté. L'originel c'est, par exemple, selon l'hypothèse de Freud, ce meurtre du père, qui a peut-être été un jour accompli réellement, et qui en tout cas ne cesse de me hanter, de me culpabiliser, de provoquer mes révoltes et mes repentirs et qui en tout cas m'entoure de tabous et d'interdits. L'originaire c'est ce qui donnerait sens et fondement à ma liberté ; c'est ce qui m'assurerait que je ne vais pas de dégradation en dégradation, d'aliénation en aliénation vers le néant. C'est la puissance qui me convaincrait, en me recentrant sur moi-même, qu'il vaut la peine d'exister et peut-être d'espérer. Il est différent de cet originel que je retrouve par une démarche archéologique à partir de simples traces, de vestiges, car il est réalité immédiatement présente, avec laquelle je puis coïncider, qui peut devenir pour moi un englobant. Je ne puis l'approcher qu'en mesurant en même temps la distance qui m'en sépare et cette distance ne tient pas à lui, mais à moi. La redécouverte du mystère ne va pas sans la redécouverte concomitante de ma culpabilité secrète, culpabilité toute différente que celle que décèle Freud ; cette dernière est une culpabilité qui a été déposée en moi et dont je puis me délivrer par la connaissance que je prends de son histoire, c'est-à-dire de son origine. Tandis que la culpabilité liée à l'originaire est une culpabilité permanente, actuelle, assumée par le sujet en pleine lucidité et qui ne se détruit pas par la connaissance que j'en prends. Elle signifie que je ne cesse de m'écarter de l'originaire, dont pourtant je reconnais la présence. La culpabilité originelle n'a qu'une histoire, mais n'a pas d'avenir. Elle n'a pas à

le secret de mon histoire. Qu'elles y soient liées, c'est incontestable. Mais le constituent-elles vraiment ? Ce dont la psychanalyse me parle, est-ce bien de *mon* histoire, ou d'une structure qui est commune à tous les hommes, comme tend à le prouver le parallélisme établi par Freud entre l'ethnologie et la psychanalyse dans *Totem et Tabou* ?

être assumée : elle doit être dissoute, tandis que la culpabilité liée à l'originaire vit dans l'attente de sa propre guérison. La visée du recueillement, c'est de me réinsérer dans l'originaire, de telle façon que j'y retrouve mes sources et que de cette façon la culpabilité soit peu à peu guérie et non pas oubliée, alors que la psychanalyse vise seulement à me débarrasser des traumatismes de ma petite enfance, sans voir qu'une culpabilité réelle peut jaillir de ma vie d'homme adulte. La culpabilité que dévoile la psychanalyse est toujours mythique, c'est-à-dire illusoire, alors que la culpabilité que le recueillement me fait assumer est liée à ma présence au monde, à la faille que cette présence au monde ne cesse de faire apparaître entre l'originaire et l'existence, faille qui se creuse au sein de ma vie intérieure. Ainsi le recueillement, qui n'est d'abord que le mouvement par lequel je cherche à me retrouver par-delà les éparpillements et les déchirures que m'impose la quotidienneté, ne représente pas à proprement parler un repliement, mais bien un effort pour me donner ou pour découvrir une origine non pas historique, mais une origine permanente de mon être qui puisse garantir mon unité, mon identité, mon authenticité, me prémunir contre les assauts désagrégateurs.

Se recueillir, c'est être à la recherche de son être, c'est pourquoi le silence qu'inspire la seule émotion en présence du tragique ou de la souffrance est un faux recueillement s'il ne conduit pas à la recherche du mystère de la destinée humaine. C'est bien un silence, mais un silence désemparé.

Le vrai recueillement se développe en *méditation*. La méditation diffère de la simple réflexion, laquelle se borne à essayer de ramener le complexe au simple, à débrouiller l'écheveau des causes, à situer l'un par rapport à l'autre l'essentiel et l'accidentel. La méditation reprend l'œuvre de la réflexion au moment précis où celle-ci s'efforce de dégager l'essentiel de l'accidentel. C'est cet essentiel qu'elle veut voir et contempler, non pas tellement pour en jouir que pour en recevoir une énergie nouvelle. Un être qui va vers la mort se recueille dans la méditation, c'est-à-dire qu'il se débarrasse de tous les soucis qui ont peuplé sa vie et dont le sérieux dérisoire lui apparaît face à la décision essentielle qui maintenant s'impose à lui : comment accueillir la mort, comment accéder à la sérénité, comment conserver face à la mort une espérance ? La méditation s'efforce d'apercevoir dans cet universel naufrage une bouée de sauvetage et par sa concentration même de ne plus la perdre de vue[2]. Car le propre de l'essentiel, c'est que d'ordinaire il ne nous est donné que fugitivement. Les désirs, les soucis et les craintes nous le dérobent. C'est pourquoi il importe que la méditation ne soit pas troublée, qu'elle puisse longuement se concentrer sur son objet. L'*attention* est ainsi la qualité dominante et la condition de la méditation. Mais il faut bien saisir la spécificité de l'acte d'attention. Comme nous pratiquons le plus souvent l'attention à l'égard des choses, nous n'en voyons qu'un aspect : l'attention doit exclure du champ perceptif tous les objets qui seraient susceptibles de nous distraire et par suite aussi faire taire toutes les tendances et tous les désirs qui pourraient nous porter vers ces objets, aux dépens de celui qu'il nous importe de voir. L'acte d'attention apparaît donc comme un blocage de notre vie intérieure, en même temps que comme une réduction de l'univers à des dimensions plus simples. Mais même au niveau perceptif, l'attention est autre chose que blocage et réduction : elle est attente. Être attentif, c'est se mettre dans des dispositions telles que je sois assuré que l'objet attendu, ou menaçant, ne m'échappera pas au moment où il se manifestera. L'attention n'est pas pure fixation dans le présent, elle est orientation vers l'avenir, en tant que celui-ci est porteur d'événements attendus, espérés, redoutés, imprévus et comme la crainte n'est que l'envers de l'espérance, on peut dire que l'attention est une attente espé-

---

2. Retenons cet avertissement de Martin HEIDEGGER : « Ce qui nous tient dans l'être, nous y tient seulement aussi longtemps que, de nous-mêmes, nous retenons ce qui nous tient », *Essais et Conférences,* Paris, Gallimard, 1958, p. 152.

rante qui mise sur un avenir radicalement différent de ce qu'a été le passé. Dans le recueillement, l'attention fait taire les voix du divertissement, mais elle est aussi attente de l'épiphanie de l'être, de l'essentiel, de l'originaire. Elle espère que cette source de l'existence va se manifester, peut-être à la faveur d'un simple dévoilement, ce qui implique que la source était simplement cachée, mais peut-être aussi à la faveur d'un *adventus,* d'une révélation surgie de l'avenir.

Malebranche appelait l'attention *prière* et les analyses précédentes nous incitent en effet à nous demander s'il n'y a pas un passage du recueillement à la prière. Le langage religieux nous le suggère qui emploie indifféremment prière et recueillement ou qui en tout cas les associe (voir l'expression : se recueillir dans la prière). Il est bien vrai que le cheminement intérieur qui conduit au recueillement conduit aussi à la prière : ici et là, il s'agit de faire silence autour de soi et en soi-même, surtout en soi-même, de faire taire toutes les voix du désir et de la crainte, de la passion et du ressentiment, d'opérer un grand vide intérieur ; ici et là, il s'agit de trouver des attitudes physiques et mentales qui favorisent le silence intérieur et la concentration ; ici et là, il s'agit d'un acte qui s'entoure de secret, qui est pudique et ne peut devenir public que s'il a d'abord été secret, et que si la communauté qui entoure l'homme recueilli ou l'homme priant est en mesure soit de s'associer à ses actes ou tout au moins de les respecter. Mais surtout : ici et là, il s'agit d'une remontée vers une source, vers un originaire dont nous attendons qu'il nous vivifie. L'analogie est si forte qu'on en a tiré argument en faveur de l'universalité de la prière et par-delà celle-ci de l'universalité de la religion, en dépit du caractère contradictoire et des différences de niveau que présentent ses manifestation historiques.

Mais s'il est vrai que toute prière suppose recueillement, est-il vrai que tout recueillement soit prière ? Sémantiquement, prier s'apparente à demander : elle est la demande adressée par un être faible et démuni à une puissance, réputée capable de lui donner ce que lui-même n'est pas capable de se procurer. Il est bien exact que le contenu d'une prière, c'est un ensemble de requêtes. Le « Notre Père », par le nom même de celui qui est invoqué, semble bien inaugurer une relation d'enfant à père, sinon d'esclave à maître. La prière s'éloignerait ainsi du recueillement dans la mesure même où la requête indique que le sujet, loin de vouloir se dépouiller de tout avoir pour retrouver son essentielle nudité, est au contraire un être de désir et de manque qui veut à la faveur de je ne sais quelle séduction combler ses manques. De fait, la psychanalyse interprète la prière comme un comportement infantile, comme l'attitude d'un être qui a besoin pour remédier à ses infirmités et impuissances de trouver un être tout-puissant, mais accessible à des requêtes auxquelles il n'aurait pas spontanément répondu s'il n'avait été prié, imploré et supplié. Déjà Kant arguait du fait du secret de la prière pour y dénoncer une attitude honteuse, humiliante pour celui qui la formule comme pour celui qui en est l'objet. Volontiers, les sociologues tireraient argument pour expliquer le déclin de la prière et la critique dont elle fait l'objet, même de la part de certains théologiens, du fait que la prière caractérise un état de rareté dans une société pré-technique et pré-industrielle. N'ayant pas de recours contre la faim, la maladie, les catastrophes naturelles, l'homme cherche une compensation illusoire dans une prière qui est censée lui apporter ce qui lui manque. Mais dès que par la maîtrise technique de l'environnement, de la nature et de son propre corps, l'homme est en mesure de se donner à lui-même ce dont il a besoin, de parer à ses propres défaillances, de trouver une solution pour ses difficultés, il cesse de prier, tout comme l'enfant devenu adulte cesse d'appeler au secours son père vieillissant devant la moindre difficulté. La prière ne remonte à ses lèvres que dans des cas exceptionnels, lorsque la science et la technique l'abandonnent, et lorsque la fatalité — en particulier celle de la mort — reprend le pas sur la prévision et l'artifice technique. C'est quand le médecin abandonne un malade qu'on le remet à la prière du pasteur.

Si donc la requête est ce qui différencie essentiellement la prière du recueillement, il faut reconnaître que cette spécificité joue au détriment de la prière et qu'il faudrait plutôt tenter de ramener la prière vers le recueillement, en la dépouillant de tout ce qui en elle est requête et en y développant la concentration, la méditation, l'ouverture au mystère. Encore n'est-on pas sûr que la même critique qui a discrédité la prière comme requête ne s'en prendrait pas également au mystère, celui-ci étant conçu comme le symbole d'une absence provisoire de savoir. On voit donc qu'il n'est pas tellement facile de trouver un passage du recueillement à la prière : si on veut ajouter un trait spécifique à la prière, on risque de la discréditer et son discrédit risque de retentir sur le recueillement lui-même.

Mais faut-il essayer de trouver ce passage ? L'idée même de chercher ce passage implique que les termes que nous avons utilisés pour désigner la réalité que le recueillement cherche à saisir ou dont il cherche à être englobé : le mystère, l'originaire, l'être, l'essentiel, la source de vie, que tous ces termes ne sont que des doublets pour désigner le Dieu vivant, le Dieu père, créateur et sauveur. Or cette synonymie est loin d'être évidente. Preuve en est le fait que nous avons toujours hésité entre les formules à utiliser : ou bien saisir cette réalité dernière, ou bien accepter d'être englobé par elle, ou bien accéder à l'être par une ascèse purificatrice, ou bien attendre et espérer sa révélation, ou bien se débarrasser de tous les empêchements et divertissements qui voilent l'être, ou bien demander et espérer le pardon des péchés. Toutes ces formules alternatives, que nous aurions pu multiplier, attestent l'embarras que nous éprouvons à situer le passage du recueillement à la prière, embarras qui est parallèle à celui que nous avons éprouvé pour trouver un passage de la vie intérieure à la foi.

Certes, l'analyse phénoménologique fait bien apparaître le recueillement comme la condition formelle de la prière. On n'imagine pas, ou on imagine trop bien, ce que serait une prière qui ne s'effectuerait pas dans le recueillement, mais dans le bavardage qui est une forme de divertissement. Mais il n'est pas certain que cette forme du recueillement soit obligatoirement ou nécessairement remplie par une prière, que la forme appelle nécessairement le contenu spécifique de la prière. Dans un sanctuaire religieux, tout est disposé en vue du recueillement : le silence, les symboles architecturaux, la musique, la lumière tamisée, les attitudes nous détournent de nos comportements et de nos modes de pensée habituels et c'est dans cette atmosphère que retentit l'appel à la prière. Mais nul ne saura jamais si ce temps est effectivement rempli de prière, si les mots prononcés par l'officiant et qui ont forme de prière sont effectivement priés par l'assemblée et par lui-même. Certaines formes d'attention sont certes significatives, mais si raisonnablement elles laissent supposer le recueillement, elles ne permettront pas de saisir le moment où ce recueillement devient prière, ni s'il y a une faille entre recueillement et prière. Peut-être les conditions formelles de la prière, à savoir le recueillement, ne conditionnent-elles pas la prière et peut-être l'acte de prier crée-t-il lui-même ses propres conditions d'existence. Ce n'est pas nécessairement parce que nous nous sommes recueillis que nous allons prier, mais c'est parce que nous sommes portés par l'intention de prier — ou l'obligation de prier — que va se produire un recueillement, dont nous découvrirons après coup qu'il est une condition formelle de la prière. L'hypothèse d'une prière qui crée le recueillement dont elle a besoin ne peut pas être écartée d'emblée. C'est, en tout cas, l'hypothèse qui est sous-jacente à cette requête de la prière d'illumination (pour demander à Dieu l'intelligence de sa Parole) : « Fais taire en nous toute autre voix que la tienne[3]. » Un acte de prière a commencé et il est demandé à Dieu de créer les conditions nécessaires à l'effectuation de cet acte.

Mais l'admission de cette hypothèse dépend d'une question préalable : à qui s'adresse la prière ? La diffé-

___

3. Liturgie de l'Église Réformée de France, Paris, Berger-Levrault, 1963, p. 29.

rence entre le recueillement et la prière s'explique-t-elle par l'intervention d'un interlocuteur, présent dans la prière et absent dans le recueillement ? Pour répondre honnêtement à cette question, il ne faut pas se faire la tâche trop aisée et dire que dans le recueillement nous ne nous adressons à personne, sinon à nous-mêmes ou à notre meilleur moi, ou à un interlocuteur que nous aurions fabriqué à partir de notre propre moi, par une projection de notre désir[4]. Car il est bien vrai que dans le recueillement nous tentons de reprendre contact (et il nous arrive d'y réussir) non avec nous-mêmes, mais avec le fondement de notre être, de retrouver une origine radicale et que, même si celle-ci est décrite ou interprétée en termes anthropologiques, elle reste différente de nous-mêmes, en tant que condition de notre existence authentique. L'existence ne fait jamais corps avec son propre fondement, puisqu'elle peut s'en séparer. Entre le fondement et l'existence, il y a cette béance de la liberté, liberté qui peut s'exercer contre son propre fondement et qui, même si elle est promise à la servitude, n'en reste pas moins, dans sa démarche initiale, une liberté. Il ne fait pas de doute que le recueillement peut nous conduire vers une transcendance mais, comme nous l'avons déjà vu, toute transcendance n'est pas celle du Dieu vivant.

2. De l'origine de la prière

Il y a mille bonnes raisons de situer dans la vie intérieure l'origine de la prière, même si la prière ne se confond pas avec le recueillement, même si elle crée, en quelque sorte pour son propre usage, un recueillement spécifique. En effet, les contradictions de la vie inté-

─────────

4. C'est la tentation à laquelle nous semble succomber Jacques ELLUL, dans un livre par ailleurs excellent, *L'impossible Prière*, Paris, Le Centurion, 1970, p. 50 : « Si la prière est fondée sur la nature de l'homme, celui-ci a fabriqué le partenaire de sa prière à partir de sa propre nature. Autant dire qu'elle est une parole sans objet et sans contenu. »

rieure, son oscillation entre la sérénité et le désespoir, la menace d'une mort radicale qui pèse sur elle et surtout le fait qu'elle ne parvient pas à élucider son propre mystère, toutes ces raisons font que la vie intérieure est marquée du signe du manque et qu'elle est traversée par le désir, qui est à la fois recherche et attente de la plénitude. Or la prière est une quête, elle est l'expression consciente du désir en même temps que souffrance du manque d'être. Bien sûr, cette quête s'exprime dans des requêtes partielles, souvent puériles, visant des objets et des satisfactions que nous ne sommes pas capables de nous donner. Mais par-delà ces contenus particuliers, à supposer même que nous les obtenions, le désir demeure, pour qui aucune plénitude n'est suffisante, qui toujours connaît la menace de la mort. Karl Rahner décrit bien ce désir de l'être quand il affirme que le problème de la prière fait rebondir la question de l'ordination de notre vie intérieure à l'être, la question d'une ouverture de l'homme sur l'infini, de cet homme qui, bien qu'il se referme si souvent sur lui-même et se définisse parfois très orgueilleusement, « est au-delà de toute définition, de l'homme qui est lui-même mystère, de l'homme de l'éternité et de l'infinité, de l'homme qui ne s'arrête nulle part ici-bas, de l'homme qu'on ne saurait définir par aucune référence terrestre et qui, dans l'ampleur incommensurable de son esprit et de son amour, n'accorde à toutes choses qu'une valeur relative, en dehors précisément de cet Indicible que nous appelons Dieu et qui n'est Dieu, en soi et à nos yeux, que s'il ne s'identifie avec rien de ce que nous sommes en mesure de saisir. Il s'agit en un mot de l'homme avec son ouverture sur Dieu[5]. » Il faut certes de la finesse pour décrypter dans les requêtes, souvent égoïstes et déraisonnables de l'homme, cette attente et ce désir de la plénitude de l'être. Mais ce décryptage n'est pas arbitraire. Tout comme le désir, la prière appartient à la structure anthropologique et même si cette structure peut être voilée à la fois par la

5. Karl RAHNER, *Mission et Grâce*, t. Ier, Paris, Mame, 1962.

jouissance que produit une société de consommation et par la naïveté prométhéenne d'une civilisation technique qui fait sans cesse reculer les limites de notre pouvoir, elle se réactive dans les inévitables expériences de la solitude et de la déréliction.

Seulement, le désir de l'être ne donne pas l'être. Il nous tient en éveil, mais pourquoi ? Si le désir donne son origine à la prière, il peut aussi la tarir. Il n'est pas impossible que le désir trouve en lui-même sa propre satisfaction et que nous soyons conduits à ne plus définir l'être autrement que par le désir lui-même, ce qui est sans doute la caractéristique de bien des philosophies et des idéologies actuelles. La prière n'est plus alors l'expression du désir, elle n'est que le moyen primitif et immature par lequel le désir a pris conscience de lui-même. Dès le moment où cette prise de conscience s'est produite, la prière perd toute signification et elle est aussi vainement émouvante que l'attente de Godot. Être de désir, l'homme se nourrit de son propre désir qui lui garantit qu'il a toujours du mouvement pour aller plus loin : l'eschatologie est sans terme, mais c'est cette absence de terme qui fait toute la grandeur de l'aventure humaine.

Sans méconnaître ce désir de l'homme à la plénitude, la religion biblique rompt le lien qui unit la prière au désir. En effet, la prière apparaît comme un ordre et un commandement de Dieu, et cela d'une façon constante, dans l'Ancien comme dans le Nouveau Testament (Ps 50, 15 ; Jér 33, 3 ; Jér 29, 12 ; Es 55, 6 ; Mt 7, 7 ; Jean 16, 24 ; Ph 4, 6 ; Jude 20 s.). Nous sommes très loin ici du mouvement spontané de la prière enracinée dans le désir. Ce qui est commandé par un Dieu qui réclame l'autorité sur nous, ce qui a besoin d'être commandé, c'est bien ce que nous n'accomplissons pas spontanément. Non seulement l'Écriture postule que pour bien des raisons nous serions guettés par une lassitude et un relâchement dans la prière, mais que l'origine de la prière n'est pas en nous, pas même au cœur de notre vie intérieure. Parce qu'il y a commandement, il y a interlocuteur dont nous ne déterminons pas la présence par notre appel. La prière n'est possible que parce que Dieu est déjà là. La prière en effet est un dialogue qui se situe à l'intérieur d'une alliance, dont Dieu a pris l'initiative, par laquelle il s'est lié irrévocablement à l'homme, par laquelle il promet sa présence à l'homme. C'est sur la toile de fond de cette alliance et de la promesse qu'elle contient que s'insère la prière. Celle-ci n'est donc pas le cri du désir en quête d'une présence secourable dont l'existence serait problématique. Elle est la parole du partenaire d'une alliance, parole adressée à celui qui est l'auteur de cette alliance, sur la foi de sa promesse et en exécution des stipulations de cette alliance. Si Dieu commande à l'homme de prier, c'est que cet homme a la possibilité et la liberté de le faire. On n'adresse pas une prière à un inconnu. Pour avoir la liberté et l'audace de présenter une requête, il faut que préexiste un lien. Si un enfant adresse une demande à son père, c'est précisément parce que ce dernier est père et connu comme tel, que l'alliance de la paternité existe et que si elle a été voilée ou oubliée, elle peut encore être ravivée. Karl Barth a beaucoup souligné cette liberté qui se manifeste dans la prière ; à juste titre, parce que la demande que formule l'homme n'est grevée par aucune hypothèque. Elle n'est soumise à aucun préalable. L'homme n'a pas à apporter une offrande pour se concilier la bonne grâce de son interlocuteur. Il n'a même pas à chercher à être digne de lui, à lui offrir quelque chose qui serait digne de lui[6]. Il peut venir les mains vides et c'est ici que nous retrouvons le lien entre la prière et la vie intérieure : le manque et le désir de la vie intérieure trouvent leur place dans la prière. Ils en sont le contenu, mais non pas l'origine et le fondement. L'origine de la prière, c'est la décision bienveillante de Dieu à l'égard de l'homme ; le fondement en est la liberté que cette décision a conférée à l'homme au sein de l'alliance de grâce. Lorsque Dieu commande à l'homme de prier, ce commandement signifie : use donc de la pleine liberté

6. Karl BARTH, *Dogmatique,* traduction française, Genève, Labor et Fides, 1964, III, 4, I, p. 99.

que je t'ai donnée, mets-la en œuvre, atteste ta pleine liberté d'enfant de Dieu, appuie-toi sur la promesse que je t'ai faite (Luther disait que prier, c'est jeter à la tête de Dieu sa propre promesse). Il faut, bien sûr, se défaire ici du sens que le commandement revêt dans une société hiérarchique et où il atteste que précisément les hommes qui se trouvent au bas de la hiérarchie ne sont pas libres, qu'ils ne sont pas les partenaires d'une alliance. C'est pourquoi dans un tel exemple l'obéissance ne peut être que contrainte et son apparente spontanéité ne procède que de la crainte. Même dans une éthique comme celle de Kant où le devoir commande d'une façon absolue, il est difficile de réconcilier l'obéissance et la liberté, à moins de définir la volonté libre comme la causalité de la raison, ce qu'a fait Kant, mais cette raison demeure une réalité impersonnelle qui exerce une contrainte sur le sujet singulier. Le commandement de prier au contraire s'adresse à un sujet singulier, à un moment de son existence historique, pour que librement il dise son désir, sa détresse ou sa reconnaissance. Bien des théologies actuelles, plus ou moins apparentées à la théologie de la mort de Dieu, jettent le discrédit ou l'interdit sur la prière où elles voient un signe d'aliénation, le symbole de la condition non adulte. On ne peut s'en étonner. Quand elles laissent subsister la prière, c'est pour en faire une méditation dans laquelle l'homme réfléchit sur la détresse des pauvres et des opprimés, et à la faveur de cette réflexion forme en lui-même une volonté ferme de lutte contre l'injustice (voir les *politische Nachtgebete* organisés par Dorothée Sölle). C'est confondre le fruit de la prière — ou l'un de ses fruits possibles — avec l'acte même de la prière, où librement je demande à Dieu de me donner ce qu'il m'a promis.

Mais deux questions se posent ici. Pourquoi Dieu ne me donne-t-il pas ce qu'il m'a promis sans que je le lui demande ? Il le fait, certes, et l'Écriture nous rappelle qu'il fait briller son soleil sur les justes comme sur les injustes. Le Christ, pour nous mettre en garde contre le souci, nous rappelle que Dieu sait ce dont nous avons besoin. C'est d'ailleurs des considérations de ce genre qui ont poussé la théologie classique à formuler la doctrine d'une grâce générale qui s'exerce en notre faveur, et à notre insu. Mais il faut bien voir que, s'il en était toujours ainsi, la relation entre Dieu et l'homme cesserait d'être une relation personnelle. L'homme deviendrait le bénéficiaire anonyme et passif de la grâce divine. Demander à Dieu ce qu'il nous a promis signifie que nous avons reçu et compris cette promesse. Cela signifie aussi que nous exerçons, puisque la prière est un acte libre, notre responsabilité à l'égard de cette promesse ; c'est à nous qu'incombe la responsabilité de demander à Dieu, à partir de la situation historique qui est la nôtre, ce dont nous pensons avoir besoin. En suscitant le prière de l'homme, Dieu reconnaît sa liberté et reconnaît qu'il est légitimement un être de désir inséré dans une alliance de grâce. Mais en même temps, l'homme reconnaît, toujours dans sa liberté, que Dieu est l'unique origine de tout le bien de l'homme : « Lui obéir, c'est vouloir, lorsqu'on prie, commencer chaque fois par le commencement. C'est comprendre chaque fois que Dieu est la source unique de tous biens, et reconnaître qu'on est absolument dénué de ressources. C'est se placer joyeusement sous cette loi fondamentale de l'alliance de grâce. C'est n'avoir rien à présenter et à offrir à Dieu sinon soi-même — et soi-même comme un être qui a tout à recevoir de lui[7]. » Par sa demande, l'homme confesse sa foi, il confesse que Dieu n'est pas seulement une providence générale, un législateur universel, mais que chaque destinée personnelle a un sens pour lui, qu'il est le Dieu éternel qui s'est fait histoire pour cheminer avec l'histoire des hommes. Refuser la prière de requête, de requête particulière, conditionnée par la situation historique de l'homme, c'est donc refuser de confesser Dieu dans son œuvre essentielle à l'égard de l'homme. Jean-Jacques Rousseau s'y est trompé qui écrit à propos de la prière : « Que lui demanderais-je ? (à Dieu). Je ne lui demande que le

---

7. Karl BARTH, *ouvrage cité*, p. 99.

pouvoir de bien faire. Pourquoi lui demander ce qu'il m'a donné ? Ne m'a-t-il pas donné la conscience pour aimer le bien, la raison pour le connaître, la liberté pour le faire ?... Si je fais le mal, je n'ai point d'excuses : je le fais parce que je le veux ; lui demander de changer ma volonté, c'est lui demander ce qu'il me demande, c'est vouloir qu'il fasse mon œuvre[8]... » C'est bien au nom de la liberté que Rousseau condamne la prière de requête, mais il s'agit d'une liberté donnée une fois pour toutes à la créature, au commencement, et dont l'homme dispose maintenant souverainement. Il ne s'agit plus de cette liberté insérée dans une relation — dans l'alliance de grâce — et qui se nourrit à chaque instant de ce dialogue avec Dieu. Tout se passe, chez Rousseau, comme si le Dieu éternel, ayant donné une chiquenaude initiale à sa créature, en le pourvoyant d'un capital d'amour, de conscience et de raison, abandonnait l'homme à sa temporalité, comme si à cause de son éternité il ne voulait rien avoir à faire avec cette temporalité. Mais le dessein de Dieu, dans l'alliance, est tout le contraire : il s'agit pour lui d'être le compagnon de l'homme, d'épouser son histoire. Comment le ferait-il sinon en écoutant la requête de l'homme et en étant attentif à chaque situation nouvelle de son histoire : « Invoque-moi au jour de la détresse » (Psaume 50, 15). Cette volonté de compagnonnage historique de Dieu va si loin que cette prière de requête, que Dieu nous commande d'accomplir, il la dit lui-même, avec nous et pour nous : « l'Esprit aussi vient en aide à notre faiblesse, car nous ne savons pas prier comme il faut ; mais l'Esprit lui-même intercède pour nous en gémissements inexprimables » (Rm 8, 26). Dans le même sens, l'épître aux Éphésiens (6,18) déclare : « Que l'Esprit suscite votre prière sous toutes ses formes, vos requêtes en toutes circonstances. » On peut, certes, ironiser sur ce Dieu qui s'adresse une prière à lui-même.

---

8. J.J. Rousseau, *La Profession de foi du Vicaire savoyard*. Pour le commentaire de ce texte, voir Jacques Ellul, *ouvrage cité*, pp. 89 ss.

Mais c'est oublier cette fonction du Saint-Esprit auprès de l'homme, cette proximité de l'Esprit qui rend témoignage à notre esprit, qui pénètre au cœur de notre vie intérieure pour nous donner la liberté de prier. Contrairement à ce qu'affirme Rousseau, la liberté n'est pas une propriété substantielle de l'homme : elle est sa vocation, mais une vocation qui ne peut être entretenue que par cette source de liberté qu'est l'Esprit. L'Esprit de Dieu nous persuade qu'en toute circonstance nous avons la liberté d'en appeler à Dieu. Dieu est vraiment l'origine de notre prière, non seulement parce qu'il la commande, mais parce qu'il l'accomplit en nous, ce qui signifie qu'il n'y a pas de passage de la servitude à la liberté, qu'il faut être en relation directe avec la source de la liberté pour être libre.

La seconde question qui se pose est celle-ci : je m'adresse à Dieu dans la prière pour qu'il me donne ce qu'il a promis. Mais comment puis-je savoir si ce que je demande à Dieu est en accord avec sa promesse ? Certes, je puis poser en principe que la volonté et donc la promesse de Dieu, c'est le salut de l'homme, sa libération à l'égard du péché et de la mort. Mais ce savoir général, puis-je le confronter utilement avec ma situation présente, ma détresse présente et décider que l'objet de ma requête est un élément indispensable du salut ? Ce que je demande, c'est la fin d'une épreuve, mais il se pourrait que cette épreuve soit précisément la voie du salut. La signification de la prière c'est, au travers du dialogue avec Dieu, de me conduire à reconnaître, fût-ce confusément, les voies du salut, l'ampleur et le mystère de la promesse. La prière est requête — et sur ce point il ne faut pas céder à ceux qui, au nom de découvertes psychanalytiques, voudraient nous persuader que la prière est un comportement infantile — mais elle est aussi écoute. C'est pourquoi la part du silence doit être grande dans la prière, comme Kierkegaard l'a rappelé : « La simple dévotion croit et se figure que le principal dans ses prières, c'est que Dieu entende ce qu'elle demande. Et pourtant, au sens de la vérité, c'est juste l'inverse : dans le vrai rapport de la prière, ce n'est pas Dieu qui entend ce qu'on lui demande, mais l'orant (celui qui prie) qui continue à prier jusqu'à être lui-même l'entendant, jusqu'à entendre ce que Dieu veut. Le dévot simple a besoin de beaucoup de mots : et c'est pourquoi le fond de sa prière n'est qu'exigences : la vraie prière ne fait qu'entendre[9]. » Il faut ici faire la part du paradoxe : si la prière n'était qu'écoute, elle ne manifesterait pas la liberté de la relation de la créature avec le Créateur. Mais il est vrai que chaque requête doit être en même temps écoute. Car il s'agit de la conformation de notre volonté à celle de Dieu, étant entendu que cette volonté est toujours promesse et exigence. Mais cette conformation ne doit pas être entendue au sens d'un ajustement de deux volontés opposées, qui trouveraient un terrain d'entente à la suite d'un compromis. La prière du Christ à Gethsémani : « Mon Père, s'il est possible que cette coupe passe loin de moi ! Pourtant, non pas comme je veux, mais comme tu veux », est significative puisqu'elle est suivie de la décision de ne pas chercher à éviter l'épreuve. Il ne s'agit pas ici de la soumission, au sens habituel et social de ce mot, c'est-à-dire du fait pour une volonté d'abdiquer devant une volonté plus forte, mais de la découverte que la volonté de Dieu est aussi mienne, peut devenir mienne. C'est ce que nous entendons par ce terme de conformation. Ce que j'ai à découvrir dans la prière, c'est que je puis, toujours dans la liberté, assumer comme mienne la volonté de Dieu.

Cette découverte n'est pas facile et c'est pourquoi la prière se présente si souvent comme un combat, combat contre notre désir, contre le cœur même de notre vie intérieure, dans la mesure où sa clôture signifie soit satisfaction de soi, soit déréliction et dans la mesure où son ouverture signifie soit divertissement, soit appel à un autre moi-même, qui en réalité ne peut être pour moi un ultime recours. Mais aussi combat contre Dieu, dans la mesure où nous pensons que Dieu ne peut pas s'ali-

9. KIERKEGAARD, *Journal,* Paris, Gallimard 1953, t. Ier, p. 250.

gner sur notre désir et où nous méconnaissons la distance qui sépare la créature pécheresse du Dieu saint. Cette distance, ou bien nous la nions ou bien nous prétendons la franchir nous-mêmes en oubliant qu'elle est déjà franchie par l'abaissement et l'humanité de Dieu. Il nous faut donc dans la prière nous laisser convaincre que la volonté de Dieu est toujours pour nous et qu'ainsi elle peut devenir nôtre.

Se laisser convaincre, c'est le but de la prière. But qui n'est pas toujours pleinement atteint, qui ne sera atteint qu'au prix d'une prière constante. Mais chaque prière comporte un élément de plainte, voire d'accusation. Je soupçonne Dieu de m'avoir abandonné, d'avoir oublié ses propres promesses, à la limite d'être un Dieu méchant. Parce qu'elle est combat, la prière associe paradoxalement la foi à l'incrédulité. Et l'incrédulité se manifeste dans le fait que nous refusons de croire que la promesse saisie par la foi est déjà accomplie, en train de s'accomplir, que l'histoire de Dieu a déjà rejoint notre histoire et que par conséquent toute notre prière doit demander la manifestation visible et sensible de ce qui est déjà accompli. Se laisser convaincre, c'est ressaisir la promesse dans son accomplissement : les trois premières demandes du Notre Père sont significatives à cet égard. Ce que j'ai à demander, que le nom de Dieu soit sanctifié, que son règne vienne, que sa volonté soit accomplie, c'est ce qui est déjà réalisé, mais réalisé à la fois pour moi et sans moi. Dieu veut que je demande instamment que ces choses s'accomplissent aussi avec moi. Alors se manifestera cette conformation de ma volonté à la sienne. Ici encore, il s'agit d'un combat que Dieu mène avec moi et contre moi, en vue de ma liberté, pour que je devienne co-ouvrier avec lui. C'est pourquoi la prière ne devient vraie que si elle s'accomplit dans l'anamnèse de la fidélité de Dieu, dans le souvenir de ce que Dieu a déjà accompli, de la promesse déjà réalisée, de l'eschatologie déjà actuelle. Le Christ de l'Évangile nous demande de prier en son nom : il ne s'agit pas, bien entendu, d'une formule propitiatoire, mais il s'agit d'avoir présent à l'esprit la réalisation de la promesse en Jésus-Christ. Je ne puis être convaincu que par une promesse déjà tenue. C'est dans la mesure où la promesse est déjà tenue que mes requêtes, qui ont toujours à l'origine le caractère d'une revendication (et le propre d'une revendication c'est que je prétends parfaitement connaître la vraie réponse, la seule vraie réponse), peuvent se relativiser d'elles-mêmes, peuvent céder la place à un acquiescement. Je puis dans ma prière revendiquer la vie pour l'être aimé ou pour moi-même menacés par la mort. Et il arrive un jour ou l'autre que cette requête-revendication sera déçue. Dieu serait-il devenu sourd ou méchant? L'hypothèse ne pourrait pas être écartée, si la mort n'avait pas déjà été vaincue et n'avait pas de ce fait perdu son aiguillon.

L'origine de la prière, bien qu'elle soit portée par le désir qui jaillit de la vie intérieure, c'est Dieu lui-même, en ce triple sens que c'est Dieu qui ordonne la prière, que c'est Dieu qui nous assiste dans la prière, que c'est Dieu qui la rend possible, qui fait qu'elle n'est jamais dérisoire parce qu'il l'a prévenue par l'accomplissement de sa promesse. C'est pourquoi le blocage actuel de la théologie sur une théologie de l'espérance (Moltmann) ne représente qu'une approche très partielle de l'objet de la théologie. L'espérance qui anime la prière n'est authentique que si elle est soutenue par le souvenir de l'accomplissement de l'espérance.

3. La prière comme thérapeutique de la vie intérieure

Le titre de cette section fait problème, à un double titre. D'une part parler de thérapie de la vie intérieure suppose que celle-ci en ait besoin, qu'elle soit malade. Or cela n'est pas évident. Bien sûr, il est des vies intérieures angoissées, torturées, et il est des vies intérieures qui se perpétuent dans l'insignifiance et la vanité. Mais que le grand nombre des malades ne nous fasse pas oublier la santé: il est aussi des vies intérieures équilibrées, sereines et pacifiées ou qui du moins retrouvent leur paix par-delà les chocs et les traumatismes liés à toute existence. Sans perdre de vue ce fait, nous devons nous rappeler que toute vie intérieure lucide connaît la menace de la mort et ne peut accueillir cette menace sans émoi ni angoisse. Nous devons aussi nous rappeler que toute vie intérieure se constitue autour d'un secret qu'elle s'efforce à la fois de protéger et de cacher et que de nombreux signes nous permettent de penser que ce secret n'est pas sans rapport avec une culpabilité fondamentale. Au cœur de notre vie intérieure, il y a toujours une déchirure que nous ne parvenons jamais à sonder complètement, mais qui s'exprime au travers d'une détresse : détresse de ne pouvoir être ce que nous voulons être, détresse de ne pouvoir pleinement nous accepter, détresse de ne pouvoir dominer nos pulsions, détresse de ne pouvoir jamais nous donner un *nouveau commencement*, détresse enfin de rencontrer en nous-même et chez l'autre une limite à la communication. Que nous assumions ces détresses dans la souffrance ou dans le calme, dans la révolte ou dans la résignation, ne change rien à l'affaire. Un mal peut être plus ou moins bien assumé, il n'en reste pas moins un mal. Il n'est donc nullement arbitraire de parler d'une thérapie nécessaire pour la vie intérieure. Aussi bien celle-ci est-elle toujours en quête de thérapies et elle les demande à la psychanalyse, aux diverses techniques psychologiques, aux exercices spirituels, au yoga, à la religion, quand ce n'est pas passivement aux tranquillisants chimiques.

D'autre part, ce que nous avons dit de la prière comme recherche d'un ajustement de notre volonté à celle de Dieu, et donc comme restauration de la communion avec Dieu, nous interdit de faire de la prière un simple moyen, une technique (c'est précisément le danger des exercices spirituels), car nous serions infailliblement conduits à juger de la prière d'après les résultats bénéfiques que nous escomptons et que nous éprouvons nous-mêmes. Il n'est nullement établi que la prière nous donne la paix intérieure, telle que nous la concevons et que nous la définissons par des états psychologiques qui nous sont agréables, car il pourrait fort bien être de la volonté de Dieu, de son dessein salutaire que nous soyons au contraire troublés ou inquiétés. La paix de Dieu surpasse effectivement toute intelligence et elle ne prend pas nécessairement les formes psychologiques que nous lui assignons. Si donc nous parlons de la prière comme d'une thérapie de la vie intérieure, il doit être entendu que ses effets, à nos yeux bénéfiques, ne sont qu'un surcroît, une conséquence seconde et qu'ils ne doivent pas être recherchés pour eux-mêmes, comme une cure d'âme naïve se l'imagine parfois qui conseille la prière comme une sorte de médication, dont les conséquences heureuses doivent intervenir dans un délai de huit à quinze jours, pourvu bien entendu qu'on ne se relâche pas dans l'effort de prière, qu'on ne saute aucun moment de prière. La pière est l'aventure de communion entre Dieu et l'homme. Dieu nous y invite, sans nous promettre autre chose que sa propre fidélité. Rien ne serait plus faux que de décrire les effets thérapeutiques de la prière, comme si ceux-ci apportaient une preuve de la légitimité de la prière et constituaient une bonne apologétique en faveur de la prière. En rappelant que le fondement de la prière est un ordre de Dieu, nous espérons nous être gardé de telles aberrations. La foi attend certes — et légitimement — de la prière une guérison, mais cette guérison consiste dans la communion retrouvée avec le Dieu vivant, dans le pardon du péché, dans l'entrée en vie nouvelle. Ce sont ces grandeurs-là, pour lesquelles nous n'avons d'ailleurs dans notre expérience aucun critère de mesure, qui doivent seules soutenir les requêtes de notre prière, si particulières et concrètes que soient ces requêtes. Le reste nous sera donné, ou refusé de surcroît, sans que notre attention priante ait à s'y fixer. S'il est vrai que la vie intérieure est caractérisée par une secrète culpabilité, dont il nous est impossible de nous délivrer parce que nous ne percevons pas comment il serait possible de le faire sans nous séparer de nous-mêmes (« Qui me délivrera de ce corps de mort ? », dit l'apôtre Paul), et que le je peut bien par un défoulement réflexif se vider de son contenu sans pourtant se nier lui-même, la vraie thérapie de la vie intérieure consiste bien dans ce pardon du péché, dans cette implantation en nous d'une vie nouvelle, dans cette justification qui substitue à l'homme ancien un homme nouveau sans qu'il y ait perte d'identité[10]. C'est parce que l'homme est atteint de la « maladie mortelle » dont parlait Kierkegaard que la prière, offerte à l'homme comme une liberté inattendue par la grâce de Dieu, constitue la thérapie de cet homme et d'abord de sa vie intérieure.

Mais en deçà de cette guérison fondamentale, et en relation avec elle, la prière peut aussi introduire dans notre vie intérieure un certain nombre de nouveautés salutaires. Nous savons combien il est difficile de maintenir une relation juste entre vie intérieure et action, entre désengagement et engagement. La prière ne pourrait-elle pas nous y aider ? Commentant la signification du tableau célèbre, et esthétiquement contestable, l'Angelus de Millet, J. Ellul écrit : « L'Angelus est à la fois le moment du dégagement et le lien, le rapport à tout ce qui nous engage[11]. » En effet ces travailleurs, cet homme et cette femme qui, à un signal donné, la cloche de l'Angelus, posent leurs outils, se relèvent et se recueillent dans la prière, que font-ils ? Ils attestent que ce travail dur et nécessaire, qui occupe la plus grande partie de leur vie, n'est pourtant pas le tout de leur existence : une obligation intérieure, occasionnée par un signe certes tout à fait conventionnel et à la limite folklorique, les pousse à introduire une brisure dans leur travail, à rompre le déterminisme de leur travail, à se dégager de l'extériorité et du travail qui s'y accomplit. Là où la continuité temporelle est brisée, là où est interrompu le souci de faire et de produire, là s'ouvre un espace pour qu'une nouveauté s'y inscrive. Ce qui fait que notre vie intérieure n'est souvent que le reflet des soucis qui naissent de notre vie active, c'est que nous ne savons pas y introduire cette brisure à quoi la prière nous convie. Mais remarquons tout de suite que c'est sur le lieu de travail que cet homme et cette

_____

10. C'est ce mystère qui est symbolisé dans le baptême, mais pour lequel il nous est impossible de trouver une expression adéquate, sinon celle de l'apôtre Paul : « Ce n'est plus moi qui vis, mais Christ qui vit en moi. »

11. J. ELLUL, _L'impossible Prière_, p. 23.

femme prient ; leur prière ne représente pas une fuite hors du monde du travail. Ils ont interrompu celui-ci, ils ne l'ont pas déserté. Ils signifient par le`geste symbolique de prier sur le lieu même de leur travail qu'ils ne méprisent ni ne récusent ce travail, mais que celui-ci n'a pas pour eux une autorité dernière. Lorsque le travail et l'extériorité à laquelle ils s'appliquent sont crédités d'une autorité dernière, alors la vie intérieure, non productive, non transformatrice du monde, est aussitôt tenue pour dérisoire ou pour un luxe inutile et coupable. C'est la prière qui rend à la vie intérieure sa dignité menacée, justement en l'empêchant d'être une évasion, en maintenant un lien avec le travail, mais non pas une dépendance par rapport à celui-ci, puisque le travail est interrompu et qu'il cesse de nous commander.

Les Églises chrétiennes, surtout en milieu rural, ont longtemps maintenu une tradition qui s'efforce de mettre en évidence ce lien entre prière et travail : il s'agit d'un acte cultuel et donc d'une prière où les fruits du travail sont offerts à Dieu, lui sont consacrés. Sans doute cet acte s'enracine-t-il dans une tradition plus ancienne et païenne. Il évoque le sacrifice propitiatoire par lequel, au moyen du cadeau, l'homme peut se concilier la faveur divine et arracher une bénédiction. Mais ce même acte peut être porteur d'une autre charge symbolique. Il peut signifier que ces richesses, que l'homme apporte et dont il est le producteur, sont en réalité des dons qu'il a reçus et pour lesquels il vient dire merci. Il peut signifier en même temps que ces richesses en tant qu'elles sont miennes et manifestation de ma puissance sont en réalité l'expression d'une pauvreté. C'est tout ce que j'ai réussi à faire et ce n'est pas grand-chose. Les apporter à Dieu a donc le sens suivant : mes mains pleines sont en réalité des mains vides. Ma force de travail et mes réussites ne me cachent pas ma pauvreté fondamentale. Il est facile de se reconnaître pauvre quand on est effectivement démuni ; il est plus difficile de conserver cette conscience de la pauvreté au milieu et au vu des fruits de son travail. Or, si je perds la conscience de cette pau-

vreté, comment pourrai-je prier ? J. Ellul[12] rappelle avec
raison l'ambiguïté de cet adage qui remonte au XIIIᵉ siècle : « A vide main, vide prière », adage par lequel la
piété a essayé de lier l'oraison et le labeur. Mais le lien
est ici trop fort, car il signifierait que seul le nanti peut
vraiment prier, que prier c'est donner et non pas recevoir. La vie intérieure a, elle aussi, ses richesses, richesses dont nous sommes sans doute encore plus fiers et
plus jaloux que de l'œuvre de nos mains, car ces
richesses il semble que nous les édifions sans apport
étranger. Elles sont plus nôtres que l'objet à qui nous
avons seulement donné sa forme et sa finalité, mais qui
tire son existence d'une matière qui nous est étrangère.
L'acuité du regard intérieur, la maîtrise de soi, la
beauté de l'imaginaire, la vivacité du souvenir, nous ne
les devons qu'à nous-mêmes. C'est pourquoi la vie intérieure, à proportion même de sa richesse, est la terre
d'élection de l'orgueil et du mépris de l'autre. Nous
avons évoqué ces vies intérieures dont nous avons dit
que leur équilibre et leur sérénité témoignaient de santé.
Mais cette santé elle-même est source d'orgueil, Quand
la prière qui, rappelons-le, est toujours requête prend
place dans la vie intérieure, alors il faut bien que ces
richesses, comme dans les actes cultuels que nous
venons de mentionner, se métamorphosent en pauvreté,
ce qui signifie que le sujet de la vie intérieure, doit se
dépouiller des richesses qu'il s'est donné, ce qui constitue une parabole de l'approche même de la mort. Réa-
gissant contre une croyance qui s'est fortement répan-
due dans les sociétés sécularisées et qui veut que
l'Évangile ne concerne plus que les enfants, les faibles,
les malades, les vieillards et les mourants, Bonhœffer[13]
voulait qu'au contraire l'Évangile soit annoncé aux
hommes dans leur jeunesse, dans leur force, dans leur
succès. Mais quel peut être le message de l'Évangile à
ce type d'homme, sinon celui-ci : renoncez à l'orgueil

---

12. *Ibid.*, p. 15.
13. Dietrich BONHOEFFER, *Résistance et Soumission,* Genève,
Labor et Fides, 1963, *passim.*

de votre robustesse, à l'orgueil de vos succès, devenez comme des enfants, car le Royaume de Dieu est à ceux qui leur ressemblent. La liberté de la prière, c'est la liberté de la pauvreté. C'est la raison pour laquelle la prière guérit la vie intérieure de l'orgueil et du mépris.

La vie intérieure est durée et elle participe de ce fait à la misère de la durée qui est d'être dispersion, renouvellement sans doute, mais renouvellement dans la dispersion. Nous éprouvons de la difficulté dans ce renouvellement incessant à préserver notre identité, car celle-ci n'est possible que si nous réussissons à maintenir une continuité. Cette continuité est bien différente de la simple cohérence. Quand on reconstitue une biographie, on n'a pas de peine à retrouver une certaine cohérence. Les grandes décisions de la vie d'un homme font apparaître une certaine ligne et cette ligne se retrouve même sous des choix contradictoires. Mais l'existence de cette ligne de cohérence représente toujours une simplification. Elle ne tient pas compte de la diversité des sentiments, des souvenirs qui s'estompent ou se perdent, qui font l'objet de réinterprétations successives, de cette impression d'étrangeté qui nous saisit quand, à la faveur de documents, ou d'une brusque reviviscence qui rend présent tout un pan ancien de notre existence, nous découvrons que le temps n'a pas été immobile, que nous ne l'avons pas traversé sans connaître sa morsure ou son érosion. « La vieillesse, ça n'existe pas », confiait François Mauriac à son fils Claude, voulant sans doute dire qu'il retrouvait dans le vieillard qu'il était devenu le jeune homme qu'il avait été. Claude Mauriac a repris la formule et pense l'avoir vérifiée, parce qu'il retrouve en son âge mûr le même effroi du néant qu'il avait connu dans son jeune âge. Mais il est vraisemblable que la qualité de cet effroi a bien changé. Pour nous convaincre que le temps est immobile[14], Claude Mauriac s'ingénie à télescoper toutes les dates,

---

14. Voir les mémoires de Claude MAURIAC, *Le Temps immobile,* Paris, Grasset, 1974.

comme si la place dans le temps n'avait aucune importance. Mais c'est là un artifice littéraire qui ne suffit
pas à prouver l'immobilité du temps, ni à mettre en
question l'historicité de la vie intérieure. Cette historicité se vérifie même dans un laps de temps très court :
au cours d'une même journée, ce ne sont pas les
mêmes soucis qui m'accablent, des désirs contradictoires
s'allument et s'éteignent, des projets se forment, impératifs, qui seront délaissés, sinon oubliés. Mon identité,
loin d'être une donnée est toujours à retrouver, je ne
cesse de la chercher et dans cette quête j'oublie bien
souvent de m'assumer entièrement. Cette réalité singulière qui est au cœur de la vie intérieure, le sujet, n'est
pas cette substance immuable qui porterait tous les
mouvements de l'âme comme des attributs. En réalité,
ces mouvements l'assaillent, le font douter de lui-même.
Il ne se reconnaît plus, tant il est sollicité dans des sens
différents, et non pas de l'extérieur seulement, mais de
la part de cette vie intérieure qui est la mienne sans
doute, mais dont l'étrangeté subsiste. Certes, vis-à-vis
des autres nous sauvons, en général, la face. Nous sommes capables de nous affirmer dans notre unité. A travers notre langage, notre diversité et notre éparpillement
intérieur, sans être nécessairement cachés, apparaissent
comme surmontés ou en voie de l'être. Mais nous y
sommes aidés par la structure même du langage qui
exige la cohérence de nos propos et l'identité du sujet
locuteur. Cette ascèse du langage est, certes, une aide ;
elle me contraint à me ressaisir et à me rassembler,
sans que pour autant elle y parvienne pleinement. Ce
que je suis pour autrui, à travers mon langage, ne
m'épuise pas. Il n'est pas de dit qui n'implique un non-
dit — un non-dit que je ne pourrais pas dire, même si
je le voulais, car il n'est pas disponible pour moi.
Enfoui qu'il est sous les dépôts du temps ou censuré
par quelque honte, dont je ne sais même pas si elle est
légitime, ce non-dit est à la fois ce que je cache et ce
qui se cache à moi.

L'homme qui prie est, suivant l'image de l'Ancien
Testament, un homme qui se tient debout devant Dieu.
Se tenir debout devant Dieu, c'est la parabole de l'acte

de se rassembler, de se reconstituer dans son unité, de remettre de l'ordre en soi-même. Le présupposé de la prière, c'est non pas que je vais apprendre à Dieu quelque chose qu'il ignore, mais que je ne puis me présenter devant lui qu'avec la totalité de mon existence et que même si cette totalité ne m'apparaît pas comme disponible, elle va être dévoilée par le Dieu qui me connaît mieux que je ne me connais moi-même, qui se *souvient* de l'homme, comme l'affirme le Psaume 8, 5[15]. Prier Dieu, c'est reconnaître avec le Psaume 38, 10 : « Seigneur, tous mes désirs sont devant toi et mes soupirs ne te sont pas cachés. » Je me rassemble devant Dieu, parce que de toute façon il me rassemblera, me fera voir ma vie dans sa continuité. Il n'est pas nécessaire que la prière soit toujours articulée, car si elle l'était, elle laisserait échapper le non-dit qui est souvent le non-dicible. Mais l'orant se tient debout devant Dieu avec cette conviction qu'exprime le psalmiste : « Tu mets devant toi nos iniquités et à la lumière de ta face nos fautes cachées » (Psaume 90, 8). C'est ainsi que dans la prière Dieu me recrée dans mon unité, rattache au moi ce que celui-ci a oublié, ce qui lui est devenu étranger, reconstitue le je non pour l'accabler, mais pour que le pardon atteigne ce je dans sa profondeur. Nous avions souligné la parenté du recueillement et de la prière. Le terme de recueillement est significatif : recueillir, c'est unir ce qui est dispersé. Mais nous avons suggéré que la prière crée son propre recueillement. Nous le vérifions maintenant, en ce sens que dans la prière Dieu opère lui-même ce recueillement, ce recentrement, de telle sorte que l'être pardonné et justifié ne soit pas seulement ce meilleur moi que nous sommes si prompts à faire surgir au prix d'un travail d'abstraction et d'oubli, mais l'être total, dans tout son cheminement à travers la durée. Nos actes qui s'inscrivent dans l'extériorité reçoivent de celle-ci des contours bien définis, ils acquièrent une singularité qui les rend

---

15. « Sa mémoire dure de génération en génération » (Psaume 102, 13).

isolables. Mais ce ne sont pas seulement ces actes-là qui constituent notre être ; ce n'est pas pour ces actes seulement que dans la prière nous demandons le pardon, mais bien pour notre manière d'être présents au monde, pour nos velléités, pour nos impulsions refoulées, pour tout ce que nous avons rejeté loin de notre intention affirmée, mais qui pourtant fait partie intégrante de notre histoire.

La prière guérit la vie intérieure de sa dispersion, mi-volontaire, mi-involontaire, de cette fausse unité qu'elle s'offre à elle-même par le refus de dire et de savoir, ce que l'écoulement de la durée favorise de façon si insidieuse.

La prière revêt, bien légitimement, un caractère communautaire, en tant qu'acte cultuel. Mais il faut bien voir qu'il y a une priorité de la prière solitaire par rapport à la prière communautaire. « Comment prétendre au caractère *d'abord* communautaire de la prière alors que nous voyons au contraire Jésus rechercher pour la prière la solitude et la distance à l'égard de la foule, et même envers les disciples. Il se retire toujours, à l'écart (c'est pourquoi nous avons si peu de *prières de Jésus* dans les Évangiles). Jamais les Évangélistes ne nous le présentent comme priant *avec* eux[16]. » C'est parce que cette priorité de la prière solitaire est souvent oubliée que la prière communautaire est si difficile et revêt souvent l'allure d'un discours où l'on recherche — et parfois vainement — quelque originalité. Cette priorité est importante ; elle s'articule au fait que l'action de Dieu s'exerce prioritairement aussi à l'égard de personnes singulières. Si l'acte essentiel de Dieu est la justification du pécheur et si cette justification est une justification réelle, elle ne peut concerner que celui qui est le sujet singulier d'une existence, car il s'agit de rendre juste son existence singulière. Il n'y a pas de justification collective. C'est la raison pour laquelle nous avons maintenu que c'est de la vie intérieure, c'est-à-dire de la

16. J. ELLUL, *L'impossible prière*, p. 127.

réalité la plus singulière qui soit en nous, qu'il s'agit dans toute l'œuvre du salut. Il n'est de foi que de la part d'un sujet. Ces vérités élémentaires sont parfois perdues de vue à l'heure actuelle et cela s'explique par la redécouverte de l'Église comme corps, comme communauté par-delà l'individualisme qui a si longtemps marqué l'ecclésiologie depuis Schleiermacher. Mais ce qui cesse d'être légitime, c'est le refus de subordonner l'ecclésiologie à la sotériologie. Lorsque les réformateurs définissent l'Église comme la communauté des pécheurs pardonnés, ils préservent la priorité de la sotériologie par rapport à l'ecclésiologie. Dieu rassemble en un corps ceux qu'il a préalablement justifiés. Ils ne seront véritablement membres de ce corps qu'à cette condition. C'est pourquoi la prière communautaire ne devient possible que pour ceux qui préalablement et solitairement ont déjà prié. La tradition qui veut que chaque fidèle, avant même le début du culte, prie solitairement exprime bien cette priorité de la prière solitaire et en fait une condition de la prière communautaire. Mais solitaire, la prière n'isole pas ; solitaire, la prière n'en est pas moins une prière d'intercession, ce qui signifie qu'elle est fondée sur cette conviction qu'en Dieu tous les êtres communiquent et se retrouvent. Cette solitude avec Dieu dans la prière est aussi la condition pour rétablir avec les autres une communion toujours difficile et toujours menacée.

Ainsi la prière guérit la vie intérieure d'une de ses obsessions majeures. Celle-ci est en effet caractérisée par un double mouvement de clôture et d'ouverture. Lorsqu'elle en est à sa phase d'ouverture, elle s'angoisse de ne pas trouver les autres également ouverts, oubliant que leur vie intérieure connaît aussi ce double mouvement. De plus, l'image physique d'ouverture et de clôture que nous employons ne doit pas nous faire illusion : ces deux phases ne sont pas distinctes au point que dans le moment d'ouverture toute trace de clôture aurait disparu ou réciproquement. La vie intérieure ne passe pas intégralement du clos à l'ouvert. Elle ne peut s'ouvrir qu'avec réserve et réti-

cence. Elle ne se donne que pour se reprendre. Son désir
d'ouverture n'est jamais univoque. Comment pourrait-il
l'être, d'ailleurs, s'il est vrai qu'elle s'anéantirait elle-
même, si elle réussissait à anéantir son secret. Néanmoins, la vie intérieure est si sincère dans son désir
d'ouverture qu'elle souffre et s'irrite de rencontrer dans
la communication avec autrui des limites infranchissa-
bles. Ce qui rend parfois l'amour si cruel, c'est qu'il
veut forcer la pleine communication avec l'autre. Telle
est l'obsession qui ronge les âmes les plus généreuses et
qui rend la solitude si pesante. La prière nous délivre
de cette obsession en nous aidant à comprendre qu'il
n'y a pas de communication sans médiation. L'intercession en effet signifie que, par la médiation divine, je
puis être uni au-delà de toutes les communications man-
quées et même brisées avec les autres, au point que je
puisse dans un même mouvement remettre à Dieu leurs
destinées et la mienne. Cette communication par la
médiation divine subsiste même lorsque surgit dans ma
relation avec l'autre cette limite absolue qu'est la mort.

Il y a certes bien des techniques psychologiques pour
améliorer la communication entre les hommes et elles
ne sont point méprisables. Mais si elles permettent de
dénouer des situations dramatiques, de réduire des
incompréhensions, elles mettent aussi chaque fois en
évidence, ainsi qu'il apparaît dans la technique du
psychodrame, les nœuds de résistance. Elles nous permettent de les situer, de les neutraliser, jamais de les
anéantir. Il faut avoir l'audace d'affirmer avec Louis
Lavelle : « Ceux qui ont rompu toute communication
avec Dieu sont désespérés dans la solitude : et ils sont
incapables de créer avec aucun homme une société réelle
qui puisse rompre les barrières où tout être fini se
trouve toujours enfermé[17]. » Le drame de la communication impossible, qui est le drame essentiel de la vie
intérieure, c'est le drame de la prière qui ne s'accomplit
plus.

---

17. Louis LAVELLE, *La Conscience de Soi,* p. 188.

LA VIE INTÉRIEURE
ENTRE L'INSIGNIFIANCE
ET LA PLÉNITUDE

Bien quelle soit caractérisée par un double mouvement de clôture et d'ouverture, la vie intérieure n'est jamais entièrement close ni entièrement ouverte. Elle accomplit ces deux mouvements simultanément et c'est pourquoi elle n'est jamais totalement séparée ni de l'extériorité du monde des objets, ni de l'extériorité du monde des autres. Même si elle ne se laisse pas confondre avec notre organisation psycho-somatique, elle ne peut jamais rompre la solidarité avec elle. C'est pourquoi la mort qui détruit cette organisation psycho-somatique constitue pour elle aussi une menace radicale, menace qu'elle appréhende bien avant qu'elle ne se réalise. Toute vie intérieure est déjà compagnonnage avec la mort qui vient et elle s'efforce de lui trouver des significations positives partielles. L'ouverture de la vie intérieure, c'est le désir. Ce désir implique l'attente d'une transcendance, car il ne se satisfait jamais d'aucun objet particulier qui peut lui être donné. La vie intérieure reste désir au-delà de toute satisfaction. Mais cette transcendance, elle ne la connaît point, et il faut au sujet du désir une véritable conversion pour reconnaître la transcendance dans un acte d'abaissement. La foi est désir de Dieu, mais le désir se trompe sur la nature de Dieu. Parce qu'elle est ouverte et désir, la vie intérieure nourrit le projet qui conduit à l'action, mais l'action la laisse toujours insatisfaite. Il n'est point d'action qui n'aliène. L'action soumet la vie intérieure aux normes de l'objectivité, c'est-à-dire du réalisé, du tout fait. La vie intérieure est fortifiée et guérie par la prière, mais la prière n'est pas la voix du désir. La requête en effet est toujours portée par un « je veux », mais c'est ce « je veux » qui capitule dans la reconnaissance d'un « tu veux ».

C'est dire que la vie intérieure vit sans cesse dans la contradiction. Celle-ci est inscrite dans son mouvement même. Elle ne se clôture jamais sans le regret de ne pouvoir s'ouvrir, elle ne s'ouvre pas sans nourrir l'intention de se reprendre. Ce drame de la vie intérieure se reflète dans celui de la communication : « Toutes les consciences communient et s'opposent en même temps[1] ». La vie intérieure ne peut vouloir s'offrir à la vie intérieure de l'autre, sans avoir le souci de préserver son secret. Car sans ce secret, cette ouverture ne signifierait rien. Mon secret est mon tourment, mais il est aussi celui de l'autre. Toute communion comporte des limites contre lesquelles le sujet ne peut pas ne pas lutter et que pourtant il ne saurait vouloir vaincre. Car s'il les vainquait totalement il se retrouverait vide et inexistant. L'amour se veut don et il y parvient, mais ce don si riche soit-il, n'est jamais plénier. Il n'y parviendrait que si le sujet aimant devenait capable de se transcender parfaitement lui-même, c'est-à-dire capable d'établir une distance entre son existence et son être. Mais exister sans appuyer cette existence sur son être est pour lui impossible et l'être de chaque sujet institue une sorte d'opacité entre les autres sujets et lui. Il ne faut pas en conclure comme Sartre que l'amour est impossible, mais comprendre que, par-delà tous les dons dont il est capable, l'amour culmine dans l'aveu d'une irréductible pauvreté. Le romantisme de tous les temps établit un lien entre amour et richesse, et tout le

---

1. Louis LAVELLE, *De l'intimité spirituelle*, Paris, Aubier, 1955, p. 112.

vocabulaire de l'amour suggère que l'amour comble. Il ne faut pas contester de telles affirmations, mais seulement comprendre que ce par quoi je peux le mieux combler un autre c'est par l'aveu de ma pauvreté. Car par cet aveu je livre l'essentiel de mon secret, non pas son contenu sur lequel je n'ai pas de prise, mais l'existence de ce secret. Car en révélant à l'autre l'existence de ce secret — toujours enraciné dans quelque culpabilité mystérieuse — je me donne à lui tel que je suis vraiment, dans cette authenticité très particulière qui consiste à reconnaître que je ne suis pas un être authentique ; je me donne à lui avec l'espoir qu'il ne m'abandonnera pas dans la quête, sans victoire définitive, de mon authenticité et qu'il m'acceptera dans les limites de ma pauvreté.

Telles sont les raisons pour lesquelles il ne nous paraît pas possible de valoriser absolument la vie intérieure. Dans la meilleure hypothèse, celle-ci se situe toujours entre l'insignifiance et la plénitude. C'est dans cet entre-deux qu'elle se meut sans cesse. Elle est entraînée par un mouvement qui ne conduit nulle part. Elle est en quête d'un accomplissement qu'elle n'atteint jamais. Le danger qui la guette, c'est de sortir de ce mouvement, parce qu'il ne conduit nulle part, et donc de sombrer dans une sorte de résignation qui la fait basculer vers l'insignifiance. L'insignifiance consiste pour elle à ne pas être close et à ne pas être ouverte, à obéir tout simplement aux pulsions, à la répétition. Chaque jour qui passe est pour elle l'occasion de ressasser les mêmes problèmes, de s'appesantir sur les mêmes sentiments, sur les mêmes regrets, de connaître les mêmes craintes, de nourrir les mêmes espoirs sans espérance. Sa seule réussite c'est d'immobiliser le temps, non pas bien sûr en empêchant sa fuite et la réduction des possibles, mais en le rendant aussi homogène que possible, en n'écoutant pas les appels de l'avenir de crainte d'en être perturbée. Elle vit alors une temporalité qui a cessé, paradoxalement, d'être une histoire. Mais même en pareil cas, la vie intérieure n'atteint pas le fond de l'insignifiance. Incapable d'accéder à la plénitude, elle est aussi incapable de sombrer totalement dans l'insignifiance. Même si elle est sans grandeur vraie, elle n'en reste pas moins émouvante précisément par cet effort qu'elle poursuit petitement pour immobiliser le temps, pour le rendre inoffensif. Elle y réussit en ne s'ouvrant que dans la mesure où l'extériorité ne lui posera pas de problèmes nouveaux, ne l'incitera à aucune remise en question fondamentale, et en ne se fermant que dans la mesure où elle ne se privera pas des maigres plaisirs de la quotidienneté. Ce n'est sans doute pas la meilleure façon d'assumer l'aventure historique. Mais on ne peut pas la déprécier complètement. C'est une erreur commune que celle qui consiste à vouloir neutraliser l'histoire plutôt que de s'ouvrir courageusement à ses risques. De toute façon, il faut que notre vie intérieure qui est durée lutte contre cette durée qui est l'étoffe de son existence et la menace de son existence. Il est des combats sans gloire qui n'en sont pas moins des combats. Faute de parvenir à une plénitude de sens — ce qui supposerait que la mort a effectivement perdu son aiguillon — la vie intérieure peut essayer de faire comme si la mort n'était pas, comme si le temps était immobile. Illusion sans doute, mais illusion qui est aussi une ruse, une ruse qui réussit... pour un temps.

Aussi bien, si la vie intérieure se meut entre ces deux pôles inatteignables que sont la plénitude et l'insignifiance, se rapproche-t-elle tantôt de l'un, tantôt de l'autre. Elle ne saurait se maintenir de façon constante ni dans la proximité de l'un, ni dans celle de l'autre. Comme elle ne dispose que d'énergies limitées, il est bon qu'elle puisse ainsi passer d'une tension extrême où l'ouverture et la clôture atteignent un degré d'intensité maximal, à une détente où ouverture et clôture se détériorent ensemble.

Dans ces alternances de l'assoupissement et de la vigilance, le sujet de la vie intérieure étend ou diminue son empire sur celle-ci. Tantôt il l'organise autour d'un projet, tantôt il s'estompe au point que la vie intérieure paraît le résorber en elle-même. Mais de toute façon, le je n'est jamais en possession de sa vie intérieure, il ne règne pas sur elle comme un monarque absolu. En effet, dans toute vie intérieure il y a, non seulement du non-assumé, mais du non-vécu. Je n'ai jamais la pleine expérience de ma vie intérieure et c'est pourquoi je ne me connais pas comme les autres me connaissent et ceux-ci ne me connaissent pas comme je me connais. Les deux images se heurtent sans se recouvrir. S'il est faux de dire que les autres m'annoncent entièrement ma propre réalité, il est tout aussi faux de prétendre que je me connais mieux que les autres. La pleine connaissance de moi-même supposerait que je puis au moins amener ma vie intérieure à une pleine conscience. Or, il y a une sorte de gageure impossible dans le « connais-toi toi-même » de Socrate. Je puis me connaître comme mystère, mais non pas inventorier le contenu de ce mystère. Il est vrai que les techniques de la psychanalyse nous permettent de retrouver dans notre vie intérieure du non-vécu, du plus vécu, du vécu qui n'a pas été éprouvé comme vécu. Mais ces techniques ne parviennent cependant pas à nous restituer la pleine possession de la vie intérieure. D'une part, elles nous renvoient à des pulsions qui commandent toute notre vie intérieure, mais qui sont les pulsions de l'espèce beaucoup plus que les nôtres. D'autre part, elles font affleurer un passé qui n'est pas notre passé : le meurtre du père que nous accomplissons symboliquement et la culpabilité qui y est attachée nous renvoient à une préhistoire qui n'est pas notre histoire. La liaison géniale établie par Freud entre psychanalyse et ethnologie dans *Totem et Tabou* montre bien que sous les avatars de notre vie intérieure nous retrouvons l'étranger. Enfin l'instance du Sur-moi ne nous est pas plus transparente puisqu'elle récapitule une autorité ancestrale et parentale qui nous restera toujours extérieure et à laquelle nous ne pourrons donner qu'un consentement limité. Ainsi, plus nous inventorions notre vie intérieure, plus nous sommes conduits hors d'elle vers des éléments et des autorités qui lui sont étrangers, qu'elle subit, qu'elle approuve parfois, mais sans que nous puissions dire que cette approbation est sans réserve. Il y a donc bel et bien du non-vécu dans notre vie intérieure, comme il y a du non-dit dans toute parole que nous proférons.

Du moins la part du vécu peut-elle prendre une extension considérable. Et si le « connais-toi toi-même » représente une gageure impossible, il n'en est pas moins un effort qui fait affleurer dans la vie intérieure des couches profondes et cachées, et il contribue par là à étendre le champ du vécu et de l'assumé. Même si ce progrès rencontre des limites, il est digne d'attention. Seulement, il ne faut pas oublier que le vécu, même sous ses formes les mieux assumées, c'est-à-dire le vécu qui peut être dit, est toujours suspect. Les philosophes du soupçon — Nietzsche, Marx et Freud — nous avertissent que le sens affirmé, le sens immédiat cache et masque un sens caché et latent. Mon vécu est parfois destiné à donner le change. Il dissimule une réalité dont on ne peut pas affirmer qu'elle soit totalement du non-vécu, mais bien une réalité que je me refuse à vivre, un refoulé, que j'oublie plus ou moins volontairement, que je n'avoue pas comme mien. La vie intérieure, malgré ses zones d'intense luminosité, peut donc être subvertie à la fois par du non-vécu et un vécu sans doute entrevu, mais énergiquement refusé. C'est dire qu'elle est loin d'être transparence à elle-même. Toutes ces régions non transparentes ne constituent pas le secret de la vie intérieure, celui-ci a un caractère plus personnel, plus singulier, il me constitue dans mon altérité par rapport aux autres, alors que le non-vécu et le refoulé, je les ai en commun avec les autres. Ils peuvent faire l'objet d'investigations scientifiques. Mais ils viennent le renforcer et constituent autour de lui une barrière protectrice. Ce secret, c'est ma manière d'être devant Dieu et devant les hommes, et j'en attends la révélation le jour où je connaîtrai comme déjà je suis connu. Mais il faut bien reconnaître que toute cette zone du non-vécu, du non-dit, du refusé, de l'inavouable et de l'indicible vient à la fois entourer et masquer ce secret, à tel point — et c'est l'erreur de la psychanalyse — qu'en résorbant dans la parole explicatrice cette zone, nous croyons nous être débarrassés de ce secret. Lorsque Freud dans l'*Avenir d'une Illusion* estime que la religion, malgré les étonnants services qu'elle a rendus à l'humanité en infligeant à celle-ci une névrose collective domestiquée qui la dispensait de névroses individuelles plus sauvages et plus cruelles, peut disparaître maintenant sans dommage au profit de la raison, il témoigne par cette sorte de désinvolture qu'il n'a pas compris que le secret de l'homme résiste à la disparition des zones psychiques sombres et que la religion — en l'occurrence le christianisme — trouve son fondement dans l'espérance qu'à l'homme de voir un jour son secret révélé par Dieu.

Si la vie intérieure n'est pas la transparence qu'elle croit être (Descartes disait : l'âme est plus aisée à connaître que le corps), du moins pensons-nous que cette transparence est réservée au sujet qui anime et oriente la vie intérieure, qui prononce sa clôture et son ouverture. Mais c'est là encore une illusion. Tout l'effort de Descartes consiste à atteindre ce sujet sous forme d'évidence absolument claire, ce qui signifie l'atteindre comme une réalité simple. Il pense y être parvenu en identifiant l'existence de ce sujet avec l'acte de penser. Mais il est bien obligé de convenir que la pensée recouvre toutes les modalités de la vie intérieure et il nous renvoie ainsi à la complexité inépuisable de celle-ci[2]. Kant va plus loin : le je n'est pas assimilable à l'acte concret de penser, mais il est la condition *a priori* antérieure à toute expérience, de l'acte de penser. Il est non pas immergé dans l'expérience, mais condition transcendantale de celle-ci. Il en résulte que le sujet est transparent à lui-même en tant qu'il n'a pas de contenu. Il n'est même pas une forme vide, puisqu'il est seulement une condition logique. Le sujet perd cette transparence dès que l'on pose la question : qui est le je ? Comment un sujet pourrait-il dire je, s'il n'est pas personnel, et comment l'affirmation du je n'impliquerait-elle pas une singularité ? Le Cogito, qu'il

---

2. Au début de la IIIe *Méditation,* Descartes pour répondre à la question : « qu'est-ce que la pensée ? » se borne à donner une énumération empirique des contenus de la pensée : « Je suis une chose qui pense, c'est-à-dire qui doute, qui affirme, qui nie, qui connaît peu de choses, qui en ignore beaucoup, qui aime, qui hait, qui veut, qui imagine aussi et qui sent » (A.T., t. IX, p. 27).

soit cartésien ou kantien, établit bien la nécessité du je, mais il est muet sur la personnalité du je. Or comment ma vie intérieure pourrait-elle être animée et orientée par un je impersonnel ? Comment pourrais-je vivre une histoire singulère, si mon je est seulement une condition transcendantale ? Comment pourrais-je me concevoir comme créature unique et singulière de Dieu, si ce qu'il y a en moi de plus fondamental est précisément dépourvu de toute singularité ? En réalité l'effort réflexif par lequel j'aboutis à un je transcendantal est mené par un sujet distinct de ce je transcendantal, un je qui reprend sous cette forme particulière l'effort multiforme et toujours renouvelé par lequel il cherche à assurer sa propre existence : Descartes est parti de l'expérience du doute et ce fait est significatif. C'est justement parce que le sujet qui n'est pas transparent à lui-même est assailli par le doute, qu'il cherche à faire jaillir de ce doute lui-même une certitude quant à sa propre existence. Mais cette certitude trouvée, le doute n'est pas vaincu pour autant. Il renaîtra à chaque moment de mon existence, attestant la précarité et la non-transparence du sujet qui doute non seulement de ce qu'il perçoit, pense, imagine et espère, mais encore de lui-même, de son enracinement dans l'être, qui est toujours entre l'insignifiance et la plénitude.

C'est l'indigence de la vie intérieure et du sujet de la vie intérieure de ne pouvoir cesser d'osciller entre l'insignifiance et la plénitude, d'être toujours une œuvre à faire et qui n'est jamais faite. Et pourtant, dans cette indigence même notre vie intérieure est notre seule demeure. Nous y habitons plus même que nous n'habitons notre corps, car notre corps n'est une demeure pour nous que dans la mesure où les sensations qu'il nous transmet peuplent et vivifient notre vie intérieure, où les pulsions qui prennent naissance en lui provoquent dans la vie intérieure des remous, des réorganisations, des effrois et des désirs. La vie intérieure, même dans ses moments de clôture extrême, ne rompt jamais la solidarité qui l'unit au corps, mais le corps, comme tel, n'est pas habitable. Il ne le devient que par la médiation de la vie intérieure. Il arrive, bien sûr, que celle-ci à son tour ne nous paraisse plus habitable, que le temps qui s'écoule en elle soit un temps vide, un temps de l'ennui, un temps où nous ne savons plus s'il faut désirer quelque chose, s'il vaut la peine de désirer quelque chose. Alors sans rien désirer, nous attendons cependant quelque chose, un événement mythique et imprévu, qui est censé avoir la vertu de nous réconcilier avec notre logis. A ce moment, nous n'habitons plus nulle part, nous errons hors de nous-mêmes. En réalité, nous avons besoin d'une demeure. Attendre un imprévu extérieur, un accident de l'histoire, sans rapport avec notre vie intérieure, est une attente vaine. Nous ne retrouverons pas de demeure, si nous n'avons pas au moins une demeure provisoire. Pour accueillir la nouveauté, il faut avoir un chez soi. C'est là où nous habitons que la nouveauté peut nous saisir : « Voici, dit le Christ ressuscité, je me tiens à la porte et je frappe. Si quelqu'un entend ma voix et ouvre la porte, j'entrerai chez lui et je prendrai la Cène avec lui, et lui avec moi » (Apocalypse 3,20). Nous avons bien précisé que la vie intérieure, malgré le désir et l'attente qui la travaillent parfois, n'est pas la foi : mais la foi ne peut prendre racine que dans la vie intérieure. C'est bien la raison dernière pour laquelle la vie intérieure n'est pas un projet que l'on puisse remettre à plus tard, quand seront résolus les problèmes des structures de la société. L'attente de ceux qui attendent de la transformation des structures sociales qu'elle donne une demeure sera déçue, car celui qui se fuit lui-même ne sera jamais logé nulle part. L'erreur de Karl Marx est sans doute d'avoir pensé, non pas qu'il fallait une révolution des structures sociales, mais que cette révolution donnerait par elle-même naissance à ce qu'il appelait l'« homme total » — l'homme authentique, l'homme dans sa plénitude, comme si cette révolution pouvait jamais avoir un sens humain pour des êtres sans vie intérieure, des êtres qui par rapport à leur vie intérieure sont des vagabonds et ne logent nulle part. L'erreur du structuralisme est parallèle, qui estime qu'une pensée peut être produite par des structures linguistiques.

Il est vrai que notre vie intérieure est toujours une

demeure inconfortable. Nous n'y sommes jamais à l'aise et ce serait d'ailleurs un bien mauvais signe si nous nous y trouvions à l'aise[3]. L'Évangile nous parle d'une autre demeure, la maison du Père, et la foi est cette attente de la maison du Père, par rapport à laquelle notre vie intérieure, toujours oscillante entre l'insignifiance et la plénitude, ne peut nous apparaître que comme une demeure provisoire. Mais il faut qu'il y ait du provisoire pour que naisse l'attente du définitif, comme il faut qu'il y ait une histoire pour que naisse l'attente de l'éternité. Il faut espérer à partir de sa propre demeure, fût-elle très inconfortable. C'est toujours à partir de ce logis qu'est ma vie intérieure qu'il peut m'être donné d'espérer la maison du Père. Pour aller vers cette maison, il faut avoir quelque chose à quitter.

Il n'y a pour l'homme d'autre sagesse que de se décider résolument à habiter sa propre vie intérieure, à en assumer les contradictions et les détresses. S'il veut ignorer cette vie intérieure pour se jeter dans une action qui ne serait pas l'expression et l'ouverture de la vie intérieure et qui ne permettrait pas un retour à la vie intérieure, il perdra inévitablement tout enracinement. Il ne sera pas un constructeur, mais un agitateur.

La sagesse n'est pas la foi. La foi est bien folie. Mais seuls les sages peuvent devenir fous. Seule la vie intérieure peut accueillir la foi.

---

3. De la vie intérieure, il est possible de dire ce que Péguy disait de l'homme dans sa destinée temporelle : « Comme si l'homme jamais pouvait être maître chez lui, ni même être chez lui dans aucune maison. Car dans les maisons temporelles il est du jeu même du mécanisme temporel qu'il ne soit jamais chez lui, qu'il n'obtienne, qu'il n'atteigne jamais d'être chez lui ; et dans l'autre maison, il est dans la maison d'un autre » (*Clio*, Paris, Gallimard, 38e édition, 1932, p. 22). Que l'on compare ce texte de Péguy avec l'affirmation naïve et péremptoire de Fontenelle : « Le plus grand secret pour le Bonheur, c'est d'être bien avec soi. » *(Du Bonheur)* !

TABLE DES MATIÈRES

ACHEVÉ D'IMPRIMER PAR
L'IMPRIMERIE CH. CORLET
14110   CONDÉ-SUR-NOIREAU

N° d'Éditeur : 7146
N° d'Imprimeur : 4880
Dépôt légal : 2e trimestre 1980

Théologie et sciences religieuses
Cogitatio fidei

Collection dirigée par Claude Geffré

L'essor considérable des sciences religieuses provoque et stimule la théologie chrétienne. Cette collection veut poursuivre la tâche de *Cogitatio fidei*, c'est-à-dire être au service d'une intelligence critique de la foi, mais avec le souci d'une articulation plus franche avec les nouvelles méthodes des sciences religieuses qui sont en train de modifier l'étude du fait religieux.